刑事程序法事实证明研究

王满生 著

中国社会科学出版社

图书在版编目(CIP)数据

刑事程序法事实证明研究 / 王满生著 . —北京:中国社会科学
出版社,2019.10
ISBN 978-7-5203-5366-3

Ⅰ.①刑… Ⅱ.①王… Ⅲ.①刑事诉讼–诉讼程序–研究–中国
Ⅳ.①D925.218.04

中国版本图书馆 CIP 数据核字(2019)第 230632 号

出 版 人	赵剑英
责任编辑	许 琳
责任校对	鲁 明
责任印制	郝美娜

出 版	中国社会科学出版社
社 址	北京鼓楼西大街甲 158 号
邮 编	100720
网 址	http://www.csspw.cn
发 行 部	010-84083685
门 市 部	010-84029450
经 销	新华书店及其他书店

印刷装订	北京市十月印刷有限公司
版 次	2019 年 10 月第 1 版
印 次	2019 年 10 月第 1 次印刷

开 本	710×1000 1/16
印 张	16.25
插 页	2
字 数	275 千字
定 价	88.00 元

凡购买中国社会科学出版社图书,如有质量问题请与本社营销中心联系调换
电话:010-84083683

序　一

　　王满生副教授撰写的《刑事程序法事实证明研究》是一部系统研究刑事程序法事实证明基础理论的专著，作者围绕程序法事实的证明范围、证明价值、证明程序、证明责任、证明标准等核心问题，运用比较研究、规范分析等研究方法，以程序法事实的分类为逻辑起点，抽丝剥茧，环环相扣，展开了本书的论证，显示了作者具有的严密逻辑思维能力、深厚的理论功底和严谨的治学态度，是近年来刑事诉讼领域的佳作之一。

　　一直以来，我国刑事证据和证明制度主要是围绕实体问题构建的，刑事诉讼中的程序问题制度化刚刚起步，程序法事实的证明在实践中并未受到真正重视，未展现实践的紧迫性。本书系统梳理了程序法事实的主要内容，论证了程序法事实证明的特点、制度建构，对于深入理解我国现行程序制度优缺点，正确把握刑事证据制度的改革方向有较好的参考价值，本书的出版有助于促进我国法学界对刑事诉讼证据理论中程序问题的重视。

　　本书以权力和权利为基础界定程序法事实，并以此作为证明对象的主要划分标准，对于厘清繁杂的程序法事实具有重要意义。将程序法事实分为职权请求型、职权违法型、权利主张型三类程序法事实，并以此归类为基础对程序法事实的证明程序、证明责任、证明标准进行研究。作者对程序法事实价值构建、证明范围界定、证明责任分配、证明标准层次化的研究观点鲜明、有创新性，提出的程序法事实证明责任分配具有一定的操作性，对司法实践具有一定的参考价值。

　　虽然王满生副教授有关程序法事实证明的论述在某些方面还有所欠缺，其阐述的观点要从理论落实到实践还需时间。但本书的创作体现了作者认真的学术态度和扎实的理论功底。总体上看，本书是一本具有创新性的证据学基础理论著作。

陈光中

二〇一九年十月十五日

序 二

　　法治程序是现代国家治理体系的重要方面，随着全面依法治国的有序推进，程序法治之实践与研究已彰显出日益繁荣之势。在刑事诉讼领域，正当程序已突破理论的领地而广泛的应用于实践的场域，这在程序性事实的证明方面尤为突出。程序性事实与正当程序相互依赖，程序性事实是判断程序正当与否的基础与前提，而程序性事实的证明又需要正当程序的指引，如何在正当程序的指引下研究程序性事实的证明这一前提性问题，确是一大挑战。程序性事实的证明是规范办案机关权力，保障当事人诉讼权利，促进程序法治发展的重要机制。该研究对程序证明理论的丰富完善乃至程序法治的发展都有重要意义。

　　在我国大力推进司法改革、促进程序法治发展的背景下，该书对程序性事实的证明理论进行了一次有益的探索。著作从程序性事实的证明范围、证明价值、证明程序、证明责任、证明标准等方面展开论述，将刑事诉讼的主要程序性事实置于程序性证明的链条中加以审视、探究，以期构建起一个相对完整的程序性事实证明系统。通读著作后，可以发现，该种系统建构的目标已初步达成，其中不乏理论闪光点。例如，在证明范围一章，作者从程序事实的基本定义入手，以权利属性和权力属性为分析视角，对程序事实进行了界分，并以此为原点展开了对程序事实证明的阐述。在证明价值一章，作者指出了程序性证明在保护程序权利的实现、遏制职权行使中的程序性违法、实现程序性制裁方面的价值，并进一步指出了该价值实现的路径，也即：通过程序性证明进一步落实司法授权与司法审查，防止强制措施和取证行为的违法性发生，促进程序法治的实现。在证明程序部分，作者系统探讨了以职权请求、权利主张、违法争议三类程序性事实的证明程序，并根据我国的实际提出了符合自身特点的程序性事实的证明程序。在证明责任部分，作者反思以实体事实为中心的证明责任理论，指出，由于刑事程序法事实的证明受到无罪推定、程序正义、诉讼效率的规范，导致其在证明责任分配上展现出与实体事实证明迥然不同的一面。在证明标准部分，作者提出诉讼认识论、诉讼目的论和诉讼模式共同影响了程序性事实的证明标准之设定。诸如这些都反映了作者独立探索的治学勇气和严谨务实的治学态度，也足见作者在该主题研究中确是下了一番功夫。毋庸讳言，该书在细节上还有一些值得推敲的地方，部分结构的安排尚不周延，但瑕不掩瑜，仍能自成一体。

　　程序性事实纷繁复杂且伴随诉讼始终，程序性事实的证明问题看似微小，但是其覆盖面广、实践性强，对于程序法治的实现具有重要意义。该书对于程序性事实的证明作了一次系统的梳理，并在此基础上建构起了一个完整的程序性证明理论，这是一次重要的理论探索，也是对程序性证明理论的一次深化。王满生是我的学生，他在求学期间表现出浓厚的研究兴趣和大胆的创新精神，参加了诸多有意义的科研活动，产出一批有价值的科研成果。作为他的老师，倍感欣慰。该书的出版也是他在诉讼科学研究道路上的再一次前进。当然，科学研究的道路绵延无尽，学术探索的过程亦无终局，也希望他在未来的道路上再接再厉，产出更多优质的科研成果，为我国诉讼科学的繁荣发展再做贡献。是为序。

姚　莉

二〇一九年十月二十日

序　三

　　长期以来，程序法事实证明作为一项基础性研究没有引起应有的重视，主要是我国刑事法治的建设重点依然处于构建重大制度阶段，司法实践对具体细致的程序法制实现还未能如此紧迫。理论是实践的先导，随着人们对程序正义需求的增长，司法实践对程序法治的建设也越来越重要，程序法事实证明作为实现程序法治的一项重要内容，亟待我们深入研究。

　　王满生博士的专著《刑事程序法事实证明研究》以程序法事实的分类为逻辑起点，以程序法事实的证明范围、证明价值、证明程序、证明责任、证明标准为研究内容，系统全面地对程序法事实证明问题进行了论证，试图构建程序法事实的证明理论体系，并在以下几个方面体现了本书的理论创新和学术价值：

　　第一，对程序法事实的内涵进行了深入研究，提出了划分程序法事实的主要标准，也确定了程序法事实证明对象的具体范围，对于未来继续进行程序法事实的基础理论研究具有重要的参考价值。

　　第二，从程序法治的视野论证了程序法事实证明的价值，比较全面地回答了构建程序法事实证明机制对于刑事诉讼的法治意义，从权利保障、秩序维护、效率提升三维角度论证了程序法事实证明对诉讼法治构建的实践价值。

　　第三，详细地研究了程序法事实的证明程序，对大陆法系和英美法系程序法事实证明程序进行了具体考察，构建了符合中国国情的程序法事实证明程序，对于我国刑事诉讼结构调整、诉讼职能优化改革提出了自己的见解。

　　第四，通过对证明责任理论的研究，确定了程序法事实证明责任遵循的分配理念、分配模式、分配规则等一套完整的证明体系，对于程序法事实证明责任分配的实践操作提供了指导。通过研究影响程序法事实证明标准因素和证明标准类型，构建了三种类型证明标准，对于裁判实践中程序性争议具有重要参考价值。

　　总体上看，本书是一本专门研究程序法事实证明的著作，作者系统、全面地研究了刑事诉讼程序法事实的证明问题，通过对该问题的研究深刻揭示了我国刑事诉讼程序法制化的进路，有助于推动刑事诉讼程序问题制度化，是一部具有创新性的证据法学基础理论佳作。

宋英辉

二○一九年十月二十五日

目　录

第一章

刑事程序法事实证明范围

研究程序法事实证明首先必须从程序法事实的概念、内涵、证明对象等基本概念开始。最早关于法律事实理论的研究当属德国，德国法律事实理论构成了我们研究的基础。20 世纪 80 年代，我国学界开始关注法律事实理论，陈金钊、杨建军等理论法学学者对法律事实理论进行了很好的探索，诉讼法学界也展开了程序法律事实的研究。本书在考查国内外法律事实理论基础后，认为程序法事实是影响诉讼进程的事实、权力或权利属性事实、关涉程序主张的事实。程序法事实的研究可以根据法律进行分类，基于产生法律规范的依据可以分为宪法规制型程序法事实、普通法律规制型程序法事实、司法解释规制型程序法事实、国际条约规制型程序法事实；根据程序法事实的性质进行分类，可以将程序法事实分为权利主张型程序法事实、职权请求型程序法事实、违法争议型程序法事实；根据法律效果可以分为直接影响型程序法事实、间接影响型程序法事实、微弱影响型程序法事实。程序法事实的分类成为程序法事实证明研究的基础，程序法事实证明是程序主体向他方履行证明的活动，证明对象主要有职权请求型程序事实、权利主张型程序事实、违法争议型程序事实等。

第一节 刑事程序法事实的概念

一 法律事实的概念

法律事实理论来自于德国，德国法学家萨维尼教授对于法律事实的定义是以法律关系为中心的，他认为法律事实是产生或终止某项法律关系的所有事情。① 德国另一位学者考夫曼认为"法律事实就是将生活事实类型化后的法律构成要件事实"②。该种观点强调两个方面，一是法律事实是一种通过类型化而形成的事实，通过了人们高度的抽象概括并可反复出现的事实，而法律构成要件事实是指该种事实已经受到法律调整，能够产生法律意义的事实。法律事实问题一直没有作为法律核心命题来研究，国内只有零星教材涉及，教材中也只是将法律事实作为引起法律关系产生的一种情况来对待，对于法律事实的深刻内涵并没有投入更多的精力进行研究，并未能深入挖掘其法律事实的深刻内涵。"这种认识仅仅揭示了法律事实的一个方面，即只看到了法律事实的法律意义，而没有揭示法律事实的丰富内涵。"③ 陈金钊教授进一步指出，法律事实具有制度性、法律性、规范性、证明性四个特点。法律事实的制度性是指法律事实是一种可以重复发生的事实，是相对于一次性不能概括的生活事实不同，制度性事实是一种经过人类理性思考归纳出来的可以反复适用的模型。法律性是法律事实的基本特征，之所以说法律事实具有法律性是指该类事实已经不纯粹是一种生活事实，不是一种自然事实，而是一种上升为法律调整的事实，是生活事实进行法律规范的产物。法律事实的形成对于当事人来说能够产生法律上的某种效果，这种效果可能是法律肯定的效果，也可能是法律否定的效果，但无论如何，这种法律效果是一种只要法律事实一旦形成即具有某种法律意义的效果。证明性是指对法律事实本身而言的，即法律事实能够用其他的材料、信息、事实等进行证明的事实。而规范性是强调法律事实本身对行为人的影响，能够起到一种指引、预测和评价的作用。陈教授对于法律事实的内涵研究具有重大参考意义，法律事实从产生依据上看必须是先有法律，而后产生法律事实，是法律不断发展到一定阶段的产物，但是法律事实之所以受到法律的调整，又是人们经过长期研究在实践中将该类事实归纳升级为某类法律规范的对象。同时，将法律事实分为立法和司法中的法律事实是否合适，值得探讨。因为法律事实是由实践中产生的某一种事实，根据法律规范调整而产生某种法律效果，而这种能够产生某种法律效果的事实就是法律事实，而不能将其分

① 黄茂荣：《法学方法与现代民法》，中国政法大学出版社 2001 年版，第 199 页。
② ［德］考夫曼：《法律哲学》，刘幸义等译，法律出版社 2004 年版，第 156 页。
③ 陈金钊：《法律事实的定位与制度性事实》，《南京大学法学评论》1999 年春季号。

为立法中的法律事实和司法实践中的法律事实。例如故意杀人，处十年以上有期徒刑、无期徒刑、死刑。能否说这一条款是立法中的法律事实？实际上这是一条法律规范，是法律事实认定的前提条件，故意杀人行为，处十年以上有期徒刑作为前提，而甲故意杀死乙是发生的案件事实，最后甲需要判处十年以上有期徒刑、无期徒刑、死刑是法律事实。我们认为，故意杀人处十年以上有期徒刑、无期徒刑、死刑是一前提条件，是案件事实或者说生活事实变为法律事实的前提条件，是法律事实形成的必要条件，但是它本身不可认定为法律事实。法律事实一定是实践中发生的、由于法律调整而形成的事实，也就是能够纳入法律规范进行调整的事实。

国内研究法律事实的另一位学者杨建军博士认为法律事实是由法律所规定的，被法律职业群体证明、由法官依据法律程序认定的客观事实。[①] 首先，将法律事实看成一项已经发生的事实符合法律事实的本质特征，法律事实是一项结果性事实，是在诉讼过程中发生的事实，由现有证据能够证明的事实，是一项具体的客观性事实。其次，法律事实是能被法律职业体证明的事实，其强调法律职业群体的认可性，体现了法律事实的某种"技术性"特征。依照法律程序认可被看成是法律事实形成的一个条件，将法律事实认定为法官裁判的案件事实，从这一点上来理解极大地减损了法律事实的范围，因为进入诉讼渠道需要法官予以确认的事实只是少部分法律事实，并不是所有的法律事实必须经过法官裁判才能形成与认可。进入到诉讼领域需要法官裁判的应该说是法律事实的一部分，法律事实也并不必然需要证据事实予以证明。在这里，杨博士也混淆了案件事实与证据事实的关系。一直以来，我们认为，凡是能够证明案件真实情况的一切事实都是证据。实际上，杨博士所说的法律事实不是法律事实本身，而是一种关于法律事实的主张，用以证明某种法律主张的事实即可以说是法律事实，而不能将证据与法律事实相分离。将法律事实分为"规范中的法律事实与裁判中的法律事实"并不是特例，国内一些其他学者也持这种立场，这种划分最早来源于古罗马法。"罗马法的法律事实理论主要是在客观法的层次上将法律事实与法律后果联系起来，是根据一定

---

① 杨建军：《法律事实的概念》，《法律科学》2004 年第 6 期。

的立法标准及立法所反映的法律意识，对法律与客观事实的关系作出的理性阐发，需要解决的是法律规范的正当性和自洽性问题"。① 规范中的法律事实是使用司法裁判三段论中的大前提，实际上是抽象后进行一般性归纳的法律事实，是适用案件事实裁判的前提事实。规范中的法律事实会演变为当事人的权利与义务，而权利与义务又会形成诉讼主张。而裁判中的事实从程序法角度是程序事实，从证据法学角度是证据事实，从实体法上看是规范事实。裁判事实是诉讼中的争议事实，也是适用法律规范的结果。将法律规范事实和裁判事实相分离，实际上是将法律规范等同于法律事实，应该说法律规范的制定目的是调整法律行为和法律事件，法律事实是根据法律规范予以调整的结果，规范本身不构成事实本身，法律事实也不需要证据进行证明的事实。裁判事实是已经发生的案件事实，由于符合法律规范规定的条件从而形成为法律事实，可以根据现有法律规范进行裁判，而案件所发生的事实就是案件事实，之所以能够裁判是因为符合法律事实之前提条件。杨波博士认为"法律事实是指在法定的程序空间内，由多方诉讼主体依据既定的规则建构起来的一幅案件事实图景，它是某种法律裁决据以作出的事实依据。"② 主张法律事实是一种建构的事实，是通过实体法、程序法、证据法等规则，在庭审过程中形成的法律事实。可以说，传统法律事实理论是从反映论角度发现法律事实，而杨博士认为法律事实是一种建构的事实，实际上是采用后现代理论对法律事实进行定义的。实际上，从事实的本义来讲，事实是一种不以人的意志为转移的客观存在，并不是人们在诉讼过程中建构出来的事实。但并不是所有事实都能被人们所认知，因为很多事实发生以后由于主客观原因导致客观事实难以被认识，而后来所认知的事实可能是已经被筛选过的事实，或者是已经被过滤的事实，甚至只是事实的某一个方面，但是依旧是客观事实的一部分。杨博士所认为的法律事实实际上是一种经过法律裁判认定的结果事实，是司法机关参与过程中所认定的案件事实。

　　根据对法律事实的不同定义，学者们将其归纳为不同学说，有学者将其总结为五类，即法律关系的因果说、法律规定的构成要件说、法律规范

---

① 赵承寿：《司法裁判中的事实问题》，中国政法大学出版社 2015 年版，第 34 页。
② 杨波：《法律事实辨析》，《当代法学》2007 年第 6 期。

之事实说、法律适用的前提说、实证法的规范说。① 也有学者将法律事实定义归结为八种学说，即 "法律关系的关系说、法律事实的事实说、法律规定的构成要件说、因果说、法律规范之事实说、法律适用之前提说、实证法之规范说、综合说。"② 对于法律事实的研究，我国学者不断深入，研究方法主要体现为规范诠释学研究方法，但是所有的研究还是离不开法律调整这个基本观点，只有纳入法律调整所形成的事实才是法律事实。根据法律规定，由于某种事实的产生和变化，最终能够引起法律关系的发展变化，所以说，法律事实可以从三个方面进行评价，"必须是法律规范所规定，必须符合法律规范假定中所规定的情况，必须是能够引起法律后果。"③ 笔者以为，法律事实是一种法律规范调整的事实，具有法律规范性；法律事实是产生法律效果的事实，具有法律效应性；法律事实是生成法律主张的事实，能够产生和消灭法律主张。

---

① 第一，法律关系的因果说。该说是我国大陆学者在吸收苏联法学的基础上所传播的，认为能引起法律关系发生、变化、消灭的情况就是法律事实；第二，法律规定的构成要件说。该说把法律事实等同于完全的法律规定中的构成要件；第三，法律规范之事实说。道德宗教规范所支配者就是道德或宗教事实，而为法律规范所支配之事物即为法律适用之对象，人们称其为法律事实；第四，法律适用的前提说。该说认为，在大陆法系各国，法律适用的最基本原则就是 '以事实为根据，以法律为准绳'，由此原则所推出法律适用的最一般技术相当于形式逻辑中的三段论。在三段论中，法律规范充当大前提，法律事实是小前提，判决就是推理结论。在这里，法律事实就是经法官认定的有法律意义的事实；第五，实证法的规范说。认为法律事实当指实证法所规范之生活事实，从而法律事实之主要特征应在：（A）具体性，（B）事实性，亦即法律事实所指称者，本来一直是发生于或继续存在于具体案件中之事实或状态。"参见陈金钊《法理学》，北京大学出版社 2002 年版，第 195—197 页。

② 法律关系的关系说是指能引起法律关系的产生、变更、消灭的情况就是法律事实；法律事实的客观说，是指以事实为根据，以法律为准绳中的事实，只能是客观存在的事实，司法中对事实的认定必须达到确实充分；法律规定的构成要件说，即将法律事实等同于完全的法律规定中之构成要件；因果关系说，认为无论是自然事实或人的行为，当它与生活事实有关，发生法的意义时，即成为法律关系的发生原因，总称为法律事实；法律规范之事实说，即法律规范所支配之事物，即为法律适用的对象，称为法律事实；法律适用的前提说，即从法律适用中的三段论推理角度来看，法律是大前提，事实是小前提，法律现象是由大小前提推论而得出的结果，法律事实是法律关系变动的基础；实证法规范之生活事实，从而法律事实之主要特征在：1，具体性；2，实在性，亦即法律事实所指称者，本来或一直是发生于或者继续存在于具体案件中之事实或状态；综合说；法律事实是由法律规范所框定的，而又经过法律职业群体证明的 "客观" 事实。参见杨建军《法律事实的概念》，《法律科学》2004 年第 6 期。

③ 孙国华主编：《中华大辞典》（法理学卷），中国检察出版社 1997 年版，第 117 页。

（一）法律事实是法律规范调整的事实

法律事实和其他生活事实存在的根本性差别是，法律事实的形成具有法律依据，法律预先通过抽象进行规定纳入到法律规范进行调整。生活事实是发生在社会中的所有社会性事实和自然性事实，生活事实十分广泛，法律并不是万能的，只能调整一部分生活事实，纳入法律调整的生活事实才有可能成为法律事实，哪类生活事实能成为法律事实，取决于社会生活的发展变化和法律的发达程度。最早的法律是规定调整违背人类基本道德的犯罪，例如盗窃、抢劫、强奸、杀人等犯罪，这类事实发生将可能纳入法律的调整范围，最终成为法律事实。其次，由于政府权力运行可能导致侵害公民的基本权利，在此基础上制定出行政法与行政诉讼法律规范，由于行政法和行政诉讼法的颁布实施，从而使发生于政府与公民之间的关系事实形成为行政法律事实。再次，由于现代工业的发展，工厂排放污水，向大自然排放污气，最终导致环境污染。为了保护环境，保护公民的身体健康而颁布的一系列环境保护法律规范，从而使发生的环境保护方面权利侵害事实成为了法律所规范的事实。法律的发达包括法律理论的发展、法律体系的完善、法律规则的精细发展。法律事实是由法律规范进行调整的，而法律规范的产生是法律理论发展和法律精细化发展的结果。法律规则的发展首先需要法律理论的发展，法律理论往往先行一步，只有法律理论的发展才可能产生法律规则，才能形成法律规范。例如我国刑法第一百三十三条关于交通肇事罪的规定就是社会生活发展的结果，该条规定的事实是因为工业革命以后机动车的产生，同时随着社会生活水平的提高导致车辆增多之后，不断发生交通事故导致公民的财产、身体健康甚至生命不断受到侵犯，从而发展出来的具体法律规则。法条中规定的如果发生的是轻微交通事故，不属于刑法规定的调整对象，不构成刑事法律事实，可能构成民事法律事实，但是如果事故造成人员重伤、死亡或者财产的重大损失，发生的事实就构成刑事事实。例如上海市徐汇区人民检察院指控：2014 年 4 月 23 日 23 时 03 分许，被告人姚某某驾驶一辆牌号为沪FWXXXX 的出租车，以约 70 公里每小时的速度沿本市肇嘉浜路由东向西通过岳阳路路口，与一辆亮着警灯沿肇嘉浜路由西向北红灯时左转弯行驶的牌号为沪 HXXXX 警车（驾驶员孙某某、系徐汇区公安分局某路派出所民警）相撞，致警车侧翻，事故造成两车损坏，出租车内乘坐人李某某以及警车内乘坐人关某某均受伤。其中被害人关某某伤势严重，虽经医院积极抢救，最终因伤势过重死亡。公诉机关认定被告人姚某某的行为已经触犯《中华人民共和国刑法》，应当以交通肇事罪追究其刑事责任。被告人到案后对犯罪事实予以承认，根据《刑法》规定，判处被告人姚某某二年有期徒刑的刑事处罚。① 该案中发生的事实为姚某因交通肇事导致一人死亡的事实就构成了刑事法调整的法律事实。如果刑事法律没有规定交通肇事则无法形成刑事法律事实，而只能由民事法律调整构成民事法律事实，如果民事法律没有规定则无法形成民事法律事实。

法律事实的形成随着法律规范的调整而发生变化，有些生活事实之前由于有法律规范调整从而形成法律事实，但之后由于社会发展甚至于人们观念的变化，之前的法律事实由于法律修改则不成为法律事实。例如很多私人之间的关系问题，以前是由法律来调整的，现在由于人们对权利的要求导致只能是一般道德调整，而不构成法律事实。例如有配偶与他人通奸的行为，历朝历代都将其规定为犯罪行为。但是由于社会的发展以及人们观念的变化对通奸行为的容忍度增加，最终导致通奸行为不构成刑事法律事实，而成为民事法律事实。所以，时代不同，环境不同，社会价值观念不同，法律政策不同，法律事实的范围都会不同，法律事实会不断发展变化。法律事实的变化实际上是法律调整变化的结果，法律事实变化是一国法律发展变化的结果，法律规范变化了，法律事实也会发生变化，所以说法律事实是法律规范调整的事实。

（二）法律事实是产生法律效果的事实

法律效果是一个多义词，既可以从整体上理解法律效果，又可以从具体或者局部上理解法律效果。从整体上看，法律效果是指"人们为追求社会的秩序、正义、自由以及为促进社会的良性运转和变迁而运用各种法律手段于现实生活中所产生的客观效应。"② 这种法律效果是一种与法律价值、社会稳定等相对应的概念，是包含了立法、执法、司法、守法等在内的一种整体性法律效果。其次，法律效果是指具体的法律效果，是由于司法机关根据案件事实适用法律而产生的个案效果。"我们所说的法律效果，则强调司法机关严格适用法律所达到依法审判的结果，它侧重于法律

---

① 案件来自于中国法律文书裁判网，上海市徐汇区人民法院刑事判决书（2014）徐刑初字第 945 号。

② 晁秀棠：《法律效果及其研究和测定方法》，《法律科学》1992 年第 5 期。

适用的动态一面。"① 此种意义上的效果是案件经过司法程序以后所产生的法律效果，即案件的判决是否符合法律条文的具体规定，案件结果是否符合法律原则，案件结论是否符合立法精神。如果说案件的判决符合立法的基本精神与原意，符合法律规定，使当事人感觉到了法律公正，那么案件的审理就产生了良好的法律效果。法律效果的第三层含义是受到法律规范调整的具有法律意义的效果，即法律规范制定以后，在执法、司法、守法的任意环节中产生的对某一行为或事件产生的具有法律意义的后果。该层面法律效果不一定是在具体法律适用以后产生的效果，该种法律效果实际上区别于一般生活行为或者其他不具有法律意义行为而言的。该层含义上的法律效果是指具有法律意义能产生法律上某种权利义务变更、消灭，导致某种法律行为的启动与终止等法律结果。所以，法律效果事实实际上是一种法律意义事实。法律效果可以体现为权利的消灭，也可以是义务的产生或者是制裁的出现，同时也可以导致某种法律行为失效和产生。例如某甲盗窃某乙价值二百元手机一部的事实，其产生的法律效果是法律赋予乙要求甲予以返还的权利，产生的是一种民事法律事实。如果某甲盗窃为五千元的手机，那么某甲盗窃某乙的事实就成了刑事法律事实。从产生法律效果的法律事实意志因素上看，可以将法律事实分为法律事件事实和法律行为事实。"法律事件是法律规范规定的、不以人的意志为转移而引起的法律关系形成、变更或者消灭的客观事实。"② 例如由于北京雾霾致使高速路封堵多日，运货人甲未能按期将货物运到收货人指定的地点，从而导致水产品变质变坏，最后将所有水产品抛弃。在这一事件之中，由于出现了重度雾霾导致合同没能如期履行，雾霾的出现是一种不可抗力，可以称为法律事件。除了法律事件事实，法律行为事实是更为主要的法律事实内容，法律行为是指"由自由意志控制（可归责于行为人），因果形成（在最广义意义下）之负责的、具有意义的实际事实。这个行为概念，不仅包括合法与违法、故意与过失、既遂与未遂、正犯与共犯的行为，并且除积极的作为以外，也包括不作为，亦即不为法律秩序为避免与法律相关的结果而有所期待的行为。"③ 法律行为事实按照法律规范的属性和引起

---

① 齐崇文：《法律效果与社会效果统一的法理学分析》，《人民司法》2011 年第 11 期。

② 张文显主编：《法理学》，高等教育出版社、北京大学出版社 2007 年版，第 165 页。

③ ［德］考夫曼：《法律哲学》，刘幸义等译，法律出版社 2004 年版，第 156—157 页。

的法律后果看，有民事法律行为事实、刑事法律行为事实、商事法律行为事实、行政法律行为事实、诉讼法律行为事实等。

（三）法律事实是蕴涵主张的事实

主张是指法律关系发生的主体所提出的某种请求。法律行为是一种双向或者多向性活动，是一种权利义务性活动，也是生成权利和义务主张的事实。主张是司法实践中的基本特征，没有主张则无法产生诉讼，主张是诉讼的前提。主张既有民事主张，也有刑事主张，既有实体主张也有程序主张。但是不管如何，主张来源于一定的事实依据，构成法律主张的事实依据就是法律事实。民事诉讼中的诉讼主张往往体现为民事实体主张和民事程序主张，民事实体主张体现为返还财产、赔偿损失、赔礼道歉等等，而民事程序主张体现为申请调查证据主张、申请法官回避主张、证据失效主张等等。刑事诉讼中，也可以分为刑事实体主张和刑事程序主张。刑事实体主张是指依据刑事实体法的法律规范产生的主张，刑事实体主张是基于犯罪行为和刑事法律规范产生的，主要有依法判决被告人构成何罪，应当如何量刑的主张，认定被告人是否构成自首和坦白，认定被告人是否有其他法定或者酌定量刑的主张。例如我国司法实践中对于犯罪嫌疑人自动投案，如实供述犯罪事实的行为，可以认定为自首。如上述所举交通肇事案例[1]，被告人的辩护人认为姚某某系自行投案，虽辩解并非于红灯时越过停车线，但该辩解属于认识上的混淆，不属于对犯罪事实的否定，故应该认定其为自首。对于自首应该予以从轻处罚，被告人姚某某由于其主动投案，并且在投案以后能够主动地毫无隐瞒地陈述整个犯罪过程，司法机关对其认定为自首。自首法律事实的形成首先必须有刑法明确规定何为自首，只有在法律中明确规定了自首又出现了自首的法律事实时，最终则认定为自首。刑法中产生了大量的法律事实，这些事实产生的依据就是刑事法律规范，刑法的规范主要体现为对不同罪名的规定，以及对这些不同罪名规定的不同量刑，通过这些不同刑事法律规范最终形成不同的刑事法律事实。

实体法律事实产生的是实体法律主张，程序法律事实产生的是程序法律主张。程序法律主张来源于程序法律内容，所以程序法律的发达程度决

---

① 案例来源中国法律文书网，上海市徐汇区人民法院刑事判决书（2014）徐刑初字第945号。

定了程序法律事实的繁杂程度，也决定了程序主张的多少。现代法治国家的刑事诉讼程序分为侦查、起诉、审判三个阶段，诉讼主体分为公安机关、检察机关、审判机关，诉讼当事人有犯罪嫌疑人、被告人、被害人，其他诉讼参与人有证人、鉴定人、翻译人员、辩护人等。刑事诉讼法律规范就是规定刑事诉讼过程中的各种诉讼行为，由于各种诉讼行为产生的事实就是程序法律事实。根据刑事诉讼法律规定，侦查机关有立案权，有进行搜查、扣押、查询、冻结的权力，甚至有进行拘留和申请逮捕的权力。那么构成立案的事实，符合搜查、扣押、查询、冻结的条件事实，符合拘留条件的事实，符合逮捕的事实都属于程序法律事实。现代刑事诉讼中，犯罪嫌疑人不再是诉讼客体，而是刑事诉讼主体。根据各国刑事诉讼法律规定，犯罪嫌疑人和被告人享有提出回避的主张，对管辖有不同意见提出管辖异议的主张，认为缺乏诉讼条件提出不予起诉的主张，认为现有强制措施不符合案情且需要变更强制措施的主张，审判过程中的司法机关有违法行为需要重新审理的诉讼主张，认为现有证据不能采用的诉讼主张等等，支持这些主张的事实都是法律事实。例如前述上海姚某某案件，根据姚某某的犯罪事实，侦查机关提出对其进行逮捕的主张，检察机关提出起诉的主张。根据办案人员与孙某某同隶属于上海市公安分局徐汇分局的事实，辩护人提出侦查人员收集的证据有瑕疵需要予以排除的主张，支持这些主张的事实构成法律事实。

二　刑事程序法律事实的概念

根据法律部门的不同，法律事实可以分为刑事法律事实、民事法律事实、宪法法律事实等。而在刑事法律事实中，根据调整和规范的是实体法还是程序法不同，可以将刑事法律事实分为刑事实体法事实和刑事程序法事实。关于程序法事实的概念，我国法律界基本上采纳法律效果说。徐静村教授主编的"九五"规划高等学校法学教材认为"程序法事实是对于解决案件的诉讼程序问题具有法律意义的事实。"[①] 该观点应当可以理解为凡是能推动、促进诉讼程序的进程，对侦查、起诉、审判、执行等诉讼程序的启动、中止具有影响、具有法律意义的事实均为程序法事实。法学界的另一种观点即法律关系说，如卞建林教授认为

---

① 徐静村主编：《刑事诉讼法学》，法律出版社 2004 年版，第 192 页。

"程序法事实,是引起诉讼法律关系发生、变更和消灭的事实,也称诉讼法律事实。[①] 将程序法事实理解为对案件的诉讼程序问题的解决有法律意义的事实,是一种比较宽泛的理解,承认了程序事实需要经过法律规范调整,即能对诉讼产生法律效果的事实即为程序法事实,将那些在诉讼过程中产生对诉讼没有法律意义的程序事实予以区别开来。第二种观点认为程序法事实是引起法律关系发生、变更、消灭的事实,是一种法律关系说,其范围比第一种定义窄,并没有将程序法事实与实体法事实区别开来,没有体现程序法事实本身应有的特点。但是两种定义都承认了程序法事实能产生一定的法律后果。本书认为,对于程序法事实的定义一方面需具有法律事实本身的共性,同时具有程序的基本特性,其概念可以从以下三个方面理解:

(一) 程序法事实是影响诉讼进程的事实

法律事实是由法律规范调整的事实,实体法事实是由规范案件实体内容的法律、法规调整所形成的事实,而程序法事实是由规制程序运行的法律调整的事实。诉讼程序包括侦查、起诉、第一审程序、第二审程序、审判监督程序、死刑复核程序、执行程序等等。在不同的诉讼阶段,又有不同推进诉讼进程的程序事实,例如回避、管辖、证据非法等等事实。刑事实体事实对于案件的结果有实质性作用,但是刑事诉讼的推进却是依赖于刑事诉讼事实的推动。与之不同的是,程序法事实的作用主要在于影响诉讼的进程以及保障被诉人的权利,刑事诉讼的进行离开程序事实是无法想象的。程序事实对于诉讼程序的影响,有些是终局性的,有些是局部性的,有些是对案件最终定论有实质影响的,而有些却只是对诉讼进程有影响的。刑事诉讼法中规定的刑事诉讼终止事实,是影响刑事诉讼最为深刻的事实,各国法律都对诉讼终止情况作了相应规定。《俄罗斯刑事诉讼法典》第二十四条规定了六种不得提起刑事诉讼的根据,第二十五条规定了因为和解而终止诉讼的条件,第二十六条规定了因形势改变而终止诉讼,第二十七条规定了四种需要终止诉讼的情形,第二十八条规定了因积极悔过而终止刑事追究的情形。[②] 根据上述法律条款,如果出现了第二十四条至第二十八条规定的终止诉讼程序事实,将产生刑事诉讼程序终止的

---

① 卞建林主编:《证据法学》,中国政法大学出版社 2005 年版,第 391—392 页。

② 黄道秀译:《俄罗斯联邦刑事诉讼法典》,中国政法大学出版社 2002 年版,第 19 页。

法律效果。《法国刑事诉讼法典》第六条也规定了刑事诉讼终止之情形事实，如果出现了以下法律事实则诉讼程序终止，被告人死亡、时效完成、大赦、刑事法律废止，有法律明确规定时，公诉经过交易或者由于刑事和解，自诉案件中由于自诉人撤回告诉等。① 凡是出现了上述所列举之程序事实，刑事诉讼程序就予以终止。《意大利刑事诉讼法典》第四十五条规定，在诉讼的任何阶段和审级中，如果由于当地出现了足以认定为能够干扰诉讼进行，通过其他形式都无法消除其影响，导致最终难以做出自由公正判决的情形，最高人民法院可以根据上诉检察长的请求移送其他法官进行审理，基于此种情况，最高法院可以采用裁定的形式暂时中止诉讼程序。② 该条款规定出现的可能影响自由公正判决的程序事实，即为暂时中止诉讼程序的事实，由于该程序事实的出现最终导致诉讼中止，足以证明程序事实可能影响着诉讼的进程。

（二）程序法事实是权力或权利属性事实

"有关权力这一概念，人们尚未达成统一的认识。"③ 但是此处所讲的权力是指职权，也就是刑事诉讼法规定的司法机关享有的行使之职权。而权利是指刑事诉讼参与主体包括犯罪嫌疑人、被告人、被害人、鉴定人、证人等所享有的各项程序性权利。实体法事实是在司法机关介入前就已经形成的事实，是犯罪嫌疑人所实施的各种犯罪事实，而程序法事实需要司法机关基于权力行使或者诉讼参与人行使诉讼权利而形成的事实。实体法事实是在案件启动侦查前就已经形成，程序事实则在诉讼过程中不断产生的。诉讼程序的发动和推进是诉讼多方参与的结果，国家为了正确和及时地打击犯罪，必须赋予司法机关一定的诉讼权力，这些权力既体现在侦查阶段，也体现在起诉阶段、审判阶段和执行阶段。基于司法机关职权形成的程序事实众多，如侦查机关基于案件发展情况采取的搜查、逮捕、拘传、监视居住、取保候审、诱惑侦查、监听等侦查行为，影响该类强制侦查和强制措施的事实为程序事实，该类程序事实均为司法机关基于职权主动实施而引起的程序事实。在实现司法审查和司法授权的国家，侦查阶段的很多诉讼行为都因为侦查机关向中

---

① 罗结珍译：《法国刑事诉讼法典》，中国法制出版社 2006 年版，第 13 页。

② 黄风译：《意大利刑事诉讼法典》，中国政法大学出版社 1994 年版，第 19—20 页。

③ E. 博登海默：《法理学法律哲学与法律方法》，邓正来译，中国政法大学出版社 1999 年版，第 357 页。

立的司法机关请求而实施。所以影响该类侦查行为和强制措施的行为为职权请求型程序事实。在审查起诉阶段，检察机关也可以基于法律规定实行一定的职权行为，决定提起公诉、逮捕、继续羁押、监视居住和取保候审等措施，而影响检察机关采取该类行为的事实为职权请求型程序事实。在审判阶段，法院的审判行为也是基于职权属性而展开的，对被告人申请证据调查的允许、对回避和管辖等异议的裁定等等，也属于权力性质程序事实。

依赖权力的授予推进程序的行为，实际上也是围绕着被告人的权利展开的。"法是以权利和义务为机制调整人的行为和社会关系的。权利和义务贯穿于法律现象逻辑联系的各个环节、法律的一切部门和法律运行的全部过程。"① 刑事诉讼法，从功能上看是推进实体法实现之过程，实质上是权利和义务分配、实现和变更的过程。作为刑事诉讼过程中的程序事实，实际上体现了各类主体在诉讼中的利益，而彰显诉讼利益的则是法律规定的各类诉讼主体享有的诉讼人权。刑事诉讼中的人权主要体现为被追诉人的诉讼权利、被害人、辩护人和代理人的诉讼权利。对于诉讼中的人权，众多学者均认为包括了程序性人权和实体性人权，"从内容上看，刑事诉讼中所保障的人权一般是宪法和法律赋予个人的基本权利和自由，即个人作为社会生活主体的人所必不可少的基本人权。"② 程序性权利是法律所赋予诉讼主体维护自身利益的手段，这种利益既有实体利益也有程序利益。有学者认为诉讼中的人权就是程序主体权，"刑事诉讼中的程序主体权包括了被追诉人的程序主体权、被害人的程序主体权、证人的程序主体权、律师的程序主体权。"③ 被追诉人的主体权利主要有申请回避权、申诉权、控告权、质证权、律师有效辩护权、上诉救济权等等。被害人权利主要有诉讼参与权、民事赔偿请求权、申请控诉机关抗诉权、裁判结果知悉权、参与刑事庭审权、与被告人进行和解权等等。律师的程序权利主要有独立辩护权、会见权、通信权、刑事豁免权等程序权利。对于被告人的诉讼权利，学界还有学者将其归纳为防御性权利、救济性权利、推定性

---

① 张文显主编：《法理学》，高等教育出版社、北京大学出版社2007年版，第165页。

② 徐静村主编：《刑事诉讼法学》，法律出版社2004年版，第58页。

③ 刘涛：《刑事诉讼主体论》，中国人民公安大学出版社2005年版，第91—107页。

权利等。① 权利体现为诉讼主体提出某种主张的可能性，以及该权利受到侵犯时能予以救济，刑事诉讼事关程序权利之事实，实际上有两类，一是追诉人根据其权利可以形成一定程序事实的行为；二是指被追诉人、被害人、证人等的权利被侵犯而提出某种程序主张之事实。无论是基于权利主张还是权利侵犯，程序事实都是以权利为中心，通过权利作为其内容而展开的事实，具有权利的属性。

（三）程序法事实是关涉程序主张的事实

主张是法律事实的基本特征，主张是基于权利的法律规定对某一本身应有之权利或者基于权利被侵犯提出的一种救济诉求，也可以是司法机关基于其职权针对某些程序事实提出的某种程序性主张。"刑事诉讼主张就是刑事诉讼主体在刑事诉讼中所提出的请求、意见、声明、见解、看法的统称，反映的是诉讼主体的立场、对待诉讼的态度和主观目的预期。"② 程序法事实的主张是依据刑事诉讼程序法律规范而提出的程序主张，程序法事实主张有些是纯粹的程序主张，有些主张是具有实体内容的程序主张。产生程序性主张事实可以是被告人提出的，也可以是控诉方提出，还可以是被害人提出的。刑事程序事实需要以一定的方式表达出来，才能影响诉讼的进程，最终影响定罪量刑，其表达的方式必须是一定的主张。被告的品格良好，有固定的居住场所，具有良好的文化背景，没有前科，这些可以作为被告提出保释主张的理由。如果承认犯罪嫌疑人和被告人具有诉讼主体地位，承认其享有法定的诉讼权利，就应该承认其在诉讼的各个阶段可以提出诉讼主张的事实。诉讼主张可以是基于法律所规定的回避权、律师会见权、辩护权、通信权、知情权等权利提出，也可以基于司法机关在诉讼过程中侵犯其人身权利和诉讼权利而提出的某种事实主张。当事人提出某种诉讼主张，归根到底在于因为诉讼过程中产生了法律所规定

---

① "被告人的权利大致包括防御性权利（沉默权、辩护权、及时获得律师帮助权、被保释权、单独与律师会见通信和接受文件或物件的权利、了解侦查案卷材料或案情的权利、讯问犯罪嫌疑人时律师在场、搜查扣押时的律师在场、自行侦查权、证据保全申请权）、救济性权利（控告权、申诉权、获刑事赔偿权）、推定性权利（要求解除超期羁押并立即释放的权利、获得法律援助的权利、被告知权利的权利、罪疑请求撤销案件的权利、不受非法取证的权利、不受非法逮捕、拘留、搜查、扣押的权利）。"参见孙孝福《刑事诉讼人权保障的运行机制研究》，法律出版社 2001 年版，第 80 页。

② 梁玉霞：《刑事诉讼主张及其证明理论》，法律出版社 2007 年版，第 5 页。

的某种程序法事实。所以说，程序法事实是一种形成或消灭主张的事实，例如德国刑事诉讼法规定所有知晓案情的证人都要出庭作证，如果传讯不到则要承担不到场之费用，但同时也规定了很多证人出庭作证之例外，例如出于一些个人原因则可以不出庭作证，如果和被指控人是婚姻关系、通过订婚形成的准婚姻关系、许诺或者已经形成实际的共同生活人。同时也规定了一些出于职业原因不需要出庭作证的情况，例如神职人员，对于以心灵引导者身份被信赖告知或者知悉的事项；被指控人的辩护人，对于以此身份被信赖告知和所知悉的事项等等。① 由于出现德国法上述规定之程序事实，则产生不出庭作证的诉讼主张。

第二节　刑事程序法事实的分类

程序法事实纷繁复杂，类型不一。为了更好地研究刑事程序法事实，同时也为程序法事实的证明确定范围，需要继续深入研究程序法事实的分类。基于程序法的形成原因不同，程序法事实有司法机关权力行使过程中形成的程序法事实，也就是职权请求型程序法事实。诉讼过程中，由诉讼当事人和诉讼参与人主张权利行使而形成的程序事实就是权利主张型程序法事实。程序法事实的形成依赖于刑事诉讼法律规范，但是构成刑事诉讼法律的渊源不仅仅有刑事诉讼法典，也有宪法关于刑事诉讼法律规范的规定，还有关于刑事诉讼某一方的单行法律，有一国签署的国际条约，也有为了更好实施刑事诉讼法而颁布的司法解释等等。由于不同的法律层次形成的不同法律事实，其重要程度和影响刑事诉讼的深度也不一样。不同的程序法事实对诉讼进程以及诉讼结果影响是不一致的，有些程序法事实能够直接影响诉讼的进程和结果，这部分程序法事实称为直接影响型程序法事实，有些程序法事实虽然不能直接影响诉讼进程和诉讼结果，但可以间接影响诉讼进程与诉讼效果，这类程序事实可以称之为间接影响型程序事实。除了直接影响型和间接影响型程序事实以外，很多程序事实对诉讼进程和诉讼结果影响不大，这类程序法事实可以称之为微弱影响型程序事实。

---

① 宋玉琨译：《德国刑事诉讼法典》，知识产权出版社 2013 年版，第 26—27 页。

一　基于刑事诉讼法律规范的分类

从产生程序法事实的法律领域来说，规制一个国家刑事诉讼的法律不仅仅有狭义上的刑事诉讼法典，还包括宪法关于刑事诉讼的条款，以及签署的国际条约和区域条约关于刑事诉讼的具体规定，也包括关于刑事诉讼法的司法解释。诉讼程序主要由刑事诉讼法律规制，但是一些国家将刑事诉讼最基本的原则以及犯罪嫌疑人最基本的权利上升为宪法条款，主要是基于一个国家对刑事诉讼的慎重态度，违反这些原则侵犯宪法保护的权利将产生违宪之结果，从性质上说是一种比违反刑事诉讼法更为严重的侵权，体现更为严重的法律效果。同时，国际社会基于保障犯罪嫌疑人和被告人基本权利作了一些规定，违反这些规定形成的事实即为国际条约规制型程序事实。

（一）宪法规制型刑事程序法事实

宪法是一个国家的根本大法，宪法对刑事诉讼中所涉及的国家权力运行和公民权利行使的规定是根本性的，也是刑事诉讼法的最根本性法律渊源。世界各国都在本国的宪法中对刑事诉讼的主要问题给予了足够的关注，主要是从两个方面，一是对国家机关行使权力设置一些监督性、制约性措施；二是对涉及公民权利的一些保护性条款。以美国为例：美国宪法第四修正案对搜查和扣押程序进行了规定；宪法第五修正案对讯问程序进行了规定；第六修正案对律师帮助权、对被告知情权进行了规定。除美国外，一些实施成文宪法的欧洲大陆国家更是规定了关于诉讼的条款，例如德国规定了逮捕权由法官所享有，对于同一刑事犯罪行为不得受到一次以上的处罚，违反该规定，即构成侵犯宪法。① 法国的宪法也规定了诉讼过程中应遵守的宪法性条款，主要体现在法国1789 年《人和公民权利宣言》、1946 年《第四共和国宪法》、1958 年

---

① 德国 1949 年宪法也规定了涉及刑事诉讼权利的宪法条款：该法第 103 章第三款规定按照普遍的刑事立法，对于同一行为而言，任何人不得受到一次以上惩罚。第 104 章［1］个人自由只能被正式法律所限制，且限制形式必须和法律规定相一致。受到拘留的人不得受到精神和肉体的虐待。［2］只有法官才能决定是否继续允许对任何自由之剥夺——在逮捕第二天后，警察不得继续以其权力拘留任何人。细节应受到法律之调控。因涉嫌犯罪而被暂时逮捕的任何人，皆应在不超过逮捕的第二天即被提交法院。参见张千帆《西方宪政体系》（下册欧洲宪法），中国政法大学出版社 2001 年版，第 658 页。

《第五共和国宪法》，三部宪法性文件规定了正当程序、逮捕限制性条款。① 在我国，宪法也规定了公民的人身权利和财产权利，诉讼中违反法律侵犯宪法保护的权利，构成宪法规制型程序事实。如侦查人员在侦查讯问的过程中采取刑讯手段获取口供的行为，侵犯了《宪法》第三十七条规定的公民人身自由不受侵犯的宪法性权利，以及侵犯了《宪法》第三十八条所规定的公民人格尊严不受侵犯的权利。除此之外，"侦查人员为了侦破犯罪案件的需要而采取的任意搜查、任意扣押行为，不仅侵犯了犯罪嫌疑人的隐私权，而且还侵犯了《宪法》第三十九条所确立的"公民住宅不受侵犯"以及《宪法》第四十条所规定的"公民的通信自由和通信秘密受法律的保护"的宪法性权利。又如，法院在审判过程中无理由拒绝被告方的调查证据申请、拒绝辩方证人出庭作证、拒绝给予被告方对检控方进行防御准备的行为，违反了宪法第一百二十五条所确立的"被告人有权获得辩护的条款。"② 所以，凡是违反宪法规定，侵犯犯罪嫌疑人、被告人、被害人的权利之行为形成的程序事实，即为宪法规制型刑事程序法事实。

（二）普通法律规制型刑事程序法事实

普通法律规制型程序法事实，主要是指依赖除宪法以外的国内法，即国内刑事诉讼法所形成的程序法事实。国内刑事诉讼法的范围和划分，与一个国家的立法体制和立法权力划分有关，和一个国家是否是成文法有关。由于立法主体的不同，立法权限不同，一个国家的立法可能体现为多种形式。以我国为例，规制刑事诉讼的法律主要包括《中华人民共和国刑事诉讼法》，同时也包括一些单行刑事诉讼法，例如《律师法》、《检察官法》、《法官法》等等。普通法律规制型程序事实，是指该法律事实的形成由一般法律所形成的主张，进而形成

① 法国对于刑事程序的禁止性规定主要体现在1789年的《人和公民权利宣言》第7、8、9章。在第七章规定：除非根据法律及其所规定的程序，任何人不得受到指控、逮捕或者拘留。违反那些要求，指定或执行任意命令的人必须获得惩罚；但是对于根据法律的传讯或者逮捕，每个公民必须立即服从，抵抗使之有罪。第八章：法律只能制定那些严格与明确必要之处罚，且除非在错误行为发生之前即制定、颁布并合法运用法律，任何人皆不得受到惩罚。第九章：除非被宣布有罪，每个人都必须假设无辜；如对一人之逮捕被判刑为决定必要，那么逮捕而言并非绝对必须的任何严厉对待，都必须受到法律的严厉禁止。参见张千帆《西方宪政体系》（下册欧洲宪法），中国政法大学出版社2001年版，第635页。

② 陈瑞华：《程序性制裁理论》，中国法制出版社2005年版，第13—14页。

一定的诉讼行为，或者说由于一定的行为侵犯了上述法律所保护的犯罪嫌疑人、被告人、被害人、证人之权利，而形成一定的程序法事实。刑事诉讼法典是我国刑事诉讼法的主体部分，也是全面规定刑事诉讼行为的法律规范。最高人民法院和最高人民检察院关于刑事诉讼法的司法解释是对刑事诉讼法的一些具体实施意见，是补充性的，也是以刑事诉讼法为基准的。其次，宪法关于刑事诉讼方面的规定是一些根本性、全面性而不是具体性的规定，这些内容最终也在刑事诉讼法中予以体现出来。所以说刑事诉讼法典是刑事诉讼程序事实形成的最为基本全面的直接性依据，由刑事诉讼法典所规范的内容也是刑事诉讼中最为基础性的内容。不论是职权型还是权利型程序事实，绝大部分程序事实都是由刑事诉讼法典予以规定的。

（三）　国际条约规制型刑事程序法事实

从制定主体来看，除了国内法以外，国际社会对于司法机关用合法的手段剥夺公民人身自由权利、侵犯公民隐私的行为也给予了足够的关注，形成了许多国际性法律文件。联合国和各个区域性组织分别规定了诉讼过程中犯罪嫌疑人享有的最低诉讼权利，同时也规定了司法机关不得违反的禁止性和强制性条款。虽然大多数国际性条约和区域性条约没有直接的法律拘束力，需要转化成国内法才能产生规制效力。但还是有很多的区域性条约高于国内法，当国内的被追诉人认为国内司法机关的诉讼行为侵犯了其最基本的诉讼权利和人身权利，依然可以上诉到区域性法院，判决国内司法行为违反人权法。例如，欧洲人权法院就有权宣布缔约国的判决违反欧洲人权法，从而撤销该判决。当然也有些国内法直接规定了国际法在该国家的效力，认为国内法和国际法相冲突时，应该遵循国际法，俄罗斯即为遵循该做法的一例。① 国际性法律文件主要有联合国规定的《禁止酷刑公约》、《公民权利和政治权利国际公约》、《世界人权宣言》等，涉及的主要是禁止酷刑、禁止刑讯逼供、不自证其罪权利、禁止双重危险、公正

---

① 参见《俄罗斯刑事诉讼法》第 1 条第 3 款的规定：公认的国际法原则和准则及俄罗斯联邦签署的国际条约是俄罗斯联邦调整刑事诉讼的立法的组成部分。如果俄罗斯联邦签署的条约规定了与本法典不同的规则，则适应国际条约的规则。黄道秀译，《俄罗斯刑事诉讼法典》，中国政法大学出版社 2003 年版，第 3 页。

审判权利等。① 除了联合国倡导签署的关于诉讼程序与人权的法律文件外，各个区域的国家也不断地倡导并形成了一些区域性法律文件。主要有欧洲的《欧洲保护人权和基本自由公约》，非洲的《非洲人权和人民权利宪章》、《追诉与公正审判权利决议》、《开罗伊斯兰人权宣言》，阿拉伯国家的《阿拉伯人权宪章》，美洲的《美洲人权公约》。这些条约规定的主要是犯罪嫌疑人、被告人的最基本诉讼权利以及司法机关在追诉犯罪时应该遵守的正当程序，也是协议赋予各个国家对司法机关的一项限权措施。② 如果各成员国司法机关在追诉犯罪嫌疑人和被告人的过程中，违反这些国际性条约或者区域性条约，从而形成的程序事实，即为违反国际条约规制型程序事实。

（四）司法解释规制型刑事程序法事实

在具体的司法实践中，为了更好地实施刑事诉讼法律规范，司法机关对现有刑事诉讼法进行解释而形成的具体操作规范。在我国，有关刑

---

① 参见《世界人权宣言》第五条规定：任何人不得加以酷刑，或施以残忍的、不人道的或侮辱性的待遇或刑罚。第九条规定任何人不得加以任意逮捕、拘禁或者放逐。《公民权利和政治权利国际公约》第七条"任何人均不得加以酷刑或者施以残忍的、不人道的或者侮辱性的待遇或刑罚，特别是对任何人均不得未经其自由或者强迫承认犯罪。联合国 1948 年《禁止酷刑公约》第 15 条：每一缔约国应确保在任何诉讼程序中，不得援引任何业经确定系以酷刑取得的口供为证据，但这类口供可用作被控施用酷刑者刑讯逼供的证据。杨宇冠、李立译：《检察官人权指南》，中国检察出版社 2006 年版，第 51—53 页。

② 《欧洲保护人权和基本自由协定》第三章第二款规定：在个人受到具有权能的法院定罪后被合法拘留；基于对犯法的合理怀疑、或有防止他犯法或在此后脱逃之必要，将他带到有权能的司法机构而对个人进行合法逮捕和拘留；每个受到逮捕的人，都应以其所能理解的语言，能迅速通告其逮捕理由及任何对他的指控。第六章规定了公开审讯、刑事辩护权利。审判应被公开宣布，但为了在民主社会中的道德，每个人受到刑事犯罪指控的人，都应被假设无辜。——[2] 在根据法律被证明有罪之前，每个受到刑事犯罪指控的人，都应具有下列基本权利：[a] 以其亲自或通过亲自选择的律师进行辩护；如果他缺乏足够收入偿付律师费用，那么如果公正审判如此要求，他应免费获得律师。张千帆：《西方宪政体系》（下册欧洲宪法），中国政法大学出版社 2001 年版，第 682 页；相类似的还有《非洲人权和人民权利宪章》第五条"每个人的固有尊严有权受到尊重，对人合法地位有权得到承认，对人的一切形式的剥削和侮辱，尤其是奴隶制度、奴隶买卖、酷刑及其残忍的、不人道的或者侮辱性的惩罚和待遇，均应予以禁止。阿拉伯世界的《开罗伊斯兰人权宣言》第 20 条：没有合法理由不得逮捕任何人或限制其自由、不得将其流放或者加以惩罚。不得使其遭受身体上或精神上之酷刑或任何形式之虐待、残忍或者侮辱。未经本人同意，或在可能有损其健康或者生命的情况下，不得对任何人施以医学或者科学实验。

事诉讼法的司法解释是指最高人民法院和最高人民检察院为了使刑事诉讼法律得到更好实施，根据其法律权限和司法实践中形成的经验，对刑事诉讼法律作出的解释，最终形成的一系列法律规范。司法解释既有《最高人民法院关于适用〈中华人民共和国刑事诉讼法的解释〉》、《人民检察院刑事诉讼规则〉》等关于刑事诉讼法的一些司法解释，也有六部委颁布的《关于办理死刑案件审查判断证据若干问题的规定》（2010 年）、最高人民法院颁布的《最高人民法院关于庭审活动录音录像的若干规定》（2010 年）等等。这些关于刑事程序问题的司法解释对于规制刑事诉讼活动起到了很好的作用，在司法实践中形成了大量的司法解释类刑事程序事实。我国司法机关的解释不仅仅对现有的刑事诉讼法进行了很好的解释，同时也对刑事诉讼法没有规定的内容进行了补充，甚至有些解释突破了现有刑事诉讼法的具体规定，超越或者曲解了现有刑事诉讼法的立法精神，可以说我国形成了大量关于刑事程序法的司法解释规范，从而形成了大量司法解释型程序法事实。司法解释型程序法事实在我国的刑事诉讼进行中，具有和刑事诉讼法典同样的效力，甚至在司法实践中还具有超越于现有刑事诉讼法典的作用，法官在司法实践中往往采取特殊法优先于一般法的方式处理两者的冲突。由于大量刑事程序司法解释的出现，在司法实践中产生了大量依据该解释形成的法律事实。

二　基于程序事实性质的分类

（一）权利主张型程序法事实

权利是主张产生的前提，权利事实是法律行为事实或者法律事件事实。对法律事实或者权利事实的种类划分，很多学者进行了有益的探索。例如霍菲尔德认为事实可以称为构成性事实和证明性事实。[①] 边沁将权利事实分为产生权利的授权性事实、消灭权利的剥夺性事实以及变更权利的

---

① 霍菲尔德认为"与特定法律行为有关的事实要么属于构成性事实，要么属于证明性事实。构成性事实乃是依有效的一般法律规制足以改变法律关系者，即要么创设新关系，要么消灭旧关系，要么同时起到两种作用。构成性事实分为肯定的构成性事实和否定的构成性事实。证明性事实则是这样一种事实：其已经认定，便可为推断其他事实提供逻辑根据。参见〔德〕霍菲尔德《基本法律概念》，张书友编译，中国法制出版社 2009 年版，第 20—25 页。

改变性事实。① 就当事人而言，参与刑事诉讼的过程是权利的行使过程，而权利的行使必须依赖于法律所规定的一定事实，只有一定事实才能产生权利主张。首先需要有法律明确规定诉讼参与人享有某项诉讼权利，其次发生了法律所规定的权利事实，最后根据该事实致使诉讼参与人能行使法律所规定的诉讼主张。考察各国刑事诉讼法律规范，权利主张型程序法事实主要有：（1）提出司法人员回避主张的程序法事实。回避是指当侦查机关、检察机关或者审判机关人员在出现某种法定情形不适宜参与诉讼活动时，法律赋予被追诉人或者其近亲属提出司法机关人员不得参与某项诉讼活动，构成不得参与某项诉讼活动之理由即是当事人权利主张事实。例如《德国刑事诉讼法》第二十二条规定了当事人提出回避请求的事实主要有法官为被害人、法官是被告或者被害人的生活照料人、法官是案件证人等六种情况。② 在刑事诉讼实践中，当某法官具有上述所列之任何一事实出现时，则被追诉人可以提出其申请该法官回避之申请，通过裁决认定该法官不得参与刑事诉讼的决定，则法官具有上述所列之任何一项之事实，则构成当事人权利主张型程序法律事实；（2）主张延长或者重新计算诉讼期间的权利主张程序法事实。诉讼期间是当事人在诉讼中需要遵守的规定，诉讼期间是刑事诉讼法律规定的不变期间，司法机关不得任意延长和缩短，如果当事人不在法定期间内行使权利，其法定的诉讼权利将消失，但是法律规定了一些例外情形，只要当这些情形出现时，诉讼期间就能够恢复，这些情形事实就构成了当事人的权利主张型事实。例如我国《刑事诉讼法》规定延长或者重新计算诉讼期限的程序事实为不可抗力。"台湾刑事诉讼法"第六十七条规定的为"非因过失"，《韩国刑事诉讼规则》第四十四条规定发生不可避免事情时，可以延长诉讼法定期间③，《德国刑事诉讼法》第四十四条规定"非因自己的过失而受妨碍不得遵守

---

① 霍兰在《法理学要义》中对于边沁的权利分类学说进行了如下的评价：产生权利的事实长久以来一直被描述为资格；但描述引起权利变更之事实的词汇，就没有那么脍炙人口了；至于表述引起权利变更之事实的概念，则更是付之阙如。因此，边沁发明了一个新的术语，其虽未成为日常语言，却对科学研究颇有裨益。边沁将上述事实统称为'处分性事实'并对其做了区分：产生权利的'授权性'事实，消灭权利的'剥夺性'事实以及变更权利的'改变性'事实。[德] 霍菲尔德：《基本法律概念》，张书友编译，中国法制出版社 2009 年版，第 21 页。

② 参见宋玉琨译《德国刑事诉讼法典》，知识产权出版社 2013 年版，第 10 页。

③ 马相哲译，《韩国刑事诉讼法》，中国政法大学出版社 2004 年版，第 154 页。

期间"，《意大利刑事诉讼法》规定恢复原状的程序事实为"意外事件或者不可抗力"，《俄罗斯刑事诉讼法》规定的延误期限恢复的理由为"正当理由"。当出现上述事实，当事人可以主张延长诉讼期间，或者主张诉讼期限重新计算，该类程序法事实就称为权利主张型程序法事实。(3) 提出执行中止或者终止的程序法事实。刑事裁判执行影响着刑罚之权威与效力，各国法律都明确规定了刑罚的执行方法。但是刑事裁判执行过程中可能会发生一些例外情况，各国法律对此进行了规定。当法律所规定的一些情形出现时，被执行人即可以根据出现的法律事实提出暂缓执行或者终止执行刑事裁判，这些法律事实就构成为刑事诉讼中的权利主张型程序事实。例如《法国刑事诉讼法典》规定，对于一些轻罪案件，如果因为医疗、家庭、职业或者社会性质之严重理由的，可以暂时中止执行刑罚。那么家庭、职业、医疗等之严重理由事实就成为权利主张型法律事实。同时《法国刑法典》还规定，对于那些被执行人确定患有无法治愈之疾病，患有精神紊乱，不论其判处的刑罚性质或者待服刑期如何，都可以中止刑罚执行。当出现上述情形时，被执行人及其家属可以根据法律规定，依据出现的不可治愈疾病和精神紊乱之障碍事实，申请中止执行刑事裁判，而不可治愈和精神紊乱之事实就构成了被执行人中止刑事裁判之权利主张型程序法事实。(4) 提出再审权利主张的程序法事实。刑事裁判追求稳定性，裁判一经确定就产生法律上的确定力。但是刑事判决也可能出现意外情况导致冤假错案，因此各国对于已经发生效力的裁判在一定情况下允许其再审，而构成再审的理由就是权利主张型程序法事实。例如《俄罗斯刑事诉讼法》规定再审的理由事实有：被害人或者证人故意做虚假陈述、鉴定人故意提供虚假结论、伪造的侦查行为审判行为笔录、由于侦查人员犯罪行为导致的不公正结论等等。① 司法实践中出现这些事实，被执行人可以申请再审并可以依法撤销生效裁判。日本申请再审的权利主张事实有三项，即伪造证据、发现新证据和公正的诉讼。② 凡是当事人能够提出之前判定的证据中有伪造之情形，发现新的证据可以推翻之前的判决所依赖的证据，审判中有违法不公正之情形，则当事人可以申请再审，

---

① 黄道秀译：《俄罗斯联邦刑事诉讼法典》，中国政法大学出版社 2002 年版，第 276—277 页。

② [日] 土本武司：《日本刑事诉讼法要义》，宋英辉译，五南图书出版公司 1987 年版，第 453 页。

构成申请再审之理由事实，即是当事人申请再审之权利主张事实。法国规定的再审理由主要有以下几项：一是杀人案件中认定被害人仍然活着；同时案件中两个不同被告人的刑罚相互矛盾；出庭作证的证人涉嫌作伪证；案件判决后发现有新的事实可能推翻原判决。上述之事实可以作为再审之理由，也是构成申请再审权利的程序法事实。①

（二）职权请求型刑事程序法事实

刑事诉讼和民事诉讼以及行政诉讼的重要区别，就是刑事诉讼的侦查、起诉和审判都是公权力行为。刑事诉讼程序的发动和终止无法离开国家权力的影响，没有国家权力的介入就不可能实现国家刑罚权，也不能完成刑事诉讼法之目的。刑事诉讼贯彻了统治阶级的意志，刑事诉讼模式体现国家权力的渗透程度。现代刑事司法理念认为控诉与裁判需要分离，侦查与起诉分离。"分权与制衡是现代法治国家权力架构的精神内涵。刑事诉讼作为现代社会国家活动的重要领域，也必然体现与贯彻这一原则的基本精神。"② 刑事诉讼权力可以分为侦查起诉权和裁判权，侦查起诉权是收集证据、查获犯罪嫌疑人程序，原则上可以视为行政性权力，而对拘留、逮捕、搜查、扣押等权力行为进行判断，是司法机关的裁判权，裁判权对行政权的审查与制约是英美法系和大陆法系的通行做法。对于侦查、起诉过程中权力行为，主要采取事前审查、事后复查和上诉审查的方式。例如，德国检察官在侦查和审查起诉阶段采取的强制措施必须"由法官审查后签发令状才能实施"③，法官才是强制措施启动的实质决定者。在意大利，法官对所有的侦查活动进行审查与监督，不仅仅在事前要对侦查行为进行审批，即使在侦查终结时，法官对于侦查终结的材料与侦查过程合法性也要进行审查。法国是实行侦查权法官保留的国家，预审法官对案件享有强制实施的决定权，但是对于预审法官适用的强制措施规定了由上诉法院进行监督和控制的方式。美国是实施严格的司法审查和控制型国家，对于刑事诉讼中的侦查行为都要事先获得批准，侦查机关实施强制侦查行为必须获得法官的令状同意。由此，司法实践中存在大量职权请求行为，这些职权请求行为的裁判机关，在大陆法系和英美法系主要体现为法官，有些国家是预审法官。在我国，由于公安、检察、法院是分工负责、

---

① 罗结珍译：《法国刑事诉讼法典》，中国法制出版社 2006 年版，第 371 页。

② 陈永生：《刑事诉讼的宪政基础》，北京大学出版社 2010 年版，第 137 页。

③ 徐美君：《侦查权的运行与控制》，法律出版社 2009 年版，第 176 页。

互相配合、互相制约的司法原则，法官对于侦查过程中的行为一般不采取事前审查的模式，而是赋予检察机关对侦查行为进行监督的模式，由于检察院是国家的监督机关，法院对于检察院的侦查也不采取事前审查模式，只是在审判过程中对侦查和起诉中的违法行为产生的实质性影响裁判结果的证据予以排除。但是，在我国存在侦查机关向检察机关进行职权请求之情形，例如逮捕就是典型的职权请求之行为。笔者认为基于职权需要，一方向另一机关申请批准某一职权行为，就属于职权请求行为。由于职权请求行为是一机关向其他机关进行的请求，如何支持这些职权请求之事实就构成了职权请求型程序法事实。

（三）违法争议型刑事程序法事实

违法争议型程序法事实，是当事人与司法机关在刑事诉讼过程中产生的一种程序争议，这种争议是因为司法机关并没有合法履行责任，导致在司法实践中侵害当事人权利而形成的程序法事实。权力是法律赋予司法机关的职权，权利是刑事诉讼法赋予当事人对抗司法机关的手段，特别是当事人主义诉讼模式国家，主张控辩双方平等对抗，意图通过权利来限制权力。职权违法从违法主体上看，有侦查机关的违法、控诉机关的违法、审判机关的违法；从违法的后果上看，有侵犯司法整体利益的违法，有侵犯犯罪嫌疑人、被告人利益的违法，也有侵犯被害人利益的违法。侵犯司法整体利益的违法，学者称为"公益性违法"，由于司法机关的违法行为直接导致诉讼参与人的权利侵害，称为"侵权型违法"。① 侵权型违法是指侵犯犯罪嫌疑人、被告人、被害人、证人、辩护人、鉴定人、翻译人员等等诉讼参与人的权利，造成违法事实的行为。违法争议主要产生在司法机关与具体的诉讼参与人之间，也就是侵权型违法。侵权型违法事实发生在刑事诉讼过程中，与权利主张型程序事实和职权请求型程序事实不同，侵权型违法事实是一种由第三方进行裁决的争议事实。在侦查阶段，构成违法性程序争议的事实主要有：侦查机关违反法律规定对应当立案的案件不予立案的事实；不应当立案而立案的事实；讯问犯罪嫌疑人时采取了不合法的手段和方式的事实；讯问犯罪嫌疑人少于两人以上侦查人员的事实；讯问时间超过法定时间的事实；羁押期间届满继续羁押或者采取变相方式继续羁押的事实；不应该采取技术侦查措施而采取技术侦查措施从而获得

---

① 陈瑞华：《程序性制裁理论》，中国法制出版社 2005 年版，第 11 页。

证据的事实；不遵守诉讼期间，超过法定诉讼期间违法办案的事实。在审查起诉和审查阶段，违反程序性争议的事实主要有：应当进行精神病鉴定而没有做精神病鉴定事实；鉴定程序违反法律的事实；应当起诉而做出不起诉决定的；被害人提出异议申请裁决的事实；审判机关违法剥夺被告人辩护权；违反适用审判期限延长条款侵犯被告人诉讼权利等等。这些争议的发生大多数是由于职权机关行使职权，侵犯当事人诉讼权利形成争议，证明这些争议的事实就成为了违法争议型程序事实。根据违法的严重程度分，职权违法行为有些被宣布为无效，有些要求对瑕疵行为进行弥补，还有一些则宣布法律行为结果无效。当然，并不是所有职权违法性程序事实都应作为程序证明对象，有些轻微的违法行为可以通过上级机关指令等方式进行矫正。职权违法型程序事实在各国刑事诉讼中体现得比较严重的主要有：适用非法证据排除规则的严重违法取证行为；适用宣布诉讼行为无效的严重违反法律程序的诉讼行为等等。

三　基于法律效果的分类

刑事诉讼法是以正当、迅速解决刑事案件为目的的诉讼程序法律制度。刑事诉讼法律规范的设计实际上是以完成刑事实体法为目的的，是发动、推进、完成实体行为，实现刑罚为终点的法律规范。刑事程序法事实实际上是在为完成实体任务的过程中产生的诉讼行为事实和诉讼事件事实。刑事诉讼法在推进实体目的的过程中，又承载了一定的价值负重和人权关注。由于刑事诉讼追诉过程中价值的规制，司法机关在发现真相和搜集证据时必然受到一定价值观以及由该价值观影响的诉讼制度的限制，而这些诉讼法律规范对案件证据、案件事实、定罪量刑将产生直接或者间接的影响。由此形成的程序事实，有些与诉讼结果有较直接的关系，有些与诉讼结果存在着间接的影响，而有些可能与诉讼结果基本上不存在多少联系，根据程序事实与法律效果关系可以分为直接影响型程序法事实、间接影响型程序法事实、微弱影响型程序法事实，具体分述如下：

（一）直接影响型刑事程序法事实

直接影响型程序法事实，是指依照刑事诉讼法、宪法、国际条约、司法解释产生的程序性事实，该类事实的判定将直接影响案件的定罪量刑，主要体现为影响证据的合法性与诉讼条件是否成立之程序事实。首先是关于取证合法性的程序事实。证据决定着案件的进程，决定犯罪嫌疑人、被告人是否构成犯罪、如何量刑。而证据的收集、调取的过程中又很容易侵犯人权，所以各个国家对取证的合法性规定了很多严格的规则，违反这些规则将导致证据排除的后果，所以关于取证合法性之争议将直接决定证据能否采纳，最终对诉讼结果产生直接的影响，属于直接影响型刑事程序法事实。其次是欠缺诉讼条件的程序事实。"维系整个诉讼程序的合法与否，可谓诉讼要件的本质，欠缺时法院不能为实体判决，只能以免诉、不受理或管辖错误等程序判决。"① 诉讼条件是诉讼得以进行的前提，如果缺乏某个诉讼要件，则案件无法继续进行。日本法学家田口守一教授认为诉讼条件事实主要有法定的诉讼条件事实、应诉权的条件事实、公诉权的条件事实等等。② 法定的诉讼条件，例如亲告罪没有告诉；也包括应该中止程序的其他事实，例如违反迅速审判原则、滥用公诉权；有关于应诉权的条件，如被告人出于精神失常状态时应停止审判，如禁止双重危险原则要求禁止对同一案件进行第二次程序；有关于公诉权条件事实，如根据有瑕疵的起诉书提起公诉行为时驳回公诉的条件事实等；有关于审判条件，法院有无管辖权等。我国学者已经关注诉讼条件问题，③ 但是在司法实践中只承认法律规定的刑事诉讼要件事实，主要体现为《刑事诉讼法》第15 条的规定。除此之外，我国法律赋予被害人对于不起诉案件的异议权，人民检察院决定有被害人的案件不起诉的，人民检察院应当将不起诉决定书送达被害人，被害人可以提出异议的程序事实，即为直接影响型程序法事实。

（二）间接影响型刑事程序法事实

间接影响型程序法事实是指该程序事实对被追诉人的定罪量刑没有直接的影响，对于诉讼的结果没有直接的决定作用。但是这些程序法事实对于案件的进程有直接的推进作用，对案件的最后结果有一定的间接影响。关于侦查管辖权异议的程序事实；讯问犯罪嫌疑人主体不合法、地点不合法、时间超时的程序法事实；关于侦查人员回避异议的程序事实；关于采

---

① 林钰雄：《刑事诉讼法》（上篇），中国人民大学出版社 2005 年版，第 179 页。

② 田口守一：《刑事诉讼法》，刘迪、张凌、穆津译，法律出版社 2000 年版，第 119—123 页。

③ 例如学者将诉讼条件分为一般诉讼条件和特殊诉讼条件、绝对诉讼条件和相对诉讼条件、积极诉讼条件和消极诉讼条件。参见徐静村《刑事诉讼法学》，法律出版社 2004 年版，第108—112 页。

取羁押必要性争议之程序事实；询问证人、被害人未个别进行之程序事实；侦查羁押期限延长之争议事实；影响拘留、逮捕、监视居住、取保候审强制措施采取之程序事实；司法机关未履行告知犯罪嫌疑人有聘请律师的权利事实；滥用退回补充侦查权、变相延长审查起诉期限的程序事实；审查起诉未听取被害人和犯罪嫌疑人、被害人委托人意见的程序事实；案件是否采用简易审理程序之争议事实；是否具有延期审理之事实；被告人最后陈述权是否被剥夺事实；证人是否当庭质证事实；案件是否公开审理之争议事实；法官回避事实之争议事实。该类事实与直接影响型程序事实相比，不会直接导致被诉人定罪量刑的变化，也不会导致诉讼的终止，但是对案件结果却存在着间接的影响，并不能排除其对诉讼结果产生的影响，该类程序事实与案件的具体结果之间存在着一定的关联，从整个诉讼过程来看具有一种较为间接的作用。

（三）微弱影响型刑事程序法事实

微弱影响型程序法事实是指该程序事实对于案件的审理，对于定罪量刑结局产生的影响微弱，甚至可以认定为无害性影响。从形式上看，主要体现为一些程序瑕疵行为，即不规范行为形成的刑事诉讼事实，如果用英美法上的概念，即为"无害错误"。例如在审判阶段，裁判文书书写有错误；未能在法定期间内结案又没有延长审判期限的程序事实；公开审理的案件没有在法定期间内公开案由、开庭时间、地点；未按照法定期限送达传票程序事实；笔录记载制作不规范的事实。从程序事实导致的结果上看，微弱影响型程序事实既没有侵犯犯罪嫌疑人、被告人、证人和诉讼参与人的实体性权利，也没有实质性妨害犯罪嫌疑人、被告人和被害人诉讼权利的行使。其次，该类行为也没有影响整个诉讼程序的进程，没有因为该类程序事实而导致诉讼拖延、诉讼行为无效、证据被排除延缓。再次，从整个司法秩序的严肃性上看，该类程序法事实的行为并没有导致对司法秩序的整体性或者局部性侵害和冲击，也不会对司法的权威性、严肃性产生破坏作用，所以称为微弱影响型程序法事实。

第三节　刑事程序法事实证明的概念

研究证明理论首先应该从证明概念开始，证明概念构成了证明理论的核心。建国以后，我国法制发展过程中先后受到前苏联法律制度、英美国家法律制度、大陆法系国家法律制度的不同影响，证据理论的形成也受到了不同法系证据理论的影响，作为证据理论的核心概念——证明也一直比较模糊，比较混乱。

一 证明概念的历史演变

新中国成立后，我国刑事诉讼法以前苏联为模本，证据理论上移植了苏联时期的证明概念。较早的证据学教科书认为"证明是指司法机关或当事人依法运用证据阐明或确定案件事实的诉讼活动。"[1] "证明对象就是刑事诉讼中需要用证据加以证明的问题，也就是办案中要查明的事实总和。"[2] "证明任务不仅在审判阶段存在，在侦查、起诉阶段也同样存在。"[3] 这种观点一直沿袭到 20 世纪 90 年代初，这一阶段关于证明概念的理论将案件真实的追寻过程等同于证明过程，证明责任的主体不仅仅包括控诉机关，同时也包括审判机关，甚至还包括当事人，所有参与诉讼的主体都承担有证明案件事实的责任。其次，证明贯穿于案件的侦查起诉和审判全过程，侦查机关承担证明过程中的取证责任，审查起诉机关承担证明过程中的举证责任，法院承担证明过程中的审证责任，当事人也负有配合侦查起诉和审判机关进行证明的责任，证明不仅仅在审判阶段存在，也存在于侦查、起诉阶段。再次，证明对象不是诉讼主张，而是所有案件事实，是案件的本身真相。这一时期证据理论的指导思想遵循着辩证唯物主义的一元论，认为司法机关和当事人的目的是实事求是地探寻司法真相，所以，证明对象是涉及真相的所有案件事实。

随着我国改革开放的推进，我国刑事诉讼更多地吸收英美法系的一些诉讼因素，法学界对证据学理论的一些观点提出了质疑，首先出现了客观

---

[1] 巫宇甦主编：《证据学》，群众出版社 1983 年版，第 77 页。

[2] 张子培、陈光中、张玲元等：《刑事证据理论》，群众出版社 1982 年版，第 132 页。

[3] 巫宇甦主编：《证据学》，群众出版社 1983 年版，第 79 页。相同的观点见"刑事诉讼的证明过程，是指司法机关收集、运用证据、确定案件真实情况的过程，也即司法人员认识案件客观真实的过程。这个过程贯穿于全部诉讼活动的各个阶段、环节。张子培、陈光中、张玲元等：《刑事证据理论》，群众出版社 1982 年版，第 114 页。

真实与法律真实的争论，有些学者主张用法律真实代替客观真实。[①] 还有学者认为证据学受到程序法规则的严格限制，是一种价值的选择活动，和传统主张证明是一种人的认识活动有很大的区别。主张将证据法从认识论转归到价值论的角度上来。[②] 与这些争议相应的，关于证明的概念也产生了变化。首先，将证明概念逐步限定为庭审中的概念。鉴于传统证据学理论将证明定义为整个诉讼过程中的概念，学者们逐步将证明限定在法庭审理阶段，认为证明只存在于法庭审理中。第二，对证明对象的认识也逐步深化。证明的对象一直以来均认为是案件事实，主要是指实体法事实，其次是指程序法事实。但是有些学者认为诉讼中需要解决的不是事实本身，而是争议。"诉讼证明始终是围绕诉讼主张进行的，诉讼证明的对象是诉讼主体的诉讼主张而不是其他，这点是在所有的诉讼中都是一样的。"[③] 将诉讼主张作为证明对象，证明诉讼主张的事实称为证据事实，无疑是证明理论上的进步。但是这种定义实际上是以当事人主义的诉讼构造为思考背景的，是当事人主义的诉讼理念在证据学上的体现。这些证明概念的变化主要是因为我国刑事诉讼构造产生变化引起的，证明概念的定义与诉讼构造存在着紧密的关系。虽然我国刑事诉讼法学界对证明概念进行着不同的阐述，但是关于证明的理解并没有形成共识，其争议甚至是说对于证明概念的理解决定着我国证据理论的深入发展。

二　刑事证明的特征

（一）证明是主体对客体事实真相的认知活动

现代证明与古代证明的一项重要区别就是现代证明是建立在理性基础上的，是人对案件事实的理性认识，是基于人的认识基础上的判断。神明裁判在世界各国的历史上存续了很长一段时间，即便是当代的司法裁判

---

① 樊崇义先生认为将证明定位为法律真实，其理由为：诉讼证明追求法律真实与我国刑事诉讼法规定的宗旨和任务相一致；法律真实简明扼要，具体明确，可操作性强，易于适用；法律真实为证据的调查和运用指明了方向。见樊崇义《客观真实管见——兼论刑事诉讼证明标准》，《中国法学》2000 年第 1 期。相同的观点见何家弘《论司法证明的目的和标准——兼论司法证明的基本概念和范畴》，《法学研究》2001 年第 6 期；高一飞《法律真实说与客观真实说：误解中的对立》，《法学》2001 年第 11 期。

② 陈瑞华：《从认识论走向价值论——证据法理论基础的反思与重构》，《法学》2001 年第 1 期。

③ 梁玉霞：《刑事诉讼主张及其证明理论》，法律出版社 2007 年版，第 148 页。

中，依然在一定意义上存在着古代神明裁判的影子，对于法律信仰的实现实际上就是一种宗教价值观在司法领域的体现。神明裁判并不是对所有案件都是依据神灵的意旨来判断，实际上即使在古代，神灵裁判依然是对一些疑难案件即证据不充足的案件采取神灵启示方式来处理。从实质意义上讲，神灵裁判实际上是人类无法解决社会纠纷而求助于自我以外的一种裁判方式。古代原始的神灵裁判以后，西方进入了一个很长时期的宗教裁判阶段，宗教裁判也不能说是一种理性的证明阶段，实质上依然是以唯心主义认识论为基础，借助于一种超越自然力量而形成的解决纠纷的方式。宗教裁判看似由人作出的合法判断，但实际上宗教裁判的认识论基础是建立在唯心主义基础上的。而现代司法证明则是建立在唯物主义认识论基础上的诉讼主体对案件真相进行认知的一场活动。之所以说证明是一场真相认知活动，是就诉讼主体对案件事实的认识角度上来看的。不论在职权探知主义的大陆法系，还是当事人主义的辩论形式认知模式，实际上不可缺少的是诉讼主体和认知客体，诉讼主体既包括参与诉讼的控诉方和辩护方，也包括审判人员和其他诉讼参与人，从证明的意义和目的上看，实际上控辩双方都在利用自己掌握的证据证明自己的主张，从而说服中立一方承认自己的诉讼主张的活动。而中立一方一直也是依据诉讼各方提供的证据从而判断谁方胜诉，在作出判断之前是积极寻找事实真相的过程。从这个角度上看，证明是一种认知活动，是诉讼主体和诉讼对象分离的基础上形成的。主张证明是一种认知是从整体意义上说的，也是从认识论意义上说的。马克思主义唯物论认为，人能够认识世界，人能够认识自身之外的世界，人具有不断发展的认识能力，人类最终能够认识宇宙万物。不论从大陆法系主张法官积极探知主义出发，还是从英美法系的辩护模式出发，实际上都是以承认案件事实能够认识为前提的。所以，从认识论意义上说，证明是一种人类理性判断，是基于人类对世界能够认识为前提的判断。证明是相对于神灵启示判断而言的，是人类的一种思维活动，是以人类的共识性为前提的判断，是人类用自身知识说服自己的活动。

（二）证明是一种回溯性活动

证明具有相对性，证明在一定意义上具有伦理性。司法证明和科学证明不同，科学证明具有绝对性。例如地球是圆的，可以根据各方面地理知识予以证明，这种证明具有绝对性。司法证明是一种回溯性活动，"由于纠纷事实发生在过去，基于时间的不可逆性，裁判者为了查明事实而展开的认知活动本质上是一种通过证据而展开的回溯性认识。"① 例如某甲死亡事实，需要证明是自杀还是他杀，如果是他杀需要证明其是被某乙杀还是被某丙杀，如被某丙杀采取的是什么手段，用了什么工具。这些事实实际上已经发生，司法实践中需要证明，则需要收集之后的证据进行证明。但是由于案件已经发生，证据可能被损毁灭失，证明就会遇到难题，根据收集到的证据对其证明是一种回溯性证明，由于案件已发生多时，导致实践中对一部分案件难以认定。如何对这部分案件进行处理，事关人们对案件事实甚至是证明的态度，如果我们采取的是疑罪从有的认定方式，那么即使案件有一些难度，在认识上难以肯定，也可以定案。但由于"法律形式正义正在让位于对法律推理和正义观念中公共政策的强调"②，疑罪从无逐步成为司法实践中的原则，往往对案件需要证明达到的要求十分之高，例如我国刑事诉讼中对案件定罪的标准是证据确实充分，对于死刑案件中利用间接证据定罪的案件，其结论是唯一的，足以排除一切合理怀疑。司法实践中，由于很多案件的侦查人员在侦查过程中形成了内心确信，认为判处被告人死刑没有问题。但是在审判环节，由于死刑案件的证明标准太高，心证无法形成只能采取疑案从无，最后宣判被告人无罪的结果。③ 由于证明是一种回溯性活动，"借助证据进行的回溯性推论，在结果上必然包含着一定程度的或然性。"④ 所以司法实践中很多案件基于证据的不充分导致证明难以实现。在解决这些问题的时候，就需要设置证明

---

① 吴宏耀：《诉讼认识论纲——以司法裁判中的事实认定为中心》，北京大学出版社 2008 年版，第 2 页。

② ［美］哈罗德·J. 伯尔曼：《法律与革命——西方法律传统的形成》，中国大百科全书出版社 1993 年版，第 47 页。

③ 有一起典型的案件，被害人的丈夫让被害人帮邻居大哥把门打开，大哥喝醉了，打不开门。被害人二十几岁，扶着大哥把门打开了，从此没有出来。被害人的丈夫回家，换上衣服和鞋子出去玩牌。第二天早上七八点回来，被害人不在家。到被告人家去看，被告人说没有见到被害人。他就怀疑被告人。后来把岳父找来，发现被害人就在被告人家里，已被分尸，被告人也承认是自己干的。这个证据太充分不过了：被害人的尸首、分尸的刀、斧、被告人认罪。结果侦查工作连凶器有没有指纹，是不是这个凶器砍的都没有送去鉴定。被害人的丈夫有无作案时间，能否排除？让人生疑。案件很离奇。诉至法院审理后，被告人翻供了，称自己喝多了，不知道怎么进的门，醒来发现被害人死在他家里，非常害怕。他与被害人是很好的邻居，不知道怎么承担这个责任，想把被害人分尸，然后运出去。其他的证据都没有，死刑复核中只能把这个案子发回了。参见张军主编《刑事证据规则理解与适用》，法律出版社 2010 年版，第 10 页。

④ 樊崇义主编：《诉讼原理》，法律出版社 2009 年版，第 312 页。

规则，这些规则体现了人类对纠纷解决中的价值选择，"司法证明体现了科学要求与价值导向的统一。"① 这些证明规则是人类在证据理论发展过程中发展起来的，例如传闻证据规则、意见证据规则、经验法则、证据裁判规则等等，这些规则的建立具有一定的伦理性特征，而遵循这些规则进行的证明活动也就具有伦理性价值。例如传闻证据规则，是基于辩论主义的认知模式形成的证明规则，如果不是亲自到庭作证，不是自己亲眼所见亲耳所闻则不能认定该证据有效，实际上是一项伦理性规则。因为即使是一些未曾亲眼所见亲耳所闻的事实，也许可能是真实的，但是通过这种规则的设置如果不是亲眼所见亲耳所闻同时还能亲自到庭作证就不予认定的案件事实，是一种价值选择性证明，就是一种伦理性规则。例如经验规则，经验规则是人们基于自己在生产生活中形成的关于某一事物的经验，在司法实践中即使没有其他证据予以证明，也就是说在证据不是很充足的情况下，即可以判定某一事实是否成立的事实。周洪波博士将刑事证明方法分为客观证明模式和情理推断模式，认为情理推断情况十分常见，情理推断的相关证据范围十分广泛，"所谓的情理，就是常情常理，是指具有或然性规律的常见的人情事理和自然常理。"② 而情理推断实际上是一种依赖于价值观的判断，依赖于社会中存在之伦理进行的推断。

（三）证明不仅仅是一种真相获知，同时也是一种价值选择

"诉讼证明必须在一定期限内完成。"③ 诉讼是一种解决纠纷的活动，诉讼的目的就是为了解决纠纷，而纠纷的解决是有一定期限的。诉讼的正义不仅仅需要实现，而且需要以看得见的方式实现，同时正义还需要在合理的期限内实现。诉讼的证明不可能像历史一样考证，历史学家可以考证几万年前的事情，可以考察人类的起源，论证人类是上帝创造的还是由类人猿演变而来。历史学家对历史故事的解释可能存在多种方式，不同的历史学家有不同的解释，历史学家的证明是一种阐释性的。诉讼证明也不可能像自然科学证明一样，自然科学性证明是一种解释自然科学现象的证明，自然科学可以通过反复实验予以核实，也可以通过对过去、现在和未来的偶发事件中寻找规律，通过归纳总结规律来解释自然现象。诉讼证明是对过去事实的认识，其认识的结果需要获得诉讼双方甚至是大众的认

---

① 张步文：《司法证明原论》，商务印书馆 2014 年版，第 185 页。

② 周洪波：《比较法视野中的刑事证明方法和程序》，《法学家》2010 年第 5 期。

③ 吴宏耀、魏晓娜：《诉讼证明原理》，法律出版社 2002 年版，第 25 页。

可，诉讼判决强调的是社会认可度，不能获得社会认可的判决最终难以执行，司法威信也会荡然无存。如果说历史也强调真相，那么诉讼证明强调的真相却是一种经过价值选择的真相。诉讼证明是一种价值选择，这种选择不仅仅是基于诉讼效率的考虑，同时诉讼证明还是在诉讼正义指导下的真相追求。"正义所关注的却是法律规范和制度性安排的内容，它们对人类的影响以及它们在增进人类幸福与文明建设方面的价值。"① 正义是法律关注的一项价值，除了正义以外还有秩序、和平、人类幸福等价值。诉讼证明表面上看是在寻找真相，但是这种真相是一种有期限的真相，有限度的真相。诉讼证明与自然科学的证明不同，自然科学仅仅是一种寻求真相的过程，而诉讼证明则是一种寻找有限真相的过程，而寻找真相最终依然服务于社会纠纷的解决。如前所述，有学者认为诉讼证明的价值选择主要包括三个方面，一是效率价值，二是真相价值，三是社会政策价值。社会政策价值主要是指针对个人而言的自由尊严等价值，针对社会整体而言的是指社会公共利益的保护。诉讼证明过程中，在证明规则的设置，证明标准的把握，内心确信形成等方面都需要渗透其中的诉讼价值权衡。

（四）证明是一种利益处分过程

证明是一项涉及诉讼利益的活动，其证明过程之结果是处分利益。刑事诉讼证明涉及的利益从主体看有国家利益，被害人利益，被告人利益，社会公众利益。国家利益首先体现的是对统治秩序的维护，同时通过打击犯罪形成对社会的引导，引导人们遵守法律的规定，通过对犯罪的打击威慑潜在的犯罪行为。奴隶社会的神明裁判将人与人之间的纠纷裁判交给神灵，实际上是统治阶级根据自己之意志将裁判附上神意色彩，从而得到社会认可与遵从，以便维护其统治。法定证据制度采取的是将经验上升为立法方式，通过有限证据来实现对犯罪嫌疑人定罪，从而维护其利益的一种制度。法定证据制度是形式证据的一种体现，"从 16 世纪到 18 世纪，形式证据制度理论发展到顶峰，其影响一直延续到 19 世纪中叶"。② 法定证据制度最终被抛弃，资产阶级通过自由心证的模式最终建立起了现代证明制度。自由心证将证明的最终判断权交给了法官，法官通过现有理性对证据进行评定最终形成心证，而影响法官心证的依然不排除各种利益对其的

① ［美］E. 博登海默：《法理学法律哲学与法律方法》，邓正来译，中国政法大学出版社 1999 年版，第 252 页。

② 陈光中主编：《证据法学》，法律出版社 2015 年版，第 60 页。

影响。在法庭证明过程中，我国无罪判决率的畸低实际上就是一种利益选择的结果。我国一直以来注重对犯罪的打击，对犯罪的打击和控制是社会对司法提出的要求，公安机关、检察院、法院在办理刑事案件的时候，都是以维护国家利益为自己之宗旨，也是检验其是否对国家忠诚、对党忠诚的一把重要标尺。实际上，从近年来的冤假错案平反案例来看，平反的案件并没有在证据上有所增减，之所以现在认为其并不构成犯罪并将其平反，是因为现在的司法利益取舍发生了变化。一直以来，理论界呼吁要坚持疑罪从无，但是实践中还有些司法人员实行有罪推定，希望通过严厉打击犯罪来维护国家利益。随着国家法治发展，人们对于疑罪从无的理念不断接受，再根据之前从宽把握证明标准的做法不再能更好地维护国家利益，而严格执行证明标准，严格把握证据认为能够更好地实现国家利益，从而导致诉讼证明把握的变化。

除了国家利益和社会利益以外，被告人和被害人在刑事诉讼中的利益诉求也是重要考量因素。刑事诉讼对于被告人及其家属来说是一种重大利益受损的行为，一般而言，轻微犯罪的被告人可能受到政治权利的剥夺、部分财产的剥夺，严重的可能对被告人生命权进行剥夺。作为被告人来说，能够获得更为轻微的刑罚是其所追求的，甚至免除刑事处罚也是被告人所追求的。在刑事诉讼证明过程中，被告人尽可能提出证据证明自己是自首，证明自己是犯罪中止，对于一些犯罪事实采取了认可的做法，实际上也是对自己利益的处分过程。在司法证明过程中，英美法系和大陆法系都对被告人不承担证明责任赋予了一些例外规定，对于被告人独知的事实，例如被告人甲和被害人乙独居一室并发生了性关系，第二天早上发现被害人死亡，被告人应该对其与被害人独居的过程事实承担证明责任，如果不予陈述则推定被告人具有谋杀嫌疑，而被告人对自己的事实是否陈述就是对其利益的一种处分行为。被告人对自己被指控的犯罪事实可以提供证据进行否认，而放弃提供能够证明案件事实的证据也是一种对自身利益处分的行为。

被害人参与诉讼证明的过程也是一种利益处分过程，被害人是犯罪行为侵害的对象，也是指控犯罪行为的证据来源。从人证的角度出发，除了犯罪嫌疑人以外，能够更准确地描述犯罪过程的是被害人。一般而言，被害人的态度就决定了对一些犯罪行为的处理。被害人在一定程度上可以决定指控犯罪的权利，在一些轻微伤害案件中，被害人可以直接决定是否起诉被告人。即使在公诉案件中，被害人是否配合，如何配合也能决定证明实现的程度。有些案件没有被害人的证据则无法对被告人进行定罪，例如强奸犯罪即是如此。被害人的利益有时候是和国家利益一致的，例如在追求对被告人打击的利益上，被害人利益一定程度上与国家和党的利益是一致的，但是被害人在诉讼证明中依然有其自身的利益。例如在死刑案件中，对被告人判处死刑态度上，被害人的利益与国家利益不一致，实践中由于被害人要求的利益没有得到满足，司法机关对于是否判处死刑十分慎重，总是难以下判。

除了被告人和被害人利益不同以外，即使代表着国家利益的法院和检察机关，对于诉讼证明的态度也不完全一样，其涉及的利益也不完全相同。检察院是国家控诉机关，代表国家对犯罪分子进行追诉，由于控诉职能和审判职能的分离，检察院与被告人的利益是相冲突的，检察院将自己提交的每一起诉讼尽可能做实，将证据做完整，力图使自己提起的每一起诉讼都能够获得胜诉。虽然"检察官不是、也不该是片面追求打击犯罪的追诉狂，而是依法言法，客观公正的守护人，有利不利一律注意"①，但是由于其角色冲突，检察官更有可能收集有罪和罪重的证据，而对于无罪和罪轻的证据则可能忽略甚至隐藏。但是，法官却不相同，法官是站在一种相对超脱的立场，不论是大陆法系还是英美法系，控审分离、审判中立是现代司法的基本理念。法官对于检察官所提供的证据以及被告人和其辩护人提供的证据应该是一视同仁，没有任何高下之分，同时对证明标准的把握、证明责任的分配都是站在中立的立场，站在公正不偏的立场来实现社会正义。

（五）诉讼证明是与诉讼构造紧密联系的概念

我国实务界和理论界关于证明概念的争议，其实质是基于不同的诉讼构造和诉讼理念进行理解，从而得出不同的诉讼证明概念。一些学者认为证明是一种收集证据、审查证据和评价证据的过程，实质是基于我国长期以来的超职权主义诉讼模式而形成的证明概念。建国后向苏联学习司法制度，诉讼模式采取了比苏联职权模式更严重的国家主义立场。"中国的被告似乎被剥夺了许多苏联刑事被告都可以享有的权利，并且在被定罪之前

---

① 林钰雄：《检察官论》，法律出版社 2008 年版，第 8 页。

就被转变成说教操纵的对象。"① 在这种诉讼模式下，侦查机关在整个诉讼过程中起着至关重要的作用，检察机关和侦查机关共同指控被告人构成犯罪，检察机关名义上是代表着国家行使对侦查机关的监督，但实际上检察机关只是案件诉讼流程上短暂传输环节而已。检察机关对侦查机关采取的强制措施、实施的强制行为无法形成一种中立性审查机制，起到中立性审查的作用。"中立审查责任，是指检察官审查案件，应当以司法官不偏不倚的立场，客观地审查案件。"② 检察机关无法实现对侦查机关的审查控制，无法形成一种中立性的检察审查证明机制，更缺乏司法审查证明机制，成熟的法治国家往往对侦查机关的侦查行为进行事前授权和事后审查两者相结合的方式来控制和审查。"第一次是事先的司法授权审查或者事后的司法确认审查；第二次是开庭审理以前或者审理过程中根据犯罪嫌疑人以侦查违法为由提出的排除证据的申请进行的合法性审查。"③ 实现司法审查制度的国家必须形成由法官作为中立一方，侦查一方与辩护一方相对抗的司法证明机制。侦查方在申请强制措施时必须提交证据向法官证明符合采取强制措施的条件，否则无法采取强制行为并进一步侦查。从我国现有的诉讼模式看，在侦查阶段和审查起诉阶段，将证明理解为一种自向性证明模式，即便是在法院审理阶段，法官也更倾向于内心确信行为，而不是一种被说服的状况。"自向证明一般属于主体的职权行为，目的是满足自己行使职权的需要。"④ "侦查人员、公诉人在收集证据、查清事实的侦查、审查起诉阶段，具有自向证明的特征。在所有诉讼中，法官查明事实的过程也被认为具有自向证明的特征。"⑤ 我国学术界将证明分为自向证明与他向证明，实际上是基于我国现有刑事诉讼构造进行的理解。自向证明实际上是一种查明或者说确信的过程，侦查机关在侦查案件过程中，首先是要根据实体法关于犯罪的构成要件要求，通过侦查从而锁定犯罪并

① ［美］米尔伊安·R. 达玛什卡:《司法与国家权力的多种面孔——比较视野中的法律程序》，郑戈译，中国政法大学出版社 2004 年版，第 297 页。

② 龙宗智:《检察官客观义务论》，法律出版社 2014 年版，第 195 页。

③ 龙宗智主编:《徘徊于传统与现代之间——中国刑事诉讼法再修改研究》，法律出版社 2005 年版，第 178 页。

④ 何家弘:《论司法证明的目的和标准——兼论司法证明的基本概念和范畴》，《法学研究》2001 年第 6 期。

⑤ 张步文:《司法证明原论》，商务印书馆 2014 年版，第 186 页。

收集好证据，这个过程是一种职权行为，是单项性的内心疑惑的解除过程。在侦查过程中，我国的强制措施只有逮捕需要经过检察机关批准，存在着他向性证明的行为，除逮捕之外的所有强制措施都由侦查机关自身审批，都是自向性证明过程。审查起诉阶段也是检察机关的自身查明过程，对于不起诉决定或者起诉决定，实践中的利害关系人很难有实质性影响，实际上并不存在一个他向性证明责任。如果在侦查阶段和审查起诉阶段，将侦查机关、审查起诉机关的侦查职权和审查起诉职权行为理解为一种证明行为的话，那就更可能泛化证明的概念，更可能混淆整个证明与诉讼的关系。审判阶段是一种控诉辩护参与的双向对抗活动，不论在大陆法系、英美法系还是我国刑事庭审过程中，三方结构已经成为庭审的基本模式，控诉方提出被告人有罪的诉讼主张，并通过一系列证据予以证明，辩护方也提出自己的诉讼请求，根据诉讼请求提出证据予以证明，最终由法官进行裁判。如果说法官这种职权裁判是一种证明活动的话，那就会导致法官也要承担证明责任的结论。长期以来，我国刑事诉讼法学界认为法官也需要承担证明责任，其理论前提就是将职权查明理解为证明。我国现行刑事诉讼法规定了人民法院在审理案件时，对于案件有疑惑时可以直接调取证据，这是否可以理解为人民法院的证明责任？例如最高人民法院在司法解释中确定法院有收集、调查、核实证据的权力，对于检察机关没有调取的新的证据可以自行调查提取。如果将法官这种查明职责理解为一种证明责任，则对我们构建证明理论带来了更大的理论混乱。首先，这种查明是一种职责，不是一种基于主张的他向性证明义务，职责是一种法律规定的行使职权的义务，如果将所有司法机关的职责理解为证明，那么证明理论将不再存在，独立的证明理论无法建立起来。但是也有学者将这种查明义务理解为一种证明职责。"刑事诉讼中的证明职责或称查明职责是指公安、司法机关基于职责，负有收集、审查、判断证据，对行使案件事实的证明达到法定证明标准的义务。"① 出现不同理解，实际上是基于我国现有刑事诉讼构造形成的，一是我国审前程序没有中立性的司法审查，二是审判程序中控辩对抗不够，只能是借助于司法机关的职权查明，并将职权查明理解为证明的一部分。随着审判中心主义理论的深入，审前控权模式的不断健全，三方结构作为证明最核心概念特征将逐步被接受。

---

① 陈光中主编：《证据法学》，法律出版社 2015 年版，第 332 页。

综上所言，证明是一种建立在理性认识基础上对案件的认识活动，是一主体向另一主体提出的主张并用证据予以证实的活动。理解证明的含义必须基于一定的诉讼构造与诉讼理念，证明含义不同是因为诉讼构造不同产生的证明主体和证明责任不同。证明存在的前提是诉讼主张，这种诉讼主张可能是实体性事实主张，也可能是程序性事实主张。但是无论如何，主张是产生证明必要的前提，证明的目的是认识事实真相，导致裁判一方认可其诉讼主张。证明是一种相对性概念，证明具有相对性，价值选择也是刑事诉讼证明的一个重要特征。

三　程序法事实证明的概念

程序法事实的证明是以程序法事实作为证明对象的证明活动，本书认为程序法事实证明的内涵体现在以下几个方面：

（一）程序证明是一方向另一方进行的他向性活动

实体事实证明发生在典型的法庭审理过程中，法庭是一种中立方主持争议双方参与的诉讼化典型构造，是控诉和辩护方分别提出案件事实并进行证明的活动，法官居中裁判。程序性证明既体现为三方参与的证明活动，例如在非法证据排除的听证程序中，逮捕听证程序的逮捕条件证明程序中，都体现了三方参与的证明活动。但是除此之外，只有两方参与的关于程序事宜活动中，也是证明活动。即只有侦查机关向起诉机关或者审判机关请求的某项程序事实请求，也属于程序事实证明。在诉讼过程中，诉讼当事人提出证据证明自己的权利事实，要求司法机关履职或者肯定自己的某一程序主张行为，也是程序性证明。所以说，证明是一方向另一方的主张或者请求活动，是一种具有他向内容的活动。

（二）证明的对象为程序法事实，通过程序争议或者程序请求形式体现

实体性证明主要围绕被告人的定罪与量刑展开，最终的证明对象是被告是否构成犯罪，构成犯罪后如何进行量刑，证明的对象是实体法事实。程序性证明的对象为程序事实，程序事实证明主要体现在三类，第一类体现为司法机关的职权请求，例如所有的强制措施和强制侦查行为采取的程序请求，第二类体现为诉讼当事人所有的程序权利主张请求，第三类体现为司法机关在行使职权时侵犯当事人权利，产生的违法性程序争议。应该说，程序法事实体现在刑事诉讼的各个阶段，将所有程序法事实都进行证

明，无法满足诉讼效率的要求，只有那些在诉讼程序中直接或间接影响诉讼进程、严重侵犯人权、产生诉讼效果的程序法事实才能作为证明的对象。

（三）程序法事实证明的主体是所有参与诉讼的人

传统型证明概念认为证明是一项职权活动，不承认其他证明主体。但是不管是大陆法系国家还是英美法系国家都认为当事人也是证明主体。英美法系国家由于坚持法官的消极中立，主张诉讼当事人双方平等武装，所以被告人是证明主体是一种基本的逻辑。大陆法系国家也承认当事人是证明之主体，例如在法国，"成文法和判例广泛地确认了被告人在刑事诉讼中的提供证据责任，在法律明确规定的特殊情况下，被告人还需对特定的事实承担证明责任。"[1] 笔者认为将程序法事实作为证明对象，所有关于程序请求和争议的提出一方都是证明主体，凡是发生程序争议，提出程序请求，都应该是证明主体，程序法事实的证明主体主要有侦查人员、检察人员、审判人员、犯罪嫌疑人、被告人、被害人、证人、鉴定人等。

（四）程序法事实证明程序的多元化

实体法事实的证明程序主要体现为法庭程序，但是程序法证明的主要程序不是法庭程序。法庭审理过程中需要解决的程序争议有限，大部分程序请求和程序争议都是在其他阶段发生，也不在法庭审理过程中解决。职权请求多数在司法机关行使职权的过程中予以解决，而程序权利请求也在诉讼过程中解决，并不是集中到法庭审理程序中解决，只有那些直接影响案件实体判决的程序性事实才会在法庭审理中和实体事实一起解决。程序法事实证明既可能发生在一种不是很正式的程序中，也可能发生在相对正式的庭审程序中。所以，程序法事实证明体现了证明程序呈现的多元化特征。

第四节　刑事程序法事实的证明范围

对程序法事实概念以及分类的研究，目的是为了进一步研究作为证明

---

[1]　孙长永、黄维智、赖早兴：《刑事证明责任制度研究》，中国法制出版社 2009 年版，第 97 页。

对象的程序法事实范围。证明意味着一方提供证据向另一方证明某一主张，而另一方则根据法律所规定的证明标准从而裁定某一主张是否成立的过程。程序法事实证明是一项解决诉讼运行过程中的程序争议和程序请求的活动，程序法事实本身并不是为了解决案件事实真相，但是程序事实的争议裁决将会影响诉讼案件真相和诉讼案件正义的实现。程序事实证明对象的范围是司法正义的体现，也是诉讼法精细化的体现。程序法事实证明范围越大越能促进被告人和被害人权利的保护，但是程序法事实证明范围有时候则会影响案件真相的实现，甚至由于对司法职权过分制约从而导致对犯罪打击的弱化。所以，在对程序法事实的证明范围界定时，既要考虑到人权的保障又要考虑到诉讼效率和诉讼必要。对于哪些程序法事实应该成为证明对象，有学者认为"程序事实证明对象分为程序性规则的事实和程序性条件的事实，程序性规则的事实是指回避、证据排除、证人资格、羁押期限、期间、公开审理，程序性条件的事实指法定不追诉、自诉案件的管辖、开庭审判、发回重审、申诉或申请再审的事实、决定再审。"① 卞建林教授认为，"对于需要作为证明对象的程序法事实需要满足以下三个条件：一是该事实不需要法院依据职权主动进行调查，二是该事实是案件产生纠纷中的主要事实，三是该事实可以诉诸于诉讼能够通过诉的方式提出并主张。"② 从以上关于程序法事实作为证明对象的三个条件上看，提出了程序法事实证明的制度性条件，即必须存在着程序性裁判行为，必须具有程序性的诉存在。但是这种说法实际上将程序法事实的证明限定在三方诉讼构造中的裁判行为，对于一方提出的由另一方进行裁判的行为，即只有两方主体的参与行为不能认定为证明。本书主张，程序性证明既有基于三方参与的典型程序性裁判机制，也有由一方提出的向另一方申请进行裁判的两方行为，例如刑事诉讼过程中许多职权请求型行为，其中也涉及到程序性证明问题。基于此，对于程序法事实证明对象需要根据程序法事实的性质与分类进行考察，需要根据程序法事实的法律效果进行分析和判断。

① 张赫楠：《刑事证明对象研究》，硕士学位论文，吉林大学，2006 年。

② 卞建林主编：《证据法学》，中国政法大学出版社 2000 年版，第 283 页。

一　影响刑事程序法事实证明范围的因素

(一) 形成刑事程序法事实的法律规范

法律层次的高低往往决定着法律内容的重要程度，程序法事实是由不同类别程序性法律规范调整而形成的不同类型程序法事实。从形成刑事程序法律规范来说，程序法律事实有宪法规制型程序事实、刑事诉讼法规定型程序事实、司法解释规定型程序事实、国际条约规定型程序事实。例如我国宪法对人身自由、住宅、通信采取强制措施进行了原则性的规定，就属于宪法规制型程序法事实。我国宪法关于不得非法拘禁和非法剥夺限制人身自由的规定，不得非法搜查和侵入住宅，此类程序事实虽然由刑事诉讼法进行了具体规定，但是其源流则在宪法中作出了规定，足以显现这类行为在刑事诉讼法中需要予以谨慎规制，从而对这一类行为需要采取一种证明性批准行为，以保证这类行为采取的时候不侵犯被追诉人的权利。美国联邦宪法有多条关于刑事诉讼的条款，例如第四条关于搜查和扣押的规定、第五条关于正当程序条款、第六条关于质证权条款。根据宪法规定形成的程序事实需要作为程序证明对象，例如不受无理搜查、扣押的权利，就要求司法机关在采取搜查、扣押行为之前必须实行职权请求行为，并且必须附具充分的理由由批准机关批准。例如美国宪法修正案规定实施保释行为不得收取过重的保释金，对于收取保释金就必须具备合理的理由。宪法是国家根本大法，其内容主要是公民基本权利与义务的事项，故涉及的刑事程序事实毕竟是少数，大部分程序事实形成是基于刑事诉讼法。"宪法致力于制度的设计与一般原则的陈述，对于更具特殊及执行细节的问题，以及潜在的含糊事项，则假定可由宪法所建立的立法机关和司法机关加以处理"。① 刑事诉讼法是规定涉及公民人身自由、财产权利的法律规范，各个国家都是由最高立法机关来制定，我国刑事诉讼法是由全国人民代表大会审查通过的。刑事诉讼法是形成刑事程序事实的具体规范，即使是由宪法和国际条约调整的一些涉及刑事诉讼的规范，最终也会在刑事诉讼法中得以体现。但是并非所有的刑事诉讼法形成的程序事实都需要予以证明，实际上基于诉讼效率的考虑，大部分程序法事实都是由司法机关单方职能行为完成，这一部分程序法事实不需要予以证明。

---

① 陈永生:《刑事诉讼的宪政基础》，北京大学出版社 2010 年版，第 17 页。

形成刑事程序事实的法律规范，除了宪法和刑事诉讼法典以外，还有国际条约和刑事司法解释。国际条约是指一个国家签署履行的国际义务承诺，从法理上看，国际条约既然已经签署就应当具有法律效力，但是在很多国家都需要转化为国内法才能生效，我国也不例外。对于这部分程序法事实而言，由于已经转化为国内刑事诉讼法律规范，所以形成的程序法律事实也即转化为国内刑事诉讼法律事实。但是在许多国家，国际条约直接优先于国内刑事诉讼法，并不需要经过国内法的转化过程，例如俄罗斯就通过刑事诉讼法规定确定了国际条约直接优先原则。对于《欧洲人权公约》缔约国家而言，《人权公约》的规定效力高于缔约国本国的刑事诉讼法律，公民在穷尽国内的司法救济途径以后还可以上诉到欧洲人权法院进行审判。在德国"刑事法院和法律学者们绝大多数观点倾向认为，该公约之规则比德国刑事诉讼法的位阶高。"① 笔者认为国际刑事诉讼规则是经过反复谈判并得到认可的规则，规则本身应该得到成员国司法界的认可，从理论上看其规则效力不应低于一国之国内法效力，其形成的刑事程序事实理应得到相当于国内法的重视。除了刑事诉讼法之外，程序法事实还可以由刑事诉讼法律解释形成，我国刑事诉讼法的解释既包括最高人民法院对刑事诉讼法的解释，也包括最高人民检察院根据刑事诉讼法制定的一些刑事诉讼规则，还包括公安机关和司法部等颁布的一些具体刑事诉讼适用规定等。这些规则都是细化刑事诉讼法的具体规定，目的在于进一步深入理解刑事诉讼法的精神，更具有可操作性，在根本上应该与刑事诉讼法精神是一致的。所以，笔者认为，从法律位阶上看，由于宪法层次的刑事诉讼法律而形成的刑事程序法事实需要予以证明，而由刑事诉讼法典形成的程序事实应有选择性地证明，而对于司法解释形成的程序事实则一般不予证明。

（二）影响案件实体真相的程度

"按照普遍的观点，刑事诉讼的目的是查明犯罪行为真相并让犯罪人受到刑罚惩罚。"② 但适用刑事处罚的前提是发现案件事实真相，但是何为实体真相，在不同的历史阶段，人们对其理解也不相同。"作为欧洲国家早期追求实质真实的类型，最初的实质真实在目的层面上追求着一种绝

---

① 宋玉琨译：《德国刑事诉讼法典》，知识产权出版社 2013 年版，第 12 页。
② 同上书，第 4 页。

对化的真实标准，即绝对真实。"① 人类对所谓绝对真相的追求，采取过两种不同形式。第一种是求助于超越于人类的神灵，第二种是求助于犯罪人本身。第一种方式产生了神灵裁判，神灵裁判是一种不受人类知识限制的不容怀疑的绝对真实性裁判。而求助于犯罪人本身，是因为犯罪人对自身如何犯罪具有绝对的知晓性，为了取得犯罪人的口供就只能采取刑事讯问的方式，这就是大陆法系国家为追求案件真相采取的严格证明方式，主要特点有："首先，法官是刑事诉讼中的唯一司法主体；被告人被视为查明实质真实的客体；证据调查趋于无限制性。"② 但是随着历史发展以及人类对世界认知能力的增强，越来越多曾经被认为是绝对正确的东西现在被证明为错误，曾被认为是铁案后来被证明为冤假错案。刑事诉讼的目的也在不断调整，对刑事诉讼案件真相的理解也在调整。认为刑事诉讼追求的真实只能是一部分真实，只能是在人类可以认识的范围内的盖然性事实，也许只能是一种假定的真实。即便如此，案件真相的实现是在细致入微的刑事程序中得以实现。但是依然承认，"发现真实是刑事司法系统的基本目的，也可以说是刑事审判的中心目的"③ 由于承认了刑事诉讼过程中目的的多元性，案件真相的获得必须通过有所限制的证据实现，对于证据采集过程中的很多方式方法进行限制。英美法系发展出一套比较完善的非法证据排除规则，我国刑事诉讼法也设置了非法证据排除的相应条款。证据合法性成为控诉辩护双方进行争议的一个焦点，对于证据合法性争议中的证明将影响到案件真相的实现，此类证明必须纳入程序事实证明范围。证据的合法既有证据的表达形式合法，更多的是取证的合法，即证据收集过程中的合法性，证据收集合法性包括对物证收集的合法性，还有人证取证的合法性。例如对于物证而言，具有下列三项条件下的应该对该物证予以排除，一是程序违法性、二是违法严重性、三是不可弥补性④，对于非法物证的争议需要对以上三项要件予以证明。其次，审判程序合法性也是影响案件实体真相的一项程序事实。审判公正被认为是一项确保司法

① 王天民：《实质真实论》，厦门大学出版社 2013 年版，第 14 页。

② 同上书，第 21—23 页。

③ ［日］田口守一：《刑事诉讼的目的》，张凌、于秀峰译，中国政法大学出版社 2011 年版，第 75 页。

④ 龙宗智：《司法改革与中国刑事证据制度的完善》，中国民主法制出版社 2016 年版，第 55 页。

正义的前提，不论采取职权主义还是采取当事人主义，司法公正被认为是审判的生命和灵魂。"司法公正的基本内涵是要在司法活动的过程中和结果中坚持和体现公平正义的原则"。① 我国刑事诉讼法规定具有违反公开审判规定、违反回避制度、剥夺被审人员诉讼权利、审判组织不合法等情形的，需要发回重新审判。主要的原因在于这些事项将会影响案件事实真相的查明。例如剥夺被告人的诉讼权利行为将导致控辩失衡，辩护人无法履行辩护职责将导致部分案件真相无法披露，甚至可能造成冤假错案。如审判组织不合法的情况，应该组成合议庭却采取了独任审判模式，最终可能导致案件真相无法查明。所以，对于可能影响案件实体真相实现之程序争议，应当纳入程序事实证明之范围。

（三）影响刑事诉讼的进程程度

程序法事实是在根据刑事诉讼法及其相关程序规范推进刑事诉讼过程中产生的，具体体现为程序性请求、程序性争议等等事实。在刑事诉讼程序中，有些程序事实可能影响诉讼的进程，甚至会造成刑事诉讼的中止甚至终止，而有些程序事实则对刑事诉讼进程并未产生太大影响。根据刑事诉讼事实在诉讼过程中的作用，本书认为将那些影响诉讼进程甚至是最终结局的事实作为证明对象，而那些对诉讼进程影响不大的程序事实可不作为证明对象。从诉讼法理学上说，我们可以将那部分影响诉讼进程决定诉讼发展、中止与终止的程序事实称为诉讼条件事实。刑事诉讼中有很多影响诉讼进程的诉讼条件事实，例如管辖与回避事实。管辖争议是各国刑事诉讼实践中一项影响诉讼进程的诉讼争议事实，管辖主要有地域管辖、级别管辖等等，我国管辖只作为一种职权行为进行处理，对于此项程序性行为并未赋予诉讼参与人相关诉讼权利，但是在司法实践中，辩护方律师往往从管辖问题入手提出一些程序性异议作为辩护策略使用，而作为健全完善的法治国家应当将管辖异议作为犯罪嫌疑人一项申请救济的权利。回避也是影响诉讼进程的一项重要程序争议，我国规定了当事人及其法定代理人可以申请审判人员、检察人员和侦查人员回避的制度，而对法律规定的回避理由，当事人也必须予以提出，以便对回避程序事实予以证明。诉讼中止事实是刑事诉讼中又一重要诉讼条件事实，主要是由于产生了不能抗拒或者其他正当理由事实，例如被告人患病不能出庭受审、被告人脱逃无

---

① 沈德咏：《中国特色社会主义司法制度论纲》，人民法院出版社 2009 年版，第 545 页。

法进行庭审、自诉人由于疾病不能出庭等等程序事实，这些在诉讼进程中产生的大量程序性事实会直接或间接地影响诉讼进程，而那些决定刑事诉讼进程和影响诉讼结果的程序事实需要予以证明。

（四）对诉讼参与人权利的影响程度

"在和平时期，刑事诉讼是国家权力和公民权利冲突最为尖锐的领域。"① 为此，在诉讼的每一环节都详细规定对诉讼参与人权利进行保障，这些保障规定既来源于刑事诉讼法法典，也来源于宪法甚至是国际条约。这些规定既有实体权利也有程序权利，这些权利小则涉及被追诉人的诉讼权利，大则涉及到公民的生命健康和自由。例如强制措施中的拘留和逮捕是一种暂时限制和剥夺犯罪嫌疑人人身权利的行为，各国对拘留和逮捕都规定了十分严格的程序和理由，而要采取拘留和逮捕措施则必须向中立的机关履行证明程序，由中立机关进行批准。除了人身自由以外，住宅自由和通信自由也是一项公民的宪法权利，在对住宅采取搜查措施，对通信采取扣押等措施时规定采取程序性证明程序，由中立机关进行批准后才能实施。人格尊严是公民的一项基本权利，是公民基于自己所处的社会环境、地位、职位等形成的社会评价和自我评价。各国刑事诉讼法对侵犯诉讼参与人人格尊严的行为进行了禁止，同时对发生侵犯人格尊严的行为给予了明确否定性评价。侦查阶段严格禁止酷刑和不人道待遇，讯问严厉禁止刑讯逼供并通过排除证据等方式进行限制，诉讼过程中禁止侮辱性行为。除了人身权以外，财产权也是公民一项宪法性权利，刑事诉讼法对犯罪嫌疑人财产权的保护体现在搜查、扣押、查询、冻结、没收等强制行为上，各国对上述强制行为也规定了需要中立机关预先审查，办理了相关证件履行相应手续后才能采取上述强制行为，而申请中立机关进行审批就是一项证明程序，法治国家普遍将搜查、扣押等涉及犯罪嫌疑人财产权的行为纳入程序性裁判范围。由于各个国家的法律发达程度不同，对程序的重视程度不同，采用成文法还是遵守判例不同，各国的法律程序事实也有很大的差异。加上证据理论发达程度不一样，司法政策也不一样，犯罪形式在不同阶段也不一样，况且程序事实比较复杂，所以全部进行例举实非易事，而提出上述之标准也有重叠之处，下文将采取列举式的方法对于刑事诉讼中证明事实证明范围进行阐述。

---

① 陈永生：《刑事诉讼的宪政基础》，北京大学出版社 2010 年版，第 160 页。

二　刑事程序法事实的证明范围

(一) 职权请求型程序事实

刑事诉讼是国家司法机关的职权活动，刑事诉讼从立案开始到最后的执行处处都体现了国家权力的实现。从历史上看，刑事诉讼权力的行使最早是私人之事，随着国家机关的产生与发展，刑事诉讼权力已经逐渐为国家所垄断。我国刑事诉讼虽然有私诉，但也是对起诉法定主义的一种补充，关于自诉的条款由于使用得少被称为睡眠条款。侦查、起诉和审判分由三个机关行使是刑事法治的基本要求，但是三机关在不同的国家地位并不相同，英美法系国家主张审判中心主义，对于侦查行为等实行令状主义，大陆法系很多国家是检察领导侦查，侦查机关采取的很多侦查行为需要检察机关批准，我国正实现从侦查中心主义向审判中心主义的改革，强制侦查行为将会有更多需要由检察机关或者审判机关来批准。正因为如此，实践中将产生大量职权型程序请求，要求职权机关提供相应事实向批准和审查机关进行证明。强制侦查行为是职权型程序请求的典型体现，大陆法系国家通过立法的形式对侦查行为进行了详细的规定，明确了法官对侦查行为的司法审查权，要求侦查机关在采取侦查行为之前必须进行严格的证明程序，由法官批准后才能实施，而英美法系的侦查机关要在获得令状之后才能采取侦查行为，"令状本身必须具备特定性，而且在执行令状后仍须受到法官的审查。"① 所以不管是大陆法系还是英美法系，表现为职权请求的侦查行为都必须由侦查机关向其他机关履行证明程序，侦查行为才能得到批准并予以实行。刑事强制措施主要是逮捕、搜查、扣押、监听、诱惑侦查等，例如德国刑事诉讼法将强制措施分为对侵犯人格自由权类、侵犯生理权利类、侵犯住宅权利类、侵犯职业自由权类、侵犯信息自主权类等。② 对于以上之刑事强制措施，侦查机关并没有直接批准使用之权力，《德国刑事诉讼法》将强制措施的批准权赋予了独立审判之法官，因为只有法官才具有中立性，才能真正从法律的真意出发，而不是仅仅从犯罪打击的需要出发。而侦查机关需要对犯罪嫌疑人采取上述之强制措施时，就必须提供证据证明需要采取之强制措施为案件所需，并根据规定向

---

① 孙长永：《侦查程序与人权——比较法考察》，中国方正出版社 2000 年版，第 26—27 页。

② ［德］克劳思·罗科信：《刑事诉讼法》，吴丽琪译，法律出版社 2003 年版，第 273 页。

中立之法律履行证明程序，从而最终得到司法机关批准予以实施。意大利是由检察领导侦查的诉讼模式，逮捕的决定权由检察机关行使，如果司法警察基于某种紧急情况而逮捕犯罪嫌疑人，应该在 24 小时内提交检察官决定，对于检察官的决定司法警察不服的，由预审法官通过举行特别听证程序来决定，体现了检察官原则决定、有争议由法官最终决定的模式。日本的通常逮捕也是由法官来签发的，通常逮捕的理由是有足够嫌疑怀疑犯罪嫌疑人犯罪，同时也有逮捕的必要，申请逮捕必须是一种书面形式，并且要详细陈述证据理由。"逮捕令中要记载犯罪嫌疑人的姓名、住所、罪名、嫌疑事实要点，羁押的监狱等内容"①，如果检察官的逮捕令申请中没有足够的理由依据，逮捕申请可能不被批准。

　　除了逮捕以外，涉及到财产权利的搜查也是如此，美国的搜查有被搜查人同意的搜查、对于住所的搜查、对犯罪嫌疑人人身的搜查、对车辆的搜查等等。所有的搜查原则上都应当有搜查证，搜查证的签发权不属于警察而属于法官，警察在搜查前必须获得搜查证，搜查证的签发必须有相应的事实进行证明，其证明需要达到的度即是"相当"。德国法律将场所搜查分为两类，一类是有犯罪嫌疑人的场所，另一类是没有犯罪嫌疑人的场所。对于第一类场所的搜查，其合法前提是通过刑事侦查经验判断，通过搜查能够找到证明犯罪的物品，而搜查的对象限于犯罪嫌疑人的住宅。对于第二类场所的搜查，其要求更加苛刻。"必须存在事实能够推出结论：要找的人就藏身于被搜查的地方，相关证据必须具体。"② 签发搜查的权力在于法官，如果是警察提供的申请搜查理由，法官认为依然不够具体和必要，则可能拒绝司法警察的请求，由此而形成的是司法警察提出事实和理由请求法官签发搜查证。意大利侦查期间的搜查实行双轨制，法官和检察官共享搜查批准权，警察只有搜查执行权，没有搜查批准权，即使是在紧急情况下司法警察在搜查后必须立即向检察官移送搜查笔录，以证明其搜查的合法性；英国《1984 年警察与刑事证据法》规定搜查批准权由具有中立地位的治安法官批准，警察只有申请搜查的权力和执行搜查的权力。除此以外，刑事诉讼过程中的一些其他强制侦查行为也需要采取司法授权的形式，例如监听已经被作为一项侦查行为广泛使用，但是在使用监

---

　　① ［日］松尾浩也：《日本刑事诉讼法》（上），丁相顺译，中国人民大学出版社 2005 年版，第 109 页。

　　② 宋英辉、孙长永、朴宗根：《外国刑事诉讼法》，北京大学出版社 2011 年版，第 318 页。

听之前，必须要由侦查机关向其他机关提出请求，并符合法律规定的时候才能予以批准。"监听需要获得司法授权是世界上大多数国家的普遍做法，澳大利亚、新西兰、美国、加拿大、法国、荷兰要求必须事先获得司法授权。"① 我国司法实践中一直使用技术侦查措施，但一直到 2012 年刑事诉讼法修改时才将技术侦查措施纳入刑事诉讼法的调整范围，根据我国法律规定，技术侦查措施只是限于毒品犯罪、恐怖活动犯罪等几种特殊种类的犯罪，但是侦查机关没有决定权，由我国的批准机关主要是检察机关，而侦查机关申请技术侦查请求就需要履行证明程序才能予以批准。刑事诉讼过程中，不管是遵循职权传统的大陆法系国家还是遵循当事人传统的英美法系国家，司法机关根据办理刑事案件的需要，根据法律规定向另一机关提出程序性请求，由另一机关进行审查批准的行为都需要履行证明程序，都属于刑事程序事实证明对象的范围，这种程序性证明往往涉及诉讼中的两个机关，有一部分职权请求过程中有诉讼当事人参与，即有诉讼的三方参与，但是大部分职权请求都属于司法机关中的一机关向另一机关提出诉讼请求，这类需要证明的程序事实就是职权请求型程序事实。

（二）权利主张型程序事实

"在法律领域中，一个人的义务总是以他人的权利为缘由。权利概念，而不是义务概念，是法律思想的起点。"② 拉德布鲁赫这句名言不仅仅适用于民事诉讼领域，实际上也适用于刑事诉讼领域。在传统的刑事诉讼中，犯罪嫌疑人只是配合国家追诉自己犯罪的义务人，不享有任何诉讼权利。但是天赋人权、无罪推定、疑罪从无、控辩对等等司法理念的贯彻，犯罪嫌疑人不仅仅是被指控的对象，也是刑事诉讼参与的主体，刑事诉讼主体享有人格尊严、公正审判等一系列权利。这种权利体现在不同的法律规范之中，上至宪法下至一般法律规范甚至是地方性法律规范。学者们称其为刑事诉讼主体性理论，诉讼主体性理论的哲学基础来源于德国古典哲学家们对人的地位性认识，康德和黑格尔认为任何人都是自己生活的目的，任何人即使是国家也不能把公民当做存在的工具。正如黑格尔所说，"人民常说国家的目的是在谋公民的幸福。这当然是真确的。"③ 将被追诉人作为刑事诉讼主体，在近代获得了广泛的认可，二战以后通过的众

---

① 徐美君：《侦查权的运行与控制》，法律出版社 2009 年版，第 98 页。

② ［德］拉德布鲁赫：《法学导论》，中国大百科全书出版社 1997 年版，第 6 页。

③ ［德］黑格尔：《法哲学原理》，范扬、张企泰译，商务印书馆 1961 年版，第 266 页。

多国际条约与规则推动了刑事诉讼人权理论的发展。刑事诉讼中的权利主体包括犯罪嫌疑人、被告人、被害人、证人、辩护人、翻译人员、鉴定人、诉讼代理人等等，但主要有两类，一是犯罪嫌疑人和被告人，另一类是被害人。刑事诉讼主体享有的诉讼权利中，既有体现宪法层面的权利，例如不受非法拘禁和逮捕权、辩护权、公开审判权、通信自由和通信秘密权、财产权利，而每一种权利又可以进一步细分，例如辩护权可以分为获得律师帮助权、获得法律援助权等等。[①] 除了宪法上的规定，在刑事诉讼中不同的诉讼主体具有不同的诉讼权利，例如在侦查机关，犯罪嫌疑人具有知悉自己所涉嫌犯罪的权利，对于证据可以申请证据保全的权利，对于国家机关在行使权力过程中侵犯权利之行为可以有司法救济的权利，这就是所谓的知悉权、证据保全申请权、司法救济权。[②] 在审查起诉阶段、审判阶段，不同的诉讼参与人又具有不同的诉讼权利。权利用语起源于古罗马，梅因认为应该对权利这样来理解："我们应该设法把我们每一个人对世界上其余人的全部法律关系，聚集在一个概念之下。不论这些关系的性质和构成是怎样，这些法律关系在集合起来后，就成为了一个概念的权利。"[③] 权利与义务是一组相对应的概念，权利意味着另一方的义务，权利意味着一种主张。在刑事诉讼过程中，当事人的权利意味着一种司法机关不能漠视的利益诉求，当事人也可以依据关于权利的法律规定来行使其主张，其中一些还可以以诉的形式体现出来，这些诉不仅仅指实体之诉，也指程序之诉，是诉中之诉。

回避和管辖是比较典型的权利主张型程序事实，虽然在职权主义国家，回避和管辖两种诉讼行为被视为职权行为，要求职权机关在发现有情形需要回避或者受理案件机关没有管辖权时要移送有管辖权机关处理，但同时也赋予了当事人对有法律规定的回避情形以及对管辖有异议情形提出主张的权利。在我国，回避作为一项主要的当事人诉讼权利在《刑事诉讼法》中用了一整章内容予以规定，足以显示我国对回避权利的重视。我国回避权利不仅仅在审判阶段，同时也体现在侦查阶段和审查起诉阶段。当事人对于《刑事诉讼法》第二十八条规定的四项回避事由，依据所发生的程序事实都可以提出回避主张，申请相应的机关和司法人员予以

---

① 韩阳：《被追诉人的宪法权利》，中国人民公安大学出版社 2007 年版，第 109—156 页。

② 孙长永等：《犯罪嫌疑人的权利保障研究》，法律出版社 2011 年版，第 308—394 页。

③ 梅因：《古代法》，商务印书馆 2011 年版，第 118 页。

回避，而提出的诉讼主张必须有《刑事诉讼法》第二十八条所规定的四项事由之一。《俄罗斯刑事诉讼法典》也将回避作为一项诉讼权利赋予了诉讼参加人，俄罗斯的回避范围更为广泛，包括司法机关工作人员、其他诉讼参与人等都可以作为回避对象。[①] 德国刑事诉讼中，将申请法院人员回避的权利不仅仅赋予自诉人和被指控人，同时也赋予承担指控职能的检察院。回避的事由主要有法官作为被害人、法官是被告人和被害人的生活照料人的、法官和被告人或被害人之间有血亲和姻亲关系等等，只要在诉讼中具有上述的法律事实发生，被告人和控诉人即可依据该事实提出法院人员回避的诉讼主张，证明该主张事实即为权利主张型程序事实。

　　管辖是一项典型的权利主张型程序事实，各个国家对案件规定了不同的管辖原则，既有管辖在地域上的区分，也有因为案件性质产生的级别管辖。由于案件在不同法院审理，可能产生不同的效果。虽然刑事诉讼法在大多数国家都是在全国具有法律效力，适用于全国范围之内，但是各个地方也有自己的地方性刑事规则，以及在长期的审理过程中形成的一些刑事诉讼习惯，还有不同级别的法官在量刑的时候也有可能出现差异。所以，管辖实际上是一项被告人十分关心的权利争议，虽然我国《刑事诉讼法》第十八条到第二十七条并没有将管辖规定为当事人的权利，而是采取职权形式赋予不同的法院，如果产生争议则由相关的法院根据职权指定等方式处理。但是很多法治国家将管辖异议权赋予了当事人，而且是一项十分重要的程序性权利，因为这项权利的行使不仅仅事关被告人表层上的程序性尊重感，甚至会实质性影响被告人的案件结果。《德国刑事诉讼法》第十六条规定："法院应当在开启审判程序前，依职权审查地域管辖权。"但是法院开启审判程序后，被告人可以在法庭庭审过程中提出管辖异议，法院在确定自身没有管辖权后可以宣布变更管辖法院。法国刑事诉讼法也确认了诉讼当事人对管辖的异议权，"在诉讼的任何阶段，当事人均可提出受诉法院无管辖权抗辩"[②]；根据法国刑事诉讼法的规定，对于当事人提出的所诉法院无管辖权的申请，如果所诉法院是轻罪法院和违警罪法院的，则可以根据当事人的申请宣告自己对案件没有管辖权。在英美法系国家，管辖权异议是作为一项重要诉讼权利来看待，也是被告人辩护律师进

[①] 黄道秀译：《俄罗斯联邦刑事诉讼法典》，中国政法大学出版社 2003 年版，第 57 页。

[②] ［法］贝尔纳·布洛克：《法国刑事诉讼法》，罗结珍译，中国政法大学出版社 2009 年版，第 304 页。

行有效辩护的一项重要策略，被告人对法院管辖权的异议权实现将对诉讼结果产生重大的影响。除了回避和管辖两项权利主张以外，刑事诉讼法中依然还有很多的诉讼主张，例如诉讼当事人提出的诉讼应该中止或者终止的请求，被害人不满司法机关的裁定认为应该追究被告人刑事责任的诉讼主张等等。权利主张型程序主张是指犯罪嫌疑人、被告人、被害人、证人、辩护人所基于法律规定提出的诉讼权利主张，其所依据的证明事实即为权利主张型程序事实，随着刑事诉讼法的逐步完备，刑事被追诉人和被害人权利保护的不断加强，刑事权利型程序主张将越来越丰富。

（三）职权违法争议型程序事实

职权违法争议是指侦查机关、审查起诉机关和审判机关根据法律规定进行职权行使的过程中，诉讼当事人和司法机关之间产生的关于其职权行使是否合法以及职权行为之法律后果是否有效争议的程序事实。刑事诉讼的过程是司法机关依据职权推进的过程，法律赋予了司法机关推进诉讼的权力。诉讼开始阶段，法律赋予了司法机关接受刑事案件的控告、举报、自首的权力，并对所接受材料进行审查并决定是否立案的权力。由于立案是刑事诉讼走向下一阶段的必经阶段，不立案就无法启动刑事诉讼追诉程序，所以立案关系到被害人利益。根据我国刑事诉讼法律规定，被害人认为应该立案和不立案的可以向检察机关和法院行使救济权，这就是由于立案权力行使的合法性而产生的程序争议。侦查阶段是刑事诉讼的证据收集固定阶段，起到了实质性决定犯罪嫌疑人最终定罪功能，所以"侦查程序并不与审查起诉、裁判程序居于同等地位，而经常成为整个诉讼的中心。"[1] 为了保证侦查活动的顺利进行，法律赋予司法机关三项具体公权力：调查权、强制措施权、终结变更程序权。[2] 调查权主要体现在：第一是讯问犯罪嫌疑人、询问被害人、询问证人权；第二是对人身、场所、物品的搜查权，第三是勘验检查权；第四是查询扣押权；第五是指定鉴定权等等。强制措施权主要体现为取保候审、监视居住、拘留、逮捕等措施。终结、变更诉讼程序权体现为终结侦查，是否撤销案件还是提起公诉，或者作出相对不诉、附条件不起诉等等权力。由于权力扩张的本性，也由于司法机关绩效考核甚至一些隐性规则的原因，司法实践中产生了大量的瑕

---

① 陈瑞华：《刑事诉讼的前沿问题》，中国人民大学出版社 2000 年版，第 321 页。

② 傅宽芝：《刑事诉讼主体公权与私权》，社会科学文献出版社 2010 年版，第 99 页。

疵甚至是违法行为，构成了大量职权违法性程序争议事实。我国现行侦查行为中危害性较大的不规范刑事诉讼行为主要有：符合立案条件不立案；不符合立案条件而立案；违背口供自愿性采取法律禁止方法对犯罪嫌疑人取证；采取体罚和威胁等方式向证人取证；不严格执行法律采取各种理由阻止律师会见当事人等等。

　　对于刑事诉讼过程中的违法行为，大陆法系设置了将该诉讼行为宣告无效制度，而英美法系则对违法取证行为的结果不予采纳——即非法证据排除制度。我国对严重的违法方法搜集的证据采取了排除非法证据方式处理，对于审判程序中的违法行为采取了宣告审判无效，发回重新审理的方式处理。刑事诉讼无效是大陆法系针对刑事违法行为设置的一项制裁制度，法国刑事诉讼中宣布诉讼无效行为伴随着诉讼整个过程，对于侦查阶段出现的无效行为宣布无效，称为调查的无效；对于预审阶段的诉讼行为宣布无效，称为预审的无效；对于审判阶段的行为宣布为无效，称为法院裁判的无效。[①] 调查的无效主要是针对搜查、扣押、拘留等，预审无效是指预审行为以及之后的程序全无效，法院裁判的无效是指违背法律规定的裁定和判决都无效。诉讼当事人可以申请侦查行为无效，检察官和诉讼当事人可以申请法院的诉讼行为无效。意大利在 1930 年的《刑事诉讼法》中就确立了刑事诉讼无效制度，该法典的第 184 条规定诉讼行为如果没有按照法律规定行使，则诉讼行为无效。我国澳门"刑事诉讼法"也规定了诉讼无效制度，法条明确列举了诉讼无效的具体情形，如果诉讼主体在诉讼过程中不遵守刑事诉讼法的规定，符合诉讼行为无效情形时，则该诉讼行为无效。由于诉讼无效行为和非法证据排除规则等一批程序性制裁制度的设置，在诉讼的侦查、起诉甚至在审判过程中，对于诉讼行为的合法性以及诉讼行为后果的有效性，诉讼当事人与司法机关会产生争议，而这些争议的裁判过程中要求双方提出程序事实作为证据予以证明，方可实现其诉讼主张，最终保护其合法权利。由诉讼各方提出的影响诉讼进程、发生于诉讼各方之间、围绕着司法机关职权行使是否合法等各类程序事实，也就成了刑事程序法事实证明范围中的一项重要内容。

---

　　① 李玉萍：《刑事诉讼行为无效制度论》，中国人民公安大学出版社 2010 年版，第 142—143 页。

第二章

刑事程序法事实证明的价值

既有证明理论以实体法事实为中心而展开，其证明目的十分明确，就是解决被追诉人是否构成犯罪、如何进行量刑这个基本问题，从而发现事实真相、正确适用刑罚。但是对于程序法事实证明的价值而言，并非如此，绝大部分程序法事实与定罪量刑没有直接的联系，只有证据合法性争议，才可能对定罪量刑产生直接的影响，而其他程序法事实与定罪量刑是一种间接甚至是相对遥远的关系。实际上，程序法事实证明是程序正义理论发展的结果，是对程序法治目标的落实。程序正义是一种诉讼正义，也是一种过程正义，要求诉讼的过程符合正义的基本理念、诉讼制度符合正义要求。人类在诉讼推进的过程中，发展了很多关于实现程序法治的基本措施与制度，例如程序制裁制度、程序辩护制度、司法授权与司法审查制度、程序上诉制度等等，这一系列诉讼制度的运行是以程序法事实作为基础的，而程序法事实的认定必须仰赖于与之配套的程序裁判制度，必须有与之相对应的证明责任分配以及证明标准的设定，与实体事实追求真相的价值相比较而言，程序事实证明本身是一种程序正义价值体现的结果，目的是为了更好地实现程序规范、理性地运行，更好地推进程序法治。所以落实程序正义的理念，推进程序法治的进程，构成了程序法事实证明的基本价值。

第一节　刑事程序法治的价值结构和实现途径

一　程序法治价值结构：权利、秩序与效率

价值是"可能对立法、政策适用和司法判决等行为产生影响的超法律因素。它们是一些观念或者普遍原则，体现对事物的价值、可追求的理

想等进行的判断。"① 法治的价值构造实际上是指法治应该包含哪些价值，而这些价值在法治所有价值中应该处于一种什么位置，所有价值应当如何进行排序。法治的价值可以在三种意义上使用，一是法治表现形式上的价值要求，例如法律应该体现为公开性、普遍性、语言明确、不溯及既往等；二是法治所包含的价值评价标准，是指法治作为一种制度设计和规范社会的标准应该具有一种什么样的评价体系，例如法治应该增进人权、保护秩序、维持社会稳定、发展人类福利等；三是通过人们适用法律，在社会中应该增进哪些法治价值，实现哪些法治状态，完成哪些法治理想，例如正义、尊严、效率、秩序等。法治第一层意义上的价值主要是法治的形式价值，是指法治之法在具体的表现形式上应该具有哪些基本的样态，才符合法治要求的法律，同时法治的形式价值也体现于司法公正、审判独立等这些具体的制度结构中。第二种意义上的法治价值是指在社会中的价值实现程度，是一种更为具体的法治，是实践中的法治，实然的法治。从表现形态上看，第二种和第三种可以认为是一种实体法治，或者说是一种实质法治，主要是从法律的后果、法律的实效、法律在社会中的地位、法律在目的上所遵循的社会原则来考量的，作为一种社会治理模式在社会组织结构层次上的阐述，法治的价值应该是形式价值和实质价值的统一，但就法治的价值构造而言，主要是指法治实质价值方面的排序。

　　法治的实体价值经历了长期的演变，在众多的实质价值之中，其最顶层价值应该是正义，因为正义才是法律之源，先于"权利"而产生。古希腊时期，人类还没有关于权利的概念，但是已经有关于"正义"的概念，正义表达了对事物的一种基本判断，正义意味着符合自然规律、社会规律、人类社会发展的规律，只要符合事物本身所蕴含的客观规律，都认为是一种"正义"，从这个意义上讲，正义实际上是科学与客观的意义。正义的另外一种含义就是"正当"或者说是善，凡是正义的就是一种善，是一种正当性事实。这意味着正义获得了一种整个社会的价值正当性，代表了人类最高伦理性的价值，而法律也是促进正义价值实现的制度。正如亚里士多德所言"法律的实际意义却应该是促成全邦人民都能进于正义和善德的永久制度。"② 随着历史的变迁，正义理论经过古典自由主义学

---

　　① ［美］普拉诺：《政治学分析词典》，胡杰译，中国社会科学出版社 1986 年版，第187 页。

　　② ［古希腊］亚里士多德：《政治学》，吴寿彭译，商务印书馆 1965 年版，第 138 页。

者的塑造，发展成一项"权利"为内涵的价值概念，古典自由主义的发展过程中，形成了两项重大的理论来源，一是契约主义，另一项是功利主义。① 经过这些古典自由主义学者的努力，正义之抽象概念已经逐渐地转化为一种实在的法律定在，人们可以通过法律所规定的权利来享受抽象正义之词汇所具有的内涵，而法治的正义价值也就逐步地转化到维护人们权利的视角上来。

在权利作为法治推进的目标时，另外一个基本的价值就是"秩序"，正如博登海默所说的那样，"我是根据两个基本概念来分析法律制度的，它们是理解法律制度的形式结构及其实质性目的所不可缺少的。这两个基本概念就是秩序与正义。"② 秩序或者说安全是一个社会的基础，人类具有一种获得稳定与安全的心理期望，希望能够避免战争、抢劫、侵略，希望能够按照自己的预期安排生活。安全和秩序作为法律在社会中的一项基础性价值，自从法律产生之刻起就已经诞生，从古至今，不论是何种制度下的法律，也不论是何种社会时期的法律，作为维护社会稳定和人们安全价值的法律从来没有被人们所忽略，有的只是秩序在法治价值目标之中的定位与排序。

人类走进现代社会，特别是市场经济的建立，法治的价值不仅仅追求一种权利与秩序的实现，也追求一种符合效率要求的法律秩序。效率不断地受到人们的青睐，逐步地成为法律设计中的一个重要目标。正义不仅仅要实现，而且必须以一种看得见的快速方式实现，迟来的正义不是正义。从理论演化的角度上看，效率作为法治的一种重要价值来源于新制度经济学派与经济分析法学派的观点，是在12世纪六七十年代逐步发展起来的理论，通过理论的宣扬逐渐使人们认识到"合理的法律制度就应当以社会财富最大化为目标，在尽量减少交易成本的基础上，考虑怎样促进和维护人们的权利，其法律方法是合理界定与分配人们的法律权利。"③

权利、秩序和效率在法治价值结构中的不同地位体现了不同的法治形态，传统型法治形态主要是以秩序为核心的价值目标，重视与强调法律维护社会稳定与安全作用，而当代威权型国家主要强调在相对落后的状态下

---

① 廖申白：《〈正义论〉古典自由主义的修正》，《中国社会科学》2003年第5期。

② ［美］E. 博登海默：《法理学法律哲学与法律方法》，邓正来译，中国政法大学出版社1999年版，第219页。

③ 李龙主编：《良法论》，武汉大学出版社2001年版，第110页。

追赶发达国家，强调法律对社会发展的效率促进作用，是一种以效率为核心价值的法治形态，而另外一种法治形态即是将公民的权利作为法治的核心，以公民个人权利以及社会利益作为法律设计的中心目标，代表未来发展趋势的应该是此类法治形态，因为"以公民的权利保护和维持为核心价值的法治社会无疑最能协调兼顾权利、秩序和效率，具有最大程度的正义。"① 作为人类良好的能长久维护社会福利的法治形态之价值，应该有两个层次：第一个层次是以正义为顶点的最为根本性和最高理想的法治价值；第二个层次的法治价值是以权利、效率、秩序组合而成的价值，其中权利处于核心地位，在维护社会权利的过程中兼顾秩序与效率价值。

法治价值作为一个宏观上的实践形态，实际上是由不同的法治领域组合而成，而一个个不同部门的法律对法治的贡献构成了整体法治的实现程度。作为体现国家权力的刑事诉讼法，其法治的价值结构应该与整体法治保持一致，诉讼制度的构架应该以权利价值为核心，兼顾秩序与效率。刑事程序法治既是诉讼过程中形成的过程法治，也是通过诉讼形成的结果法治。程序法治的权利价值体现在程序法律的建构上，要求法律必须以保护公民权利为核心，包括犯罪嫌疑人、被告人、被害人、辩护人、代理人、证人的权利，通过刑事程序的实施，最终能促进诉讼参与人权利的实现与维护。程序法治的次要价值是秩序，因为诉讼法律"在巩固国家、群体和个人通过政治斗争的手段而获得的自由和平等方面的进展过程中，法律也践履着一种重要的安全功能。"② 通过打击犯罪、保护人权，最终形成一种有序的法治状态，形成一种可以预期的稳定性秩序。程序法治的另外一个目标就是效率，刑事程序通过诉讼期限的限制，再审程序的限制，羁押期限的设定，促进司法资源的最大利用，以尽可能快的速度实现正义。

二　刑事程序法治的实现路径：控权与制裁

犯罪被认为是对国家利益和社会利益的一种侵害，是对整个统治关系的背叛与违反，是一种私人和国家整体利益的冲突。可以说"在和平时期，刑事诉讼是国家权力与公民个人权利冲突最为尖锐的领域。"③ 为了

---

① 陈卯轩：《法治价值的渊源和结构》，《西南民族大学学报》2006年第1期。
② ［美］E. 博登海默：《法理学法律哲学与法律方法》，邓正来译，中国政法大学出版社1999年版，第293页。
③ 陈永生：《刑事诉讼的宪政基础》，北京大学出版社2010年版，第169—186页。

追究犯罪、恢复被犯罪行为破坏的社会关系，每个国家都赋予司法人员侦查权、公诉权、审判权，用以限制、剥夺、控制犯罪人的人身自由、人格尊严、隐私权利、诉讼权利。权力一旦赋予某一司法机关又没有受到适当的制约，约束不够的权力使执法者在执法过程中违背法律的精神、违反法律的禁止性条款，过度扩张权力，侵犯犯罪嫌疑人和被告人、证人的基本人权，"有时会危险到剥夺人的生存"①。即使是谙熟法律的警察、检察官、法官也无法逃脱这个规律与命运，关注一下中国现今披露的刑讯逼供导致的冤假错案就知道，没有制约、制约不够的司法权力违背法治要求和办案规律，通过违法取证、形式性审查公诉、走过场的审判进而产生错误的判决，最后由于真凶的出现判决被推翻，这种经受不起历史考验的错案，由于违反程序规定、使用法律禁止的刑讯手段取得的证据形成的案件结论，改变了被告人的一生，他的人生被毁，家庭破碎，也使司法公信力丧失，进一步侵蚀党和政府的执政基础，具有深层次上的信仰破坏作用。权力的滥用与程序法治是背道而驰的，程序法治的目的是保障人权，实现符合法治价值的诉讼秩序。为了防止司法权力的滥用，侵犯被诉人的权利，需要对权力的行使设置严密的程序条件，对违反法律越权行使权力侵犯人权的行为进行制裁。

（一）合理设置司法权力运行的条件和程序

防止司法权力侵犯诉讼参与人的法定权利，一个主要的方式就是设定司法权行使的严格条件，通过条件限制来规制司法权力的运行。就刑事程序的发动而言，诉讼法规定了立案的条件。就讯问犯罪嫌疑人而言，法律规定了讯问犯罪嫌疑人必须由法定的主体在法定的地点进行。对犯罪嫌疑人采取拘留措施，规定了拘留的条件；对犯罪嫌疑人进行逮捕的，规定了逮捕的条件和证明标准；对于取保候审、监视居住规定了取保候审和监视居住的条件；对于取证规定了物证和人证的取证方法和条件；对于公诉规定了提起公诉的条件；对于审判规定了合议制度、公开审理制度、再审理由等。对于司法权力的运行规定得越细致具体，越能保护犯罪嫌疑人和被告人的权利，而越粗糙越不利于权利的保护。

管辖权异议是诉讼参与人的一项重要权利，但是我国《刑事诉讼法》只是规定了管辖冲突解决的几个原则。刑事案件管辖更多的是一种法院职

---

① 毕玉谦主编：《司法公信力研究》，中国法制出版社 2009 年版，第 181 页。

权冲突的裁决方式，刑事诉讼当事人无权提出管辖异议，即使提出其主张也无法得到满足，即使当事人不服也没有相应的救济渠道。相比较而言，一些西方法治国家在规定管辖制度的时候，则更加精细，诉讼当事人也可以据此主张自己的权利。《日本刑事诉讼法》关于管辖有牵连管辖规定，一人犯数罪时、数人共犯同一罪或者不同的罪时、数人同谋而分别实施犯罪认为是牵连案件。同时规定了牵连案件的合并管辖、分离审判、合并审判的情况和原则。①《意大利刑事诉讼法》对管辖也作了十分细致的规定，如果出现如下几种情况就需要适用牵连管辖制度，一是当一个犯罪属于多人共同或者合作一起实施，第二种情况是某一犯罪嫌疑人实施多次犯罪；第三种情况是为掩盖某一犯罪行为而实施另一犯罪。同时《日本刑事诉讼法》第 15 条、16 条规定了对牵连情况的案件管辖原则，在第三节中详细规定了诉讼的合并与分离。② 条文的详细程度体现了对程序的设置情况，但是条文的设置离不开基本的价值指导，不同的价值指导下的条文设置将导致不同取向的法律秩序。要控制权力的滥用，保障被诉人的权利，形成权利型秩序，在配置司法权利运行的时候，可以有两条思路，一是通过赋予诉讼当事人和诉讼参与人权利，通过权利来对抗权力的滥用；二是通过权力的制约来限制司法权力的滥用。权利制约权力主要是赋予刑事诉讼参与人以申请保释权、律师会见权、通信权、调查取证权、证据知悉权、公正审判权等，通过该类权利的行使对抗司法权力，促进司法权力的公正行使。权力制约权力的思路主要有加强中立法院的司法审查权力，监督侦查机关和控诉机关的权力运行，对强制侦查行为进行司法授权和司法审查，对滥用起诉行为进行监控，以此来防止侦控权力的滥用，实现以权利为核心的法治初衷。

（二）具体明确刑事违法行为的制裁措施

缺乏制裁、没有刚力的程序，无法实现程序正义，也无法实现权利、秩序、效率等价值。制裁问题是一个关系法律实效的问题，人们之所以规定制裁，其目的就在于保证法律命令得到遵守与执行，就在于强迫"行为符合业已确立的秩序。"③ 作为一个规范国家司法权力运行的刑事诉讼

---

① 宋英辉译：《日本刑事诉讼法》，中国政法大学出版社 2000 年版，第 3—4 页。

② 黄风译：《意大利刑事诉讼法典》，中国政法大学出版社 1994 年版，第 7—11 页。

③ ［美］E. 博登海默：《法理学法律哲学与法律方法》，邓正来译，中国政法大学出版社 1999 年版，第 293 页。

法，面对着拥有绝对优势并担负打击犯罪职责的侦控机关，如果没有对违法的制裁将会出现何种结果？我国在刑事诉讼领域中违反程序规则，违背法治的现象影响法治信仰，主要是因为没有相应的程序制裁，没有制裁威慑效力的程序是一种侦控方控制的程序，将导致侦控方权力的滥用进而侵犯被追诉人的合法权利，以下试举一例进行分析：我国刑事诉讼领域内超期羁押现象比较严重，可以说是诉讼领域的一个顽症。最高人民检察院在每年的人大会议工作报告中都有提及。2004 年纠正检察机关的超期羁押为 555 人，纠正侦查和审判阶段的超期羁押为 25181 人，2005 年纠正超期羁押为 7132 人，在纠正超期羁押的同时，也继续发生新的超期羁押现象，2004 年新发生的为 4947 人，2005 年新发生的为 271 人，2007 年新发生的为 85 人，而 2009 年提出纠正新发生的超期羁押意见的为 181 人次。① 从报告的数据来看，超期羁押的人数在逐步地减少，从 2003 年的 24921 人减少到 2007 年的 85 人，检察机关在相关部门的支持下，下了大力气进行纠正。既然已经下大力气纠正，而且羁押制度合理，则超期羁押的现象应该能够得到控制，甚至不再出现。但是即使到了 2013 年，政法机关核查出仍未办结的但已羁押 3 年以上的犯罪嫌疑人有 4459 人，又经过了 3 年时间，到 2016 年 10 月才全部清理这些超期羁押人员。② 即使司法机关已经清理这批超期羁押人员，实际上又已经出现了另一批超期羁押人员，可谓是一边清理一边超期。为什么会产生如此之多的超期羁押案件，固然和我国的有罪推定价值观念、诉讼期间的设计、办案效率等有关系，但是与没有相应的程序性制裁措施，没有超期羁押相应的处罚后果存在直接关联。我国《刑事诉讼法》第九十六条规定了在法定期限内无法办结的案件可以变更强制措施，将逮捕改为取保候审或者监视居住。根据取保候审和监视居住的期限来看，取保候审在侦查、起诉、审判的另一阶段都可以适用 12 个月，而监视居住也可以在侦查、起诉、审判的另一阶段适用六个月时间。根据《刑事诉讼法》第九十七条规定，司法机关对于超过法定期间的强制措施可以根据当事人的请求对其变更强制措施。如果检察机关在审查起诉过程中发现强制措施违法，应当要求侦查机关更正。从法律精神上理解，我国对打击犯罪的价值取向往往高于人权保障，实体真实远

---

① 数据来源于 2004 年、2005 年、2006 年、2007 年、2008 年、2009 年最高人民检察院工作报告。

② 曹建明：《最高人民检察院工作报告》（2018 年），2018 年 3 月 9 日。

高于正当程序，法律要求超期羁押的处理方法是纠正而不是处罚与制裁。公安机关、检察机关、审判机关超期羁押，侵犯了犯罪嫌疑人和被告人的人身权利时，其救济手段只能是可以有权要求解除强制措施，即当自己的权利受到侵害时只有请求不要继续侵害的权利，而且只能向侵权机关提出，却没有其他救济措施。当公民的权利正在受到不法侵害，公民有请求侵害人不要继续侵害，那是作为权利的一种基本属性，是一项天然的权利，并不需要法律作特别的规定也应该得到法律的认可。法律没有规定超期羁押的后果，没有规定超期羁押期间采取的诉讼行为必须撤销，被羁押人也没有其他救济措施，也没有规定侵权机关需要承担其他法律责任。强制力是法律规则得以运行的绝对必要条件，而通过我国《刑事诉讼法》对超期羁押的法律规定分析得出，我国的超期羁押之所以屡禁不止，成为侵害被告人权利的一个顽症，主要是因为没有规定超期羁押的制裁措施，即使造成超期羁押也不需要承担直接的责任，但是如果不超期羁押导致无法破案、无法取证、无法起诉、无法结案，将承担更多的损失，这种损失也许是宏观上的司法利益，也许是司法人员的升迁机会，所以司法人员只能从其利益最大化中作出一个不利于当事人的选择。所以，我国刑事诉讼价值取向更多的是以秩序为中心，而不是以权利为价值取向，形成的是一种更倾向于秩序价值保护的程序法治。

刑事违法行为的制裁有刑事制裁，民事制裁和行政制裁。刑事制裁主要体现在刑法典中，《刑法》第二百四十五条规定了司法工作人员滥用职权实施非法搜查、非法侵入住宅罪；第二百四十七条规定了刑讯逼供罪、暴力取证罪；第二百三十八条规定的国家机关工作人员实施的非法拘禁罪；第三百九十九条规定的徇私枉法罪等。民事制裁主要体现在《国家赔偿法》中，《国家赔偿法》只对人身权和财产权遭受侵害的行为，主要是被证明为是冤假错案，无辜者被判刑坐牢平反后才给予民事赔偿。行政制裁主要体现在《法官法》《检察官法》《警察法》等一系列法律，以及国家进行司法行政管理的规程中进行的一定处罚。最后也是最为重要最有价值的应该是程序性制裁措施，虽然我们国家在审判程序中有程序制裁，但是十分不完善。通观大陆法系和英美法系，程序性制裁措施主要有：一是诉讼行为无效制度，大陆法系的诉讼无效制度主要是通过使违反法律规定的诉讼行为失去法律效力，虽然针对的是所有违反法律的行为，但是主要是警察、检察官和法官的违反刑事诉讼法律的行为，通过这种法律制度来督促司法机关严格按照法律规定进行诉讼行为，进而推进程序法治；二是诉讼终止制度，英美法系国家的诉讼终止制度主要在于通过判例逐步发展起来的一项诉讼终止制度，主要是针对检控方违反禁止双重危险原则等滥用诉讼程序的行为；三是非法证据排除规则，非法证据排除规则是对于违反法定程序、法定方法进行取证，在法庭审理或者在庭前阶段，将该类证据排除于定罪量刑程序，目的是通过这种制度限制司法机关的违法取证，尊重犯罪嫌疑人和证人的基本人格权利；四是程序上诉制度，英美法系和大陆法系国家都有较为成熟的程序上诉制度，上诉的对象主要针对的是在司法审判过程中司法机关违反法律的情况，如剥夺被告人获得公开审判的权利，损害被告人自行辩护的权利等。通过这种上诉制度的设计，将侦查机关、控诉机关和一审的程序违法行为置于上级法院的监督之中，通过再审来对审判过程中违法行为进行制裁，以保护被告人和被害人的权利。

第二节　刑事程序法事实证明的权利价值

传统刑事法律强调国家利益和统治阶层的利益，追求以秩序为核心价值的法律制度，在刑事法律的价值结构上比较单一，主要任务是围绕如何对犯罪进行打击、追诉、惩处上，使公民对国家权力产生一种敬畏感，凸显国家绝对权力的不容挑战性。在这种诉讼中，被告人基本没有任何权利可言，仅仅是国家司法机构追诉的客体，是配合国家完成追诉、实现司法目的的工具。从历史的角度上看，奴隶制时期的刑事诉讼制度虽然认为诉讼是当事人自己的事情，实行不告不理制度，国家不主动启动诉讼程序，诉讼中原被告具有平等的地位，但是从原被告举证不利的后果上看，我们可以认为奴隶社会的诉讼制度是一种极为野蛮、不人道、没有人权的诉讼制度。该诉讼制度没有赋予诉讼参与人应有的诉讼权利，没有将原被告看成是享有诉讼主体地位的诉讼当事人。"对于原告、被告、证人等规定了十分严格的证明责任，不履行证明责任或者提供证据后事实真伪不明时，所有参与诉讼的人将承担经济处罚以及流放甚至杀头的刑事责任。"① 封

---

① 王满生：《从成文法典看奴隶制诉讼证据制度》，《兰台世界》2010 年第 5 期。

建制刑事诉讼也是一种十分残酷的诉讼制度，该诉讼制度中强调了被告人在诉讼中的法定义务，是名副其实的诉讼客体。在英国的星座法院进行的诉讼中，"法院对被告和证人都可予以刑讯拷问，有时甚至使他们受伤致残。"① 而在中国漫长的封建社会，纠问制诉讼将被告人作为刑讯的对象，诉讼的客体。东西方的诉讼制度中体现了相同的特征"奉行口供中心主义，对被告人以刑讯逼取口供，被告人是被追查的对象即诉讼的客体，而不是享有辩护权的当事人。"② 将被告人作为刑事诉讼的客体，意味着被告将不享有任何维护作为一个人基本尊严的权利，被告没有任何人权，也没有权利救济的程序设置。但是随着古典自然法学流派主张天赋人权思想以来，个人权利不断地得到张扬与发展，人权保护不断得到强化。人逐步被认为是自己生存的目的，而不是社会制度存在的手段，人的存在高于社会制度、政府的存在，政府或者某一项社会制度的合法性需要人权标准进行评价。"作为一项社会制度原则，人权通过强调人作为人所应有的资格、利益、能力和自由，来维护人的尊严和价值，防止和遏制任何把人作为手段或工具的功利主义的、结果主义的考虑。"③ 人权理论在诉讼制度上的体现，导致诉讼法、诉讼制度、证据制度产生性质上的重大转变，将维护国家的稳定、政府的统治、秩序的安定逐步转变到保护整个社会中人的权利上来。这种转变实际上是近现代资产阶级革命中的一个成果，是人类文明进步的体现。资产阶级在反对封建斗争的过程中将矛头对准封建司法，将废除封建纠问式司法制度和法定证据制度作为己任，并号召人们推翻封建法制。为此，资产阶级革命胜利后，彻底改造了封建纠问式司法制度，建立了控辩审组合的基本诉讼结构，赋予犯罪嫌疑人和被告人以对抗国家机关的同等武装权，被追诉人第一次作为刑事诉讼主体在刑事诉讼法律中予以确立。"犯罪嫌疑人的权利伴随着刑事程序正当化进程而不断扩充与完善，其诉讼主体地位得到不断地强化。"④

现代社会的发展不断地丰富了法治的内涵，也在不断地调整法治价值结构。从强调以秩序为核心价值的刑事法律逐步转化为以人权为核心价值

---

① 徐静村主编：《刑事诉讼法学》，法律出版社 2004 年版，第 20 页。

② 同上书，第 29 页。

③ 夏勇：《人权概念起源——权利的历史哲学》，中国政法大学出版社 2001 年版，第 176 页。

④ 陈卫东、刘计划：《论犯罪嫌疑人的诉讼主体地位》，《法商研究》2003 年第 2 期。

兼顾秩序与效率的法治价值结构。刑事人权功能体现了一个国家整体人权的发展状态，而刑事诉讼却成了一个国家宪法的测震仪。[1] 现代刑事诉讼以推进公民个人权利保障为核心目的，以维护社会稳定和促进社会效率为基本任务。而程序事实证明制度恰恰是为了公民权利的保障为宗旨而设置。程序事实证明的运行需要一个十分完整的程序权利法律设计，需要一个完整的程序权利救济和事实认定机制，而这个认定需要程序事实的证明来完成，需要完备的程序事实证明责任分配原则、合理的证明标准，以便更好地限制司法机关的权力以保障诉讼参与人的权利。

一　权利概念的历史溯源

"权利"是法学中最为核心也最为复杂的概念，权利和法律紧密相关，和社会生活息息相关，甚至可以说没有权利的概念就没有法律，没有权利就没有社会生活，但是要说清楚权利的概念确实不是一件容易的事情，权利的概念必须要放在人类历史的发展过程中进行考察，"像权利这类事关社会政治结构和生活实践全局的关键概念，必定经历了一个长时期的历史发展过程。"[2] 从大陆法系权利概念的演进看，即使在罗马法中，"也没有确定的权利概念和权利分类"[3]。罗马法中出现了拉丁字 ius 与权利的概念最为接近，关于 ius 原来有十种含义，其中关于"ius"意味着自由，即法律保护的一种自由，是与权利最为相近的一种含义。其次"ius"意味着权力，即受到法律支持的一种能要求他人作出的某种行为的权力。但是有罗马学者认为，罗马法没有直接规定权利和义务的概念，但是"他们对罗马法具体内容的论述，已经包含了什么是权利这个问题的回答"[4] 他们认为罗马法是围绕着权利一词进行展开的，权利首先是与权利主体相关的概念，全部的罗马私法包括人法、物法和诉讼法三个部分，人法的核心是解决权利主体的权利能力和行为能力问题，物法解决的是财产所有权问题，物成为私产的方式有劳动取得、时效取得、先占、转让等等方式，而诉讼法是解决当事人之间有关的诉讼权利和诉讼义务之间的法

---

① 孙长永：《探索正当程序——比较刑事诉讼法专论》，中国法制出版社 2005 年版，第 1 页。

② 詹世友：《论权利及其道德基础》，《华中科技大学学报》2013 年第 1 期。

③ 张文显：《二十世纪西方方法哲学思潮研究》，法律出版社 2006 年版，第 413 页。

④ 张乃根：《西方法哲学史纲》，中国政法大学出版社 1998 年版，第 82 页。

律。但是也有学者认为，罗马法上的"ius"并没有权利的意义，例如法国著名法学家 Michel Villey 就极力否定罗马法上存在"权利概念"，因为拉丁文中的"ius"既包括了利益的概念，又包括了不利益的概念，"是一种既包含了不利益的应得或公正的份额"①。应当说，首次将"ius"理解为正当性要求，并从自然法的角度将 Ius 理解为天然权利的是托马斯·阿圭那，托马斯·阿圭那把法律分为人法、神法、自然法和永恒法，人法的效力取决于它的正当性。人法有正当与不正当之分，人法的正当性来源于其目的性和形式性。从目的性来看，人法是一种促进善的行为，法律是促进人类的共同之善，从形式上看，法是一种根据共同善的要求进行的比例义务的划分。托马斯·阿圭那所处的年代正是欧洲思想史上的一个重要历史转折点，政治上宗教和世俗政权为了自身利益进行斗争，各个阶级为了自身利益不断地提出不同的思想，这样就为个人权利思想提供了孕育的温床，这也就为古典自然法学以来高扬权利理论提供了历史性动力。14 世纪初教会法学家 Johannes Monachus 认为 Ius 的含义主要是公正和权力，权力是一种合乎法律地使用权力，另一位唯名论思想家 William of Occam 提出了自然权利是一项限制统治者权力的重要手段和标准，将自然权利看成是高于实在权利从而对实在权利进行制定并进行评价的重要标准。17 世纪以后，蕴含自然权利思想的"天赋人权口号"被广泛地提出，"权利"、"人权"被赋予一种神圣的力量，作为向封建制度宣战的理论武器。古典自然法学家第一个代表人物是荷兰法学家格劳秀斯，格劳秀斯第一次从人本主义的角度出发理解自然法，把权利作为人的一项基本品格。从此之后，一大批古典自然法学思想家将权利作为人与生俱来的内容，并认为生命权是一项不可转让的权利。霍布斯认为自然权利是每一个人享有使用自己力量、做任何事情以保存自己生命的权利，自然权利的核心是自由。权利的转让和放弃是导致义务转移的前提，权利的相互转让就产生了契约。洛克是以自由主义为核心的法哲学思想家，他认为自由、财产与平等是人生来就有的权利，人们在缔结契约时将一部分权利让渡给政府，政府的目的依然是为了保护个人权利的实现，将权利提升到从未有过的高度。卢梭是古典自然法学派中最为激进的自由主义思想家，认为每一个人都生来享

① 李中原：《Ius 和 right 的词义变迁——谈两大法系权利概念的历史演变》，《中外法学》2008 年第 4 期。

有自然权利，卢梭的社会契约论思想将自己的权利交给公众，并最终通过社会契约的方式委托给公意机构。同时，卢梭也认为权利与义务是一体的，人们在享受权利的时候需要履行一定义务，只要遵守法律就能享受最大的权利，在这一点上权利与自由相一致。法国大革命以后，深受18世纪英国哲学和卢梭激进民主主义思想影响的康德和黑格尔成为了哲理法学派的代表人物，他们不再像古典自然法学派一样将权利视为一种形而上的道德性权利，而是注重分析实在法中的哲理性问题。康德认为义务是权利产生的前提，"权利涉及的只是一个人与另一个人的外在和实践的关系，只要他们能够通过行动即时或非即时地相互影响。"[①]康德将权利归结为一种关系，即一种人与人之间行动自由和交易自由的关系。一方面康德继承了古典自然主义法学流派关于权利是一种自由的思想，另一方面康德将权利与义务紧密联系起来，将义务看成是权利产生的前提。康德认为义务体现在内在的方面是正直地活着，外在的义务是不侵犯其他人，而第三种含义是把个人的东西归还给个人。从权利角度上看，每一个人都有不受他人侵犯的权利，每一个人都拥有属于自己的权利。

实践在发展，理论的创新一刻也没有停止。19世纪中期以后，由于社会生产方式的发展，古典自然法学派主张的这种抽象化、形式化的自然权利，已经不能满足法律发展的需要。实证主义法学派将权利引入更加精细具体的发展阶段，同时强调实实在在的法律才是权利的根源，没有法律规定的权利是无源之水、无本之木，实在权利产生实在法，没有法律规定的权利不是权利，从而否定了权利产生的道德根基。以实证主义和功利主义为基础的德国法学家耶林，深刻剖析了法律与权利之间的关系，认为权利是法律保护的一种利益，将权利视为一种具有实在操作价值能给人带来获得感的"法定利益"。注重权利概念包含的丰富内涵，将权利与义务结合起来分析，注重权利的具体表象为利益，已经成为20世纪法学发展新趋势。美国分析法学派霍菲尔德对权利与义务的概念进行了细致的分析，霍菲尔德认为权利可以从以下几个方面来理解，第一是权利主体人对任何人都负有做或者不做某事的义务，这种权利等于特权；第二是任何人都不得干预某人做或者不得做某事的权利，这种权利即是一种主张；第三是权利主体人有资格改变现有存在的法律关系的权利；第四是在一定条件下权

---

① 张乃根：《西方法哲学史纲》，中国政法大学出版社1998年版，第157页。

利人有资格免受法律关系改变的权利。① 有学者将霍菲尔德关于权利的概念进行研究，认为霍氏关于权利的概念体现在四个方面，即权利意味着"特权、要求、权力、豁免"。② 实证主义法学和分析主义法学注重权利内容的研究，但是这种过于强调内部微观的研究逐渐显示其局限性，以强调法律与其他现象之间的关系，在法律的定位上不是国家本位也不是个人本位，而是强调社会本位的社会法学派逐步被人们所认识。而社会法学派的一个重要观点就是认为权利不是单独存在的，强调权利的集体属性，强调权利是服务于人的，在权利与义务关系上认为义务是先在的。而作为社会法学派的代表人物庞德更加重视法律实施的目的，从法律的适用效果上来解释法律权利概念。庞德认为以往的理论至少可以从五个方面来理解权利，即"利益、保护利益的手段、设立变更和消灭某种社会关系、免予某种责任和正义"。③ 庞德与以往法学流派不同，主要是从最大限度满足需求来理解法律目的，权利的表现与实现需要与人的需求紧密相关，由此权利进一步现实化。现实主义在美国具有深厚的土壤，以卡多佐和霍姆斯为代表的美国现实主义法学逐步走上历史舞台，他们认为权利的设置需要考虑到社会情势的变化，脱离社会现实的权利是一种幻想，试图对权利给予更为现实的解释。由此可见，权利不是一种抽象的概念，但是权利一定有其道德基础，"权利概念的出现与个人主义观念的兴起紧密相关"④。个人主义是权利产生的基础，古典自然法学派将个人从封建的桎梏中解放出来赋予其主体地位推动了权利概念的最终形成。随着法学的发展，特别是二战以后不同法学流派的涌现，权利一词被赋予更多元内涵。

　　我国最早出现权利的概念是在《万国公法》中，丁韪良在该书中大量使用了"权"一词，而权的原型是"right"，凡是人理应得到的那一份，是人之本来的权利。⑤ 但是近代中国爱国人士在理解"权利"一词的时候更多的是赋予其集中性概念，将权利理解为"民权"，并且将民权与民主对立起来。近代中国将权利理解为民权，即一种政治上的人民权利，其中原因主要在于中国近代饱受西方欺凌，希望出现明君能够尊重民意广

① 沈宗灵：《对霍菲尔德法律概念学术的比较研究》，《中国社会科学》1990年第1期。
② ［英］Leif Wenar：《权利的概念》，张梦婉、瞿郑龙译，《法理学论丛》第8卷。
③ ［美］罗科斯·庞德：《论法律权利》，《法理学论丛》第8卷。
④ 方新军：《权利概念的历史》，《法学研究》2007年第4期。
⑤ 董长春：《近代西方权利概念的中国化》，《学习与探索》2008年第6期。

开言路，达到国富民强的目的。其次是权利概念中缺失私权的概念，私权的主张不被尊重，这也是国家不发展所致，当然其中也有我们国家长期的文化内核因素。随着中华法制建设的发展，特别是全面依法治国的展开，权利一词已经成为法律中的核心词汇，也成为人民向往幸福生活的一项重要标准。

二 刑事程序法事实证明要求有完整丰富的程序权利

程序权利是权利的一类，是权利发展的结果，也是程序发达程度的体现。程序法事实证明的前提是需要赋予诉讼主体以丰富的权利，而丰富的权利与犯罪嫌疑人诉讼地位紧密相连。以权利为核心价值的刑事程序法律首先需要将犯罪嫌疑人诉讼客体地位转变为诉讼主体地位，以便能享有丰富完善的对抗性诉讼权利。如何认定诉讼当事人具有诉讼主体地位，刘涛博士提出了建立一种以人为本的主体性理念，其指导思想是"人是一切制度设计和制度运行的主体，一切制度设计都要以克服人性缺陷和满足作为人的需要为基本出发点，要以保障和实现作为主体的人的主体性价值为最终目的。"[1] 在刑事诉讼过程中，诉讼主体地位不仅仅包括被告人，更包括与案件具有相应关系参与诉讼活动的其他人员，包括被害人、证人、鉴定人等。有学者认为，"刑事诉讼人权的主体限于犯罪嫌疑人、被告人"[2] 这种观点值得商榷，实际上刑事诉讼中任何参与主体的人权都值得保护，不论是犯罪嫌疑人、被告人、证人、被害人、辩护人等等所有主体都应该是刑事诉讼主体，都应具有相应的刑事诉讼权利。诉讼主体地位首先意味着需要对享有诉讼主体地位的诉讼参与人以丰富的诉讼权利，诉讼主体的权利体现为被告人的权利主要有：被告人享有无罪推定权利，被告人不应承担证明自己有罪或者无罪的义务；被告享有充分的辩护权，包括与律师会见和通信以及要求律师进行调查取证的权利；被告人享有不被羁押的权利，除非根据法律规定有充足的证据证明其妨碍诉讼、继续犯罪或者毁灭证据等情形；被告人享有独立上诉权；被告人享有控告司法工作人员侵犯其权利的权利；被告人对已经发生法律效力而有错误的案件申请平反的权利。除了被追诉人在诉讼中享有一系列权利以外，被害人也享有参

---

① 刘涛：《刑事诉讼主体论》，中国人民公安大学出版社 2005 年版，第 41 页。

② 易延友：《刑事诉讼人权保障的基本立场》，《政法论坛》2015 年第 4 期。

与刑事庭审的权利；与被告人进行刑事和解的权利；对被告人的判决申请检察机关进行抗诉的权利等等。证人也是刑事诉讼中重要的诉讼参与人，证人既有作证的义务，更有作证的权利，同时针对特殊情况可以拒绝作证的权利，同时可以要求司法机关因为作证而提供人身安全保障的权利。

程序法事实证明主要围绕程序争议和程序请求而展开，程序争议主要体现为被诉人和侦查机关、控诉机关以及审判机关在程序运行过程中形成的争议。所以程序争议的一个前提就是被诉人享有相应的诉讼权利，例如关于羁押的争议，是侵犯被诉人保释权和人身自由权形成的争议，证据合法性争议，核心是被诉人不可侵犯的人身、财产和隐私权利，回避的争议是侵犯被告公正审判权形成的争议等等。所以被诉人要提出一定的程序主张，首先就需要具备一定的诉讼权利为前提，如果像在古代社会的刑事诉讼中，被告人处于一种诉讼客体地位，也就无所谓程序事实证明问题。程序事实证明的权利价值主要在于三个方面，一是侦控方对于实施的侦查行为、强制措施，需要向中立机关提出证据，履行证明责任，中立机关进行审查，作出是否支持侦控方主张的决定，通过这种事实的证明程序防止追诉机关滥用权力，保障被追诉人的诉讼权利。第二个方面是司法机关的行为违反了刑事法律规定，侵犯了被追诉人和被害人的法定权利，被追诉人和被害人根据法律规定提起诉讼主张，要求司法机关裁定某一程序行为无效、排除证据、终止诉讼等行为，司法机关提出证据证明自己行为之合法性，通过该类程序法事实证明来保障被诉人和被害人的权利。第三是被诉人基于某一项权利规定提出诉讼主张时，需要提出一定的证据证明，最终实现自己的诉讼权利，同时也能保障被害人等其他人的诉讼权利。

三　刑事程序法事实证明权利价值的实现途径

（一）控方职权请求型程序法事实证明

刑事侦查和控诉是由国家侦控机关主动发动形成，法律赋予侦控机关一系列调查取证以及提起控诉的权力，为了防止侦查机关和控诉机关滥用权力，法治国家都设置了司法授权和司法审查制度，要求侦控机关在采取侦查行为前必须向中立机关提出证据，履行证明程序，申请令状，通过这种证明过程来实现对权利的保障。需要向中立机关履行证明程序申请令状的，主要有搜查、扣押、监听、鉴定、辨认、秘密拍照、测谎、拘留、逮捕、羁押等。而其中最为典型的是对被追诉人进行逮捕和羁押的证明程序，"国外立法一般规定，申请适用有证逮捕令必须向法官提供证据加以证明，无证逮捕也要在有证据证明存在"合理根据"的理由下方可采取，即逮捕的适用要在事实条件上满足其证明标准的要求。"① 如《日本刑事诉讼法》第 199 条规定了逮捕的理由为"相当的理由足以怀疑犯罪嫌疑人犯罪并且有逮捕的必要。逮捕请求权人是检察官或司法警察员。接到逮捕证请求后，法官审查逮捕理由与必要性，签发逮捕证。有必要时，法官可以听取逮捕证请求人的陈述，要求其提交文件及其物品。"② 由于羁押是未定罪前剥夺人身自由的强制措施，所以相对于逮捕而言，各法治国家规定了十分严格的证明程序。德国的审前羁押需要存在对嫌疑人已犯某种罪行的紧急怀疑，除了紧急怀疑外，法律还列举了五种具体的理由，至少一种理由存在，审前羁押令状才是合理的。这些理由主要有犯罪嫌疑人可能逃避诉讼、可能影响案件继续调查、可能妨碍证人作证、严重犯罪情形等。③

在实践中，逃避的危险经常用来作为进行审前羁押的一个比较常见的理由，同时检察官和警察不能自行批准羁押，批准羁押的权力在法官，法官应当聆讯被告人，告知其指控的充分信息并给予其进行辩护的机会，法官根据指控方和辩护双方提出的信息进行分析，认为控方提出的证据已经达到法律要求的有逃避的危险时，即批准羁押，但是如果认为检察官的证据尚不足以达到有"重大怀疑"的程度，不同意检察官的意见，即可以不批准进行羁押，所以其证明标准为重大怀疑。美国的审前羁押，以控方提出请求为前提，控方不同意辩方的保释请求，需要针对审前羁押必要性举行听审程序，控方需要就被告方符合法律所规定的羁押条件提出证据，该证据主要来源于侦查案件中所载明的犯罪信息，同时也包括联邦审前服务机构提供的信息，这些证明有被告人构成犯罪事实，有被告人的家庭情况、成长经历、学历背景、是否有吸毒史、是否有固定住所、被告人的品格情况等。综合上述情况，"司法官依法认定没有任何条件能够合理地保

① 郭志远：《我国逮捕证明标准研究》，《中国刑事法杂志》2008 年第 9 期。

② ［日］田口守一：《刑事诉讼法》，刘迪、张凌、穆津译，法律出版社 2000 年版，第49 页。

③ ［德］托马斯·魏根特：《德国刑事诉讼程序》，邱礼玲、温小洁译，中国政法大学出版社 2004 年版，第 97 页。

证任何人和社会的安全时所依赖的事实，必须有清楚而令人信服的程度"，① 司法官将签署羁押令状。法国的逮捕称为先行羁押制度，先行羁押的罪行条件是"受审查人当处重罪之刑罚，受审查人当处 3 年或 3 年以上监禁刑之轻罪刑罚。"② 法国的先行羁押权也是由法官行使，先行羁押由共和国检察官在立案侦查意见中提出要求，或者在其补充侦查意见书中提出要求，对于检察官的羁押申请，需要举行对审程序经过对席辩论后做出决定，犯罪嫌疑人有得到律师帮助的权利。在对席辩论之前，律师可以查阅案卷并与当事人进行交换意见。举行对席辩论之际，检察官要根据案件信息陈述需要进行羁押的理由，从犯罪事实上证明被告人当处重罪之刑罚或者当处 3 年或 3 年以上监禁之轻罪刑罚。这依然不够，还必须证明采取先行羁押手段是唯一达到《法国刑事诉讼法》第一百四十四条所规定的目标之一的唯一手段，而仅仅采取司法监督措施无法达到这一目标时③，才能采取先行羁押手段。④ 即检察官必须证明采取羁押措施是确定无疑、没有其他选择可能时，才能进行先行羁押。从以上各国关于审前羁押的获准程序上看，有公开对审的辩论程序和听审程序，羁押的申请往往由警察和检察官提出，由法官进行审查批准，其中有律师和当事人的参与，控方需提出当事人应该羁押的犯罪事实证据，犯罪嫌疑人和辩护律师可以提出相反的辩护意见，控方承担证明羁押合理性的责任。我国的逮捕相当于西方国家的羁押，侦查机关向准中立机关"检察院"履行证明程序，申请逮捕令。逮捕的证明标准为"对有证据证明有犯罪事实，可能判处徒刑以上刑罚的犯罪嫌疑人，采取取保候审、监视居住等方法，尚不足以发生社会危险性，而有逮捕必要。虽然相对于 1979 年《刑事诉讼法》所规定的"主要犯罪事实已经查清"而言，该证明标准已经降低。⑤但是相对于其他由侦查机关自行决定、自行实施的侦查行为而言，这种准

---

① 孙长永：《侦查程序与人权——比较法的考察》，中国方正出版社 2000 年版，第 220 页。

② 罗结珍译：《法国刑事诉讼法典》，中国法制出版社 2006 年版，第 139—140 页。

③ ［法］贝尔纳·布洛克：《法国刑事诉讼法》，罗结珍译，中国政法大学出版社 2009 年版，第 407 页。

④ 《法国刑事诉讼法典》第 144 条规定的现行羁押目标主要是"为了保存证据或犯罪痕迹、线索或者为了防止对证人或者受害人施加压力，或者防止受审查人与共犯进行伪诈串供；为了保护受审查人，确保有关的人能够随时听从法院的安排，终止犯罪或者防止重新犯罪；因犯罪程度严重，实行犯罪的情节或其造成的损失重大，为了防止对公共秩序造成特别的、持续的混乱。

⑤ 孙谦：《论逮捕的证明要求》，《人民检察》2000 年第 5 期。

证明程序对于被追诉人权利的保障无疑更为有利。

除了对人的强制措施以外，国外还规定了很多对物的强制侦查行为必须履行证明程序，设置了一定的证明标准，承担一定的证明责任，主要体现为侵犯隐私权和财产权的强制侦查行为。以美国为例，美国联邦宪法第四修正案规定"个人的人身、住宅、文件和财产不受不合理的搜查和扣押的权利，不得侵犯，而且，不得签发令状，但存在合理根据，以宣誓或代誓言保证，并具体说明搜查的地点和扣押的人或物的除外。由此而知，美国的搜查和扣押是以令状为原则的，搜查和扣押必须取得法官的授权才能进行。[1] 令状的签发必须具有合理的根据，如何理解合理的根据，法官必须根据执法官提供的信息和证据进行审查和判断。合理根据被认为需要满足以下条件："仅仅根据执法官员亲身感知的事实及其相关情形或者根据他所掌握的合理可靠信息，就足以保障具有合理谨慎的人相信：就搜查而言，在被搜查的地点将会找到具体记载的扣押物。[2] 通过这种向司法官履行证明程序，用证据和信息来说服司法官颁发令状进行搜查，是一种很好的保护人权的手段，避免了对公民的任意搜查和扣押。与美国相类似的是，大多数法治国家都对这些针对人身和财产采取强制措施的侦查行为，规定了程序性裁判制度，控方在采取这些措施时都要履行证明程序，证明的标准都有法律明确的规定，通过这种听证程序或者法官的书面审查程序来限制侦查行为的实施，保证侦查行为的合法行使，从而实现对权利的保障功能。

（二）程序性制裁中的程序法事实证明

程序性制裁主要是针对司法机关违反程序法行为实施的制裁行为，警察、检察官、法官是司法活动的主导者，代表着国家公权力与弱小的公民个人展开刑事诉讼活动的进程。司法官员违反程序法的行为有些比较轻微，是一种程序上的瑕疵行为，而有些违法行为直接侵犯了被追诉人、被害人的生命权利、人身权利、财产权利和隐私权利。由此可以宣布某一诉讼行为无效、撤销起诉、终止诉讼或者排除非法证据。针对这些程序性制

---

① 虽然实务上很多搜索扣押以未取得搜索和扣押票方式进行，但是这些方式主要限于以下三个例外方式：同意搜索、附带搜索、一目了然法则。王兆鹏：《美国刑事诉讼法》，北京大学出版社 2005 年版，第 4 页。

② ［美］约书亚·德雷斯勒、艾伦·C. 迈克尔斯：《美国刑事诉讼法精解》，吴宏耀译，北京大学出版社 2009 年版，第 12 页。

裁，首先需要对该类程序法事实争议进行裁判，控辩方需要履行证明责任，而对于证明责任的分配、证明标准的设定直接影响程序主张是否实现，对于该类违法程序事实的证明直接决定了被追诉人和被害人被侵害的权利能否得到救济，对于违法程序事实的证明，法治国家主要体现关于诉讼行为无效宣告、非法证据排除等程序裁判的过程中。

"诉讼行为无效，是指诉讼行为不能发生其在诉讼法上应有的效果。"① 意大利刑事诉讼法认为诉讼无效有一般无效、绝对无效、相对无效三种。一般无效主要体现在对于担任法官的条件不具备；合议庭的组成数目不符合法定要求；公诉人为提起刑事诉讼而应采取的主动行动以及他对诉讼的参与；被告人和其他当事人的参与、对他们的救助和代理，传唤犯罪被害人和告诉人参加诉讼。绝对无效是指因公诉人在提起诉讼中的行为而造成的无效情况，因未传唤被告人或者未让必须在场的辩护人在场而引起的无效情况。相对无效是指初期侦查行为和附带证明中行为的无效抗辩、针对初步听审中行为的无效抗辩、法庭审理预备行为的无效抗辩等。② 《法国刑事诉讼法典》中也规定了诉讼无效制度，其第一百七十一条规定，违反本法典或其他刑事诉讼程序条款固定的某项实质性手续，已经危及到与诉讼有关的当事人利益时，即产生无效。③ 对于诉讼无效的认定，法律规定必须提供具体的理由，从各国法律规定上看，基本上是提出主张者要承担申请说明之理由，主张者承担证明之责任。大陆法系通过这种宣告诉讼行为无效制度，将司法机关在侦查、起诉、审判过程中违反了法律规定的行为宣告无效，维护了程序法本身的尊严，同时也保障了当事人的诉讼权利和其他实体权利，同时法律还明确规定了诉讼行为无效的裁判程序和当事人的举证责任，在一定程度上既使法律的尊严得到保障，又使当事人的权利能够得到有效的救济。

除了宣告诉讼行为无效以外，非法证据排除也是法治国家设置的一道保障人权的程序，对非法证据的排除范围、非法证据的证明责任和证明标准直接决定了对权利的尊重程度，体现了一个国家法律制度在控制犯罪和保障人权上进行权衡后的取舍。非法证据排除规则从证据能力角度防止权力的滥用，保障犯罪嫌疑人的权利，在英美国家颇显发达。美国的非法证

① 李玉萍：《刑事诉讼行为无效制度论》，中国人民公安大学出版社 2010 年版，第 20 页。

② 黄风译：《意大利刑事诉讼法法典》，中国政法大学出版社 1994 年版，第 64 页。

③ 罗结珍：《法国刑事诉讼法典》，中国法制出版社 2006 年版，第 139 页。

据排除程序中，已有近百年的历史，① 对于证据合法性之争议，证明责任的承担没有如定罪量刑事实证明固定化，而是根据不同的情况有不同的原则。② 在非法搜查所得的证据证明责任问题上，警察的搜查如果是在被告人同意的情况下实施的，则检控方需要证明被告人的同意是自由和自愿的。"如果被告人认为搜查导致自己'合法的隐私期待'权利受到侵害，需要就自己的合法隐私期待权受到侵害承担一定的证明责任。"③ 对于非法讯问导致证据排除的证明责任，被告方以违反自白的任意性为由提出排除动议，检控方应该就被告的自白任意性进行证明。就证明标准而言，美国的司法实践中认为如果证明被告有罪，证明标准要达到排除合理怀疑的程度，而其他事项的证明标准通常只要达到优势证据即可。除了美国的非法证据排除规则以外，英国、德国、日本等国家都存在着非法证据排除及相类似的法律规定与制度设计，英国的1984年《警察与刑事证据法》第七十六条、七十八条规定了通过强迫获得的证据、非法搜查扣押获得的证据、违反法律建议权获得的证据、未经警告而获得的供述等。④ 德国有比较发达的证据禁止理论，有证据搜集禁止和证据使用禁止。《日本宪法》第三十八条第二款规定了以强迫或者威胁所得的口供，或经过不正当的长期拘留或拘禁后的口供，不得作为证据。我国也新近颁布了非法证据排除规则，就非法证据的范围、排除的方式、举证责任、证明程序等做了详细的规定。不论是诉讼无效制度还是诉讼终止制度，不论是针对侦控机关的程序制裁还是针对审判机关的程序制裁，都离不开程序事实的证明机制，争议双方提出证据，履行证明责任，最后实现对违反程序的行为进行制

---

① "从威克斯案件开始，美国最高法院要求联邦侦查人员在侦查过程中违反联邦宪法第四修正案的规定而取得的证据。由于威克斯案影响较大，所以人们一般认为美国的非法证据是从此案开始确立的"。杨宇冠：《非法证据排除规则研究》，中国人民公安大学出版社2002年版，第24页。

② 主要有以下几个原则，第一，责任应当由最方便接触有关事实的一方承担；第二，责任应当由提出主张的一方承担；第三，责任应当分担，以避免借这种方式更多地得到对方掌握的材料，尤其是在有限度的证据展示的案件中更应如此；第四，责任应当分担，以使一方证明有限的理由，而不是让另一方用证明方式反驳更多的理由；责任应当根据具体事件分担；责任应当用来阻止不利的竞争。杨宇冠：《非法证据排除规则研究》，中国人民公安大学出版社2002年版，第116—117页。

③ 陈瑞华：《比较刑事诉讼法》，中国人民大学出版社2010年版，第128页。

④ 何家弘、张卫平主编：《外国证据法选译》，人民法院出版社2000年版，第87—90页。

裁，以实现刑事诉讼的人权保障价值。

（三）权利主张型程序法事实证明

被追诉人、被害人、证人、辩护人、鉴定人等在刑事诉讼过程中，除了消极地要求司法机关在侦查行为、取证程序上要遵守法律的规定外，在诉讼过程中还可以主动积极地提出自己的诉讼主张，而这些主张主要是基于诉讼当事人本身享有的诉讼权利，这些诉讼权利主要体现为法律预先设计的权利，支撑这些程序权利的事实即是权利主张型程序事实，即法律预先规定了被告人、被害人、证人有某种法定的诉讼权利，在诉讼推进的过程中，被告人、被害人、证人等就具有法律所规定的某种事实提出程序请求，而提出某种请求时也需要提出相应的证据，承担证明责任，而且达到一定的心证程度才可能实现自己的诉讼主张。典型的有关于当事人请求回避的事实、耽误诉讼期间具有法定的不可抗拒的程序事实、申请再审的程序事实、管辖异议程序事实、证人拒绝证言权的程序事实、被告人程序选择权的程序事实。这些程序事实的争议有些涉及被追诉人或者被害人的程序权利，有些涉及被追诉人和被告人的实体权利。从侵犯程度上看，比影响证据可采性和影响强制措施采取的程序法事实而言，应该说更轻微。这些权利的实现，对于解决案件的实体问题，对于尊重被告人、被害人、辩护人和证人的人格尊严很有意义。程序事实的证明责任分配和证明标准的设置在很大程度上影响了诉讼权利的实现。如果证明标准过高，将使诉讼参与人无法行使其诉讼权利。一般而言，这些程序事实的证明责任是由提出程序事实主张者来承担的，其证明标准一般为大致可信，比控方承担证明责任的证明标准更低，通过降低程序事实的证明标准能更好地保护诉讼当事人的权利。

第三节　刑事程序法事实证明的秩序价值

一　秩序之界说

"秩序，意指自然进程和社会进程中都存在着某种程度的一致性、连续性和确定性。"[①] 人类社会有维持人类生存的生产秩序、生活秩序、

---

① ［美］E. 博登海默：《法理学法律哲学与法律方法》，邓正来译，中国政法大学出版社1999年版，第219页。

政治秩序、道德秩序、经济秩序等。法律作为规范与调整社会生活的一种规则，通过它调整生成的为法律秩序。对于法律秩序的理解，西方创造了两种解释进路。一种是从制度性规范角度出发，称为制度论，认为秩序是一种制度，一种法律规范，具有一套合理的社会规范，即形成了合理的社会秩序。另一种是从实证主义角度出发，认为秩序是法律规范作用于社会的一种结果，是一种社会规范调整之后形成的有序状态。"前者以凯尔森为代表，后者的领衔人物是埃利希、韦伯和庞德。"① 凯尔森认为"法律秩序不仅是规范人们行为的社会秩序，而且是具有强制性的秩序。这意味着法律秩序是针对某种被认为是有害于社会的事件，尤其是有害于社会的人类行为。具有强制性的法律秩序对有害行为设置某种邪恶，如剥夺生命、健康、自由或经济价值。"② 制度论实际上是一种规范论，强调的是法律规范的强制力，是一种惩罚力，制度论是实证主义的主要理论观点。根据该观点得出结论，"从法律规定人们应该做或不应该做来看，它是规范；从法律调整人们行为之间的相互关系来看，它是秩序。法律就是规范性的强制性秩序。"③ 凯尔森的纯粹法学理论对于规范与秩序之间的关系，得到了较为明确的体现。实证主义法学一个重要特点就是只从法律规则本身来评价法律规则之后果，不会考虑法律规范本身的善与恶，忽视了法律规范发生作用的社会环境和实施法律规范的人的作用。只强调法律规范本身是否有效，而没有看到法律规范实施后的法律效益，在法律秩序的形成上认为法律规范就是法律秩序，犯了一种本本主义的错误。另外一种理论即"结果说"认为，法律秩序只是一种社会逐步生成的结果，该种观点实际上是法社会学流派的一个基本主张。埃利希认为"法并不都是由国家制定，许多保证社会秩序化的规则都是法"④ 不论是埃利希的活法理论还是庞德的社会利益理论，实际上都强调了秩序形成过程中的社会作用，看到了社会秩序形成的复杂性和多方面性。但是法社会学确实已经走入了一个另外的极端，忽视法律规范在社会中的引导作用，只强调社会本身对秩序的形成作用，否定了人类在社会秩序形成中的基本建构功能。对于秩序的形成或者说法律秩序的形成，实际上是制度说和结果说的统一。"与

---

① 周旺生：《论法律的秩序价值》，《法学家》2003 年第 5 期。

② 张乃根：《西方法哲学史纲》，中国政法大学出版社 1997 年版，第 345 页。

③ 同上书，第 346 页。

④ 同上书，第 254 页。

法律相伴随的基本价值，便是社会秩序。"① 法律的价值之一就是形成法律所要求的社会秩序，但是对于这种秩序是否有良善之分，或者说这种社会秩序是积极的还是消极的秩序，取决于法律本身。法律形成的秩序可能是一种负面的消极性稳定，也可能是一种积极性稳定。现代型法治秩序应该是以权利为价值取向，以人权、自由和社会福利为目标的法治秩序。在秩序形成的理论导向上应该以自由主义和社群主义为指导，在制度构建上应该形成以权利为取向的法治秩序。

二　刑事程序法治秩序构建的理论基础与价值导向

刑事诉讼是一项国家权力的活动，但是其活动的出发点或者说理论基础不一定就是国家主义，理论基础和价值导向不同，导致刑事诉讼所形成的法律秩序性质与形态不同。传统刑事诉讼追求国家利益对公民个人利益和社会群体利益的超越，其理论基础为国家主义。"国家主义是一种以国家权力为核心，以权力至上为理想，推崇国家至上的意识形态"②，强调个人的生存和社会的发展依赖于国家的稳定，个人权利的实现依赖于国家功能的发挥，虽然古代社会基本遵循着国家主义的基本理念，但是真正将这种实践上升为理论的却是霍布斯和黑格尔。霍布斯在《利维坦》中提出了主权至上与不受限制的国家主义。国家是什么？霍布斯认为国家实际是一个人格的联合体，是一个在适当的时候可以动用大家力量进行利益维护的人格体，"如此联合起来在一个人格里的人群就叫做国家。"③ 霍布斯认为法律与国家密不可分，法律由主权者制定，主权者是唯一的立法者，但主权者本身并不受任何法律的约束。人们对于国家及其主权者只有服从的义务，否则就是不正义。黑格尔继续将国家主义发扬光大。黑格尔认为"现代国家的本质在于，普遍物是同特殊性的完全自由和私人福利相结合的，所以家庭和市民社会的利益必须集中于国家"④ 从这一角度出发，黑格尔在权利和义务的关系上采取了权利义务一致性和义务先在性的观点。

---

① ［英］彼得·斯坦、约翰·香德：《西方社会法律的价值》，王献平译，中国法制出版社2004年版，第45页。

② 许身健：《刑事程序现代性研究》，博士学位论文，中国政法大学，2004年。

③ 冒从虎、王勤田、张庆荣：《欧洲哲学史》（上卷），南开大学出版社1986年版，第363—364页。

④ ［德］黑格尔：《法哲学原理》，范扬、张企泰译，商务印书馆1961年版，第261页。

黑格尔认为公民的权利就是义务，公民的权利就是国家作为一个自由概念组织对公民义务的要求，认为国家是实现公民权利的唯一载体，是实现社会福利的唯一条件。在这种国家主体的主导之下，刑事诉讼程序的功能和目的以国家的利益为最高目的，刑事诉讼法律应该发展并创建了合理性，构成并巩固国家之基础，在制度层面上实现个人对国家的忠诚与信赖。

　　与国家主义相对的是自由主义和社群主义理论。自由主义经洛克、哈耶克以及罗尔斯的发展和修正，进而达成完善。自由主义主要是从个人利益出发，制度的构建是以个人权益实现为其宗旨，用边沁的一句话来说就是"最大多数人的最大幸福"。而社群主义是在资产阶级垄断阶段以后兴起的一种理论，社群主义已经看到了传统国家专制对人民权利的侵犯，同时也看到了极端个人主义对法制带来的消极影响，转而强调社会利益的维护。我们以什么样的理论形态作为我们的指导思想，需要从社会实践的需求上看。从经济基础上看，我国已经初步建成市场经济；从政治上看，逐步走向民主和文明的共和国；从社会基础上看，市民社会已经逐步发达；从国际环境上看，人权的全球化浪潮已经不可避免，这一系列都为我们的法律秩序建构指明了方向。我们需要建构的是平衡与兼顾个人利益和社会利益，严格限制国家权力在刑事司法领域对个人权利的侵犯。国家作为一种主权性形态具有不容置疑的价值，但是如果政权的传续和发展的基础不是为人提供权利的保障和社会福利的发展，那么国家权力的合法性在现代中国难以获得其合法性。如果在刑事诉讼中，过分强调国家利益的至高无上，强调国家权力的不容挑战，将导致人权的侵犯，也无法达到国际规则要求的底线标准，这样国家权力在刑事司法中将会被认为是一种非法的干涉和介入，最后导致国家权力的专横，司法的效果将与国家宗旨相背。刑事诉讼需要兼顾社会利益和个人利益，个人利益体现在对个人人权的保护，社会利益体现于对犯罪的打击力度，维护社会的基本安定感，实现一个社会的基本秩序。

　　从刑事诉讼法治秩序的状态上看，法治秩序体现的不是传统压制型刚性秩序状态，而是体现权利的软性秩序状态，权利在整个诉讼体系中作为一个圆心来突出，不管司法机关的侦查、提起诉讼还是审判与执行行为都是以保护人权为其宗旨。人权从主体上体现为被犯罪侵害的被害人的人权、犯罪嫌疑人和被告人的人权、证人的人权以及鉴定人的人权等。刑事诉讼的存在只是因为需要恢复被侵害的人权，实现法律正义。法治秩序是一种开放型秩序，国家权力的运行在开放型状态下，允许律师参与，允许双方同等武装，对案件由中立的一方进行中间裁判，司法权力必须接受监督，对司法违法行为有相应的制裁措施，对权利的限制和剥夺有相应的救济措施。法治型法借用昂格尔的一个词汇就是一种"回应型法"，相应的法治型秩序也是一种"回应型秩序"，是一种相对软性的秩序状态、弹性的秩序状态。这种秩序强调了多方参与的特性，强调了所有人权利保护的宗旨与目的，弱化了国家权力的显在形态，从秩序的稳定性上看是一种软性的秩序。所以拉德布鲁赫认为"法治国家对我们来说不是一个政治概念，而是一个文化概念。它意味着保持相对秩序的自由。"① 刑事法治秩序的形成首先以刑事诉讼法律为前提，该法律的现代化程度、人权程度直接决定了秩序的法治化程度。而法律的现代化程度和人权程度也是由诉讼法律的规则、原则、政策、制度来实现的，体现法治形态的这些原则与规则有程序法定原则、程序民主原则、审判公开原则、辩护权保障原则、律师自由原则、司法中立原则、禁止双重危险原则、无罪推定原则、禁止酷刑原则、违反诉讼法律的诉讼行为无效制度、违反取证规则的非法证据排除规则、程序性制裁制度、被告人权利侵犯救济制度、被害人权利受侵犯救济制度等。这些体现法治理想以权利实现为中心的制度，离不开程序事实证明制度的支撑，因为非法证据排除、诉讼无效、被告人、被害人权利的救济需要一种合理的程序违法认定机制，而这种机制的核心内涵就是刑事程序事实的证明责任分配和证明标准之设定。

三　刑事程序法事实证明的秩序价值实现

（一）实现定纷止争，形成公正合理的诉讼秩序

程序法事实是指能够影响程序走向、产生一定程序效果的事实。程序法事实之所以需要证明，主要原因在于程序争议如果不加以处理将导致诉讼无法推进，或者无法维护被侵犯当事人的权利，也可能导致当事人和司法机关滥用程序权利，造成程序的逆流。例如被追诉人主张司法机关在侦查阶段进行过刑讯行为，但是又提不出具体的证据，没有具体证据无法引起法官的疑点形成，根据我国刑事诉讼法律规定，如果被告无法提出刑讯

---

① ［德］拉德布鲁赫：《法学导论》，米健、朱林译，中国大百科全书出版社 1997 年版，第181 页。

的线索和相关证据，法院无法启动非法证据排除程序，法院也就只能忽视该类诉讼主张，并在忽视该证据争议的情形下进行判决，被追诉人必然不服判决而上诉，影响判决的公正性。再如再审程序的提起，再审否决了原来判决的既判力，损害了原判决的权威，再审如果不予以严格控制，将会对司法秩序的稳定性、可预期性造成很大的破坏。而我国现行刑事诉讼法并没有规定既判力理论，我国再审的理由虽然规定了很多条，但是实际上可以归结为一项，就是因为适用法律或者认定事实确实有错误。但是如何认定审判程序中存在着错误，其提起程序的主体为检察院、法院与被告人，不存在一个他向证明的主体，也没有一个比较正式的由利益涉及方的听证审查程序，当然也就更谈不上任何证明责任分配和证明心证程度的确定。如果判决生效后任由被追诉人、检察院、法院提起再审，必然侵害被追诉人、被害人的利益，也影响司法的整体性利益。最后导致被害人不信赖判决而申诉、上访直至采取更加激烈的对抗措施。如果对再审程序的启动设计成一种由被害方、被告方、提起再审程序请求一方参与的由中立一方主持的听审程序，在提起一方进行举证、对方质证后，由中立一方对再审理由进行裁决，作出应否重新审理的决定。从法律效果上看，该类证明程序的实施有利于及时解决诉讼各方的争议，进而形成公正合理的诉讼秩序。

（二）促进诉讼行为的合法行使，实现诉讼秩序的法治化

刑事诉讼和民事诉讼一个重大区别在于诉讼的主导者不同，民事诉讼是由原告和被告共同推进，作为国家一方只有法院中立参与的一种诉讼形式。但是在刑事诉讼中，国家机关的参与方有公安、检察院和法院，侦查和检察一方形成十分强势的一方，很容易对被追诉人、被害人、证人等诉讼主体的权利构成侵犯。如何对权力进行监督，形成对权力的一种对抗，促进司法机关能够按照法律规定进行诉讼行为，就必须设计一些能保障权利控制权力可能滥用的制度。这一套制度体现于司法审查制度、诉讼行为无效制度、非法证据排除制度、程序性制裁制度，而这一系列制度的核心是程序争议的证明责任的分配。例如美国对于搜查令状的签发进行了严格的限制，"令状必须由'中立、超然的地方法官'签发。"① 对于签发令

---

① ［美］约书亚·德雷斯勒、艾伦·C.迈克尔斯：《美国刑事诉讼法精解》，吴宏耀译，北京大学出版社 2009 年版，第 175 页。

状的法官，如果他们在具体的案件中的具体表现体现其偏袒警察一方，没有原来应有的中立地位和超然心态，那么签发的令状无效。搜查证的签发必须要有一定的理由，即搜查必须有"合理根据"或者说是"相当理由"，如何来认定合理的根据和相当理由，这是一个主观标准还是客观标准，美国学者和法院力图从一种微观和量化的角度实现对"合理根据"的理解。① 可以说，美国在搜查令状的签发上的证明标准已经不低了，即将达到优势证明标准了，并且司法机关在程序事实证明标准的问题上，法官也已经有比较统一的内心标准，通过这种程序事实证明达到限制警察和检控方权力的滥用。相反，如果没有这种证明程序，不需要中立的机关进行批准，不设置这种证明标准，那么公民的权利就会招致限制剥夺，司法机关不仅仅是消极不履行责任，更为严重的将会利用合法的手段进行报复，将法律视为自己手中的利器，从而践踏法律秩序，破坏法治。之前发生的《经济观察报》记者仇子明因为报道浙江凯恩特种材料股份有限公司涉嫌改制黑洞、侵吞资产、违规交易等一系列问题，而被浙江丽水遂昌县公安局进行刑事拘留和全国网上通缉，在几天之内受到全国瞩目。② 在该案件中，遂昌县公安局对仇子明进行网上通缉，根据我国《刑事诉讼法》规定，网上通缉是指针对应当逮捕的犯罪嫌疑人如果在逃，公安机关可以发布通缉令，采取有效措施，追捕归案。也就是说仇子明符合逮捕的标准，根据《我国刑事诉讼法》规定，对于有证据证明有犯罪事实，可能判处徒刑以上刑罚的犯罪嫌疑人、被告人、采取取保候审监视居住等方法，尚不足以防止发生社会危险性，而有逮捕必要的，应即依法逮捕。根据这些法律规定，仇子明应该已经构成犯罪，而且犯罪事实已经有证据予以证明，并且可以判处徒刑以上刑罚，社会危险性比较严重的情况，而公安机关在后来的发布会上没有公布其认定犯罪的证据。公安机关之后又

---

① "一般认为法院对于相当理由的心证程度，比判决被告有罪所需之'毋庸置疑'的程度为低，但比'单纯的怀疑'或者'合理怀疑'的程度为高。学者认为相当理由所要求者，不是百分之百的正确，也不是要求正确的几率比不正确的几率为高，而是比50%精确率还少一点。为了解法官心中的相当理由的意义为何，曾有一实证研究对166位联邦法官进行访问，要求其量化相当理由之确信程度时，得到的平均值为45.78%以上时，法官即认为具有相当理由，反之不具有相当理由。"王兆鹏：《美国刑事诉讼法精解》，北京大学出版社2005年版，第69页。

② 许继光：《记者因报道上市公司交易内幕遭全国通缉"，2010年7月，腾讯新闻（https：//news.qq.com/a/20100728/000424.htm）。

声称没有网上通缉而是刑事拘留，但是根据法律规定的拘留七个条件中，没有一条符合本案情形，公安机关甚至没有进行侦查，没有对仇子明的报道是否属实进行核查，在这种情况下就进行网上通缉，一个至关重要的原因是没有一个中立的司法机关对是否适于采取刑事拘留和通缉措施进行审查，采取措施的机关不需履行证明责任，没有针对程序法事实的证明程序，从而导致了权力的滥用和程序法治秩序的破坏。

（三）体现民主、人权精神，建构开放性、权利性秩序

程序法事实是否需要证明这个问题在程序法和证据法中经过了比较长时间的争论，将程序法事实作为证明对象本身就体现了对程序的尊重。在漠视人权、不重视程序科学、程序正义的过去，程序法事实是不需要证明的。在纠问制诉讼中，程序的主要或者说唯一作用就是发现真实，而这种真实主要依赖刑讯手段侵犯人权方式进行的，每一项程序行为都是一种国家权力的充分展示，是充分体现国家统治、臣服子民的能力。在这种制度体制中，司法的理念就是贯彻国家意志、体现国家威权，至于程序是否科学、合理，是以发现真实作为评价标准的。而在主张程序法治的国家中认为程序事实需要证明，作为一种主张者的向他性证明，是侦查机关、检察机关对自己主张的程序事实向法院中立机关的证明，包括司法机关采取逮捕、未决羁押措施的程序事实向中立机关的证明；侦控机关申请搜查、扣押等强制侦查措施需要履行的程序事实证明；侦查机关就自己侦查程序合法性进行的证明；侦查机关对被追诉人就侦查机关侵犯其诉讼权利的程序事实证明等。对于被害人而言，主要有要求司法机关将应该追诉犯罪案件的而不予追诉处理的理由进行证明，证人就司法机关在取证过程中有对其违法取证或者有拒绝证言程序事实的证明。对于被追诉人而言，有因为具有某一程序性权利而提出程序性主张，提出该主张需要履行证明的责任。例如对于某些不应该进行保释的事项，被追诉人认为有法律规定之外的事实足以认定其不具有社会危险性应该予以保释需要履行程序事实证明责任；被追诉人认为其具有不应该进行追诉的程序事实；被追诉人主张司法机关工作人员应该回避的事实；被追诉人主张再审程序启动的事实；被追诉人主张执行中有法律规定的终止事实。这一系列程序事实的证明体现诉讼民主与尊重人权的精神，体现了作为犯罪嫌疑人、被告人在司法行为过程中能够维持其基本的人权，维护其基本尊严的精神，体现了犯罪嫌疑人和被告人是诉讼主体之精神，体现了被害人、辩护人、证人等其他诉讼参

与人在诉讼过程中能够作为一个参与主体提出自己的诉讼主张、维护自己的诉讼利益、展示自己对诉讼程序之功效，是民主与人权在程序过程中的体现，促进了程序从封闭走向开放，司法从权力型走向权利型，从司法机关的单一主导型走向多方参与型，形成了一种以尊重人权和发现真相的双重价值的程序秩序，形成了一种更加稳定开放的法治秩序，构建了一种以实现人权保障为中心的法治秩序。

第四节　刑事程序法事实证明的效率价值

一　效率与法律效率

"效率是指消耗的劳动量与所获得的劳动效果之间的比率。"① 这是作为最原始、最根源意义上所说的一种对于人类劳动过程中的效果评价，从这个定义之演化为一种投入与产出之比例关系。人类最开始的一些物质劳作，例如最为原始的人们利用手工劳动进行生产的效率比后来利用机器进行生产的劳动效率更低，而发展到市场经济，人们更加重视效率在生产中的价值评价作用。效率既可以表示具体的生产投入与产出之间的比例关系，也可以进一步将其引进到制度评价之中，对制度的运行效果进行某种评价，以此来判断一项制度的社会效果。法律作为一项治理社会的制度，其效率如何，一直被人们关注。最早可以追溯到柏拉图、亚里斯多德、伊壁鸠鲁等人的法律思想中包含的功利主义法律思想，后经过社会法学派的进一步修正以及发展，二十世纪六十年代法律经济学的诞生进一步将经济学中的效率等核心概念和法律结合起来。随着市场经济在全球的建立，经济学对于法学的渗透与交叉，越来越多的人强调效率在法治构建过程中的价值。什么是制度上的效率？什么是法律效率？什么是法治运行过程中的效率？国内法学者进行了比较深入的探索，效率是一种资源配置的最优化关系，是利用一定的资源产生出最大化社会产品，是一种资源投入和最终产出之间的比例关系。同时，效率体现在自然、人文和社会三个方面，这样就肯定了效率不仅仅是一种经济学概念，同时也是一种体现在社会制度

———————

① 夏征农主编：《辞海》（词语分册），上海辞书出版社1987年版，第1295页。

中的社会效果意义上的概念，也是体现在人文上的一种概念。张文显教授强调法律效率是经济效益和社会效益的统一。① 就司法效率而言，学者认为 "司法效率是解决司法资源的如何配置问题，即司法效率的核心应当被理解为司法资源的节约或对司法资源有效利用的程度。"②

法律效率是指 "法律的社会目标与法律作用的现实结果之间的比值。——表明的是一种主观期望（立法者制定该法并希望通过实施之所需要达到一定的社会目标）和客观效果（法律在现实中实际实施所达到的现实结果）之间的比值。"③ 该观点肯定了制度效率中的主观预期与客观效果之间的一种比例关系，即是效率。强调了效率中的主观判断、主观预期、主观目标在客观效率评价中的作用，肯定了效率不仅仅是一种客观物质形态，也是一种主观评价形态。李建明教授将效率分成诉讼效率、社会效果与社会成本三个方面。"刑事司法效率应该包含三个方面：其一是诉讼的效率。其二是指刑事司法活动产生的社会效果。其三是指刑事司法的社会成本。"④ 从以上各法学家关于效率、法律效率、司法效率之定义中可以发现，至少以下几个方面值得关注：一是效率是一个使用于物质生产、文化创造与制度构建中的全方面概念，不仅仅是单纯的物质型概念。从物质形态上看，资源配置是效率的中心。二是从效率评价上看，效率不仅仅是一种客观评价，也是一种主观评价。对于一种物质生产而言，效率是一种实在的客观结果，但是对于意识形态的制度设计而言，人们在制度设计中的主观预期也是影响效率形成的一个重要尺度。三是作为法治价值的法律效率而言，效率不仅仅是具体某种诉讼制度的投入与产出的评价，更注重总体的社会结果评价，主要是诉讼投入与正义形成、秩序构建、权利维护等方面的总体结果之间的比例关系。

二　刑事程序法事实证明对诉讼效率的增进作用

程序法事实证明之所以需要证明主要是因为程序事实事关诉讼权利的保护，事关司法权力的正当使用。程序法事实证明对于诉讼效率的增进作

---

① 张文显：《法哲学范畴研究》，中国政法大学出版社 2001 年版，第 213 页。

② 钱宏道：《论司法效率》，《中国法学》2002 年第 4 期。

③ 郭宗杰：《论法的效益》，《法律科学》1995 年第 3 期。

④ 李建明、陈爱蓓：《刑事司法过程的社会效果与社会成本——关于刑事司法效率的思考》，《南京师大学报》2005 年第 1 期。

用主要体现在诉讼的社会效果上，而其社会效果的实现主要通过降低司法权力滥用、遏制司法腐败，通过防止错案的发生降低社会成本，以及严格限制程序法事实证明的司法投入上。

（一）通过程序法事实证明的控权功能降低司法腐败、增进司法效率

"一切有权力的人都容易滥用权力，这是万古不易的一条经验。"① 司法权力也是如此，特别是在中国现有司法体制中，司法官员和政府官员没有本质上的差异，对检察官、法官的权力监控十分必要。而作为公民权利维护最后一道防线的司法权力被滥用时，公民对于国家司法的信仰将会招致极大的破坏。对于权力的控制有两条基本的手段，权力控制和权利制约。权力制约权力，即是权力的分解，由不同的机关来进行，导致权力行使不那么便利，从而实现权力被制约。"从事物的性质来说，要防止滥用权力，即必须以权力约束权力。"② 司法权包含侦查权、起诉权、审判权等权力，如何保障司法权力正当行使，不至于司法权力被滥用，主要是适当配置司法权力资源。根据我国刑事权力的分配情况看，一般案件的侦查权由公安机关行使，职务犯罪的侦查权（调查权）由监察委员会行使，批准逮捕和提起公诉权由检察院行使，审判权由法院行使。各司法机关在行使职权活动的时候应当分工负责、互相配合、互相制约。司法机关的分工是一种业务活动上的分工，不是一种理念上的独立，不是一种基于权力滥用监控意义上的独立。司法机关在对待刑事案件上的基本思想和目的是一致的，导致在实际操作中基本利益的一致，实际上基本处于一种合作共同对付被追诉人的局面。在实践中，当一个机关侵犯被追诉人的权利时，另一个机关无法进行比较彻底的制约和监督。对于中国刑事诉讼中的侦查机关权力的制约，设置一种程序上的权力制约机制是较为理想的出路。程序法事实的证明实际上是一种基于权力受到制约理念的制度设计，程序证明事实中一个主要内容是侦查阶段采取强制侦查行为和强制措施需要向中立机关履行证明程序。比较完善的法治国家的制度设计中，强制侦查行为采取都需要中立的司法官员审查批准，而不是侦查机关自行决定。程序法事实的证明制度是强制措施是否能采取的关键，通过程序法事实证明程序限制侦查机关权力，从而防止司法腐败，增进诉讼效率。

---

① ［法］孟德斯鸠：《论法的精神》（上），张雁深译，商务印书馆1985年版，第184页。
② 同上。

（二）通过证明的权利保障功能防止错案发生、降低诉讼社会成本

刑事错案的发生对司法的危害十分严重，一起刑事诉讼错案的发生可能有很多原因，但主要是法律制度中没有合理规定被追诉人的程序权利，或者是侦控方违反程序法规定，侵犯被追诉人权利。大部分刑事错案都是由于追诉机关违反程序法行为引起的。① 追诉机关的不当行为主要是指负责侦查的警察和提起公诉的检察官在诉讼过程中，违反程序法规定，侵犯被追诉人的诉讼权利。主要有违反法律任意羁押被告、延长羁押期间，通过非法羁押获得口供，非法剥夺被告辩护权，以涉嫌国家秘密为借口任意阻止律师和当事人的见面，随意扣押被告人物品、侵犯被告的通信权利，对被告进行刑讯逼供和软暴力行为逼取口供。权利被侵犯首先是因为法律的粗疏而引起的，在侦控机关采取侦查行为之前没有一定的预防措施，侦查行为没有司法授权和司法审查的限制，没有向中立机关提交一定证据申请令状的程序，没有程序法事实证明的机制。其次，违法行为发生后，没有程序违法行为的认定机制，也没有对程序争议和主张进行裁判的制度，更没有相应的程序争议举证责任的分配和证明标准的设定，无法对程序违法行为进行纠正。而程序性证明通过其权利保障功能的发挥防止刑事错案的发生，在侦查阶段进行程序事实证明可以增强侦查阶段的诉讼化构造，"通过这种诉讼化机制，既可以阻止控方一些容易造成冤错案的诉讼行为的实施，同时又可以及时地发现和纠正已经发生的错案。"② 程序法事实证明可以提升整个侦查阶段的开放性和民主性，促进侦查行为和诉讼行为的合法行使。为对程序违法行为的程序性制裁从法律规定转化为现实提供了基本条件，为减少甚至杜绝冤假错案的发生创造了条件。

（三）通过证明方法、证明范围、证明标准的限定增进诉讼效率

程序法事实的证明和实体法事实证明很大的不同，体现在刑事实体事

---

① 有学者分析中国近年来发生的重大刑事错案中，无一不是因为检控方的不当行为引起，主要有李化伟涉嫌杀人案、陈国清涉嫌强奸案、杜培武涉嫌杀人案、李久明涉嫌杀人案、聂树斌涉嫌强奸杀人案、佘祥林涉嫌杀人案、胥敬详涉嫌杀人案、赵新建涉嫌杀人案、腾胜善涉嫌杀人案、秦艳红涉嫌强奸案、邱兔元涉嫌杀人案、孙万刚涉嫌杀人案、张海生涉嫌强奸案、王树红涉嫌嫖娼杀人案、陈金昌抢劫杀人案、林超忠案、李龙涉嫌伤害致死案。宋远升：《刑事错案比较研究》，《犯罪研究》2008 年第 1 期。

② 李建明：《刑事错案的深层次原因——以检察环节为中心的分析》，《中国法学》2007 年第 3 期。

实证明在证明方法上采用严格证明的方法，即必须是法定的证据经过法定的调查程序，同时必须达到排除合理怀疑的证明标准，经过这种证明方法的实体法事实才能被认定，也才可依其进行定罪量刑。但是程序法事实的证明十分繁杂，分布于刑事诉讼的各个阶段，首先对程序法事实证明的范围作一个取舍，需要作为程序事实证明的对象主要有直接影响定罪量刑的程序事实、对被告基本权利构成侵害的程序事实、能够产生中止、终止诉讼程序、推进诉讼进程的程序法事实，应该作为程序证明之对象，除此之外的程序法事实可以不作为证明对象，以避免影响程序的效率。其次从程序法事实证明方法上看，有别于实体法事实的证明，程序法事实证明一般采取自由证明的方法，即在证据的采用上没有法定证据能力的限制，证据的来源以及形式上都可以相对自由。从证明裁决程序上看，不一定经过严格的庭审程序，大部分程序事实的证明只需要经过一个相对简单的听审或者说是书面审即可。从证明标准上看，实体事实需要达到排除合理怀疑，而程序事实证明的证明标准比较多元，对于被告人提出的程序事实请求一般只需达到大致可信即可，对于控方承担证明其行为合法性的程序事实证明，需要达到优势证据之程度，而对于排除口供之证明标准，则比照实体事实之证明标准。所以程序法事实证明在实现其权利价值的时候，也可以通过证明方法的自由性、证明标准的降低、证明范围的限定来增进刑事诉讼程序的效率。

第三章

刑事程序法事实的证明程序

　　证明程序是程序法事实证明能够完成的载体，良好的证明程序既能解决程序争议，又能促进实体真相的发现。本章对职权请求型程序事实、违法争议型程序事实、权利主张型程序事实三类证明程序进行了考察和论证。职权请求型程序事实证明主要体现为侦查阶段的强制侦查请求，不论是大陆法系国家还是英美法系国家，侦查机关在实施强制侦查行为之前，都必须通过程序证明来实现自己的职权请求。虽然大陆法系和英美法系对强制侦查行为的控制有静态和动态的不同模式，但是两大法系对于强制侦查行为都是由侦查方向检察院或者法院申请令状，通过一方向另一方履行证明程序予以实现是其共同规律。违法争议型程序事实的证明主要表现在取证违法、立案违法、起诉裁量违法等方面，各国对于违法争议也规定了相应的证明程序，例如德国有中间程序，英国有预审程序等等。针对权利主张型程序事实，俄罗斯规定了庭前听证程序，法国还规定了由上诉法院预审庭为载体的程序争议裁判程序。本章在深入考察各国程序事实证明程序的基础上，结合我国实际，提出了构建我国程序法事实证明程序的初步设想：即以检察官为顶点的侦查阶段程序事实证明程序；以"庭前法官"为顶点的庭前程序事实证明程序；以"上诉独任庭"为中心的上诉程序事实证明程序。

第一节　职权请求型程序法事实证明程序

　　职权请求是指司法机关根据法律规定，就其进行的职权行为申请另一机关审查或者批准的行为。职权请求行为既可以发生在同一级别司法机关之间，例如同一级别的公安机关和检察院之间、公安机关和法院之间、检察院和法院之间，也可以发生在上下级机关之间，例如下级检察院和上级检察院之间、下级公安机关和上级公安机关之间，但是在同一机关不同职能部门之间发生的程序移转行为不是本文讨论的职权请求行为。在刑事侦查、起诉、审判过程中，职权请求行为最主要体现为侦查阶段发生的侦查请求行为，而侦查请求行为是否发生、如何发生、发生模式往往与一个国家的侦查控制模式紧密相关。侦查控制模式的不同决定着侦查阶段权力架构不同，从而侦查阶段强制措施的审查批准程序不同，最终决定职权请求程序事实证明程序不同。为了诉讼的需要，侦查机关往往需要采取一些强制性措施限制公民的人身权利和财产权利。为了更好地保障被追诉人权利不被非法侵犯，对侦查机关采取的措施与行为进行司法控制是普遍的做法。从世界范围来看，对侦查进行司法控制的模式主要有三种：检察审批监督模式、司法审查监督模式、混合控制模式。

一　大陆法系职权请求型程序法事实证明程序

检察审批监督模式是大陆法系的普遍做法，与职权主义诉讼模式相适应，主要特点是以检察为主导的侦查监控模式。侦查权控制模式的选择往往是司法机关权力发展过程中的历史选择，大陆法系侦查监控模式就是检察官制度发展的结果。法国被认为是检察官制度的摇篮，13 世纪到 14 世纪时期，法国国王从自己的亲信中挑选出席法庭的代表，作为充实各个地方法庭的国王代理人，对于没有起诉的被害人案件，代理人可以为了维护国王利益提起诉讼。1498 年《普罗亚条例》的颁布巩固了检察官在王室刑事司法中的作用。检察官的形成，"解除法官侦查职务并赋予检察官侦查权限之当然结果，乃承认检察官在侦查程序中之主宰地位。"[1] 检察官除了有权对一切普通刑事案件提出起诉以外，逐步演变成为一种公共利益的代表，帮助民事诉讼当事人出席审判、受理民众控告检举、监督司法机关公正行使司法权力，检察官从最初代表国王利益慢慢演变成"公共事业的仆人"[2]，法国大革命爆发以后，检察权成了行政权之下的权力，政府将检察官专享的权力分散给了治安法官、陪审团和公民。1808 年，拿破仑正式颁布《重罪审理法典》，将检察院设置于法院内部，组织系统严

---

① 林钰雄：《检察官论》，法律出版社 2008 年版，第 11 页。
② 刘林呐：《法国检察制度研究》，中国检察出版社 2015 年版，第 10 页。

密，确立了系统化和专门化的检察官体系。法国选择共和制之后，颁布了《刑事诉讼法》，根据《刑事诉讼法》第三十一条规定，检察官的职权除了公诉权外，还具有侦查、程序选择与监督刑罚执行的权力。"在侦查开始，有 96% 的刑事侦查都是由检察官监控，侦查包括了初步调查和现行案件的侦查。"① 根据现行法国刑事诉讼法的规定，检察长可以指派、领导、监视司法警察进行职务活动。即便如此，《法国刑事诉讼法典》还规定了检察官拥有警察官身份相关的一切权力和特权，这样法国检察官实际上从两个方面监控警察职权，一是通过立法拥有与警察一样的刑事侦查职权，二是拥有指挥领导监控警察的职权。在领导监控警察方面主要是通过对警察晋升时进行评价、要求行政部门对警察给予制裁和纪律处分等方式。②

法国侦查过程中有两项比较典型的职权请求型措施：一项是拘留，一项是逮捕。这两项都是司法警察在侦查阶段可以采取的强制措施，但拘留的实施需要检察官的监督，逮捕的实行需要自由与羁押法官批准，两项措施都需要职权行使机关向职权审查机关履行程序性证明。拘留是一项短期限制被追诉人人身自由的措施，现行法律规定时间为 24 小时，即使是一项只能限制人身 24 小时的强制措施，在诉讼的发展过程中是否需要存在也饱受争议。直到 1808 年，法国《重罪预审法典》中依然没有对拘留条例有任何规定，1903 年颁布的法案肯定了该制度，1958 年司法改革时有两种意见，一是废除该措施，另一种意见是将拘留制度化，立法最终采纳了后一种意见。法国拘留暴露出来的问题受到欧洲人权法院的广泛批评，1993 年法国颁布法令对实施拘留作出了相关修正，2011 年法国拘留制度进行了较大的改革，改革的核心在于对拘留及其动机作出了明确定义。司法实践中，一些违警罪和轻罪案件都采取拘留措施，申请采取拘留措施时要遵守两个原则：一是合比例性原则；二是保障人格尊严原则。采取拘留措施时必须向审批机关履行证明程序，其证明的理由是"有合乎情理的理由"怀疑一个人试图犯罪或者已经犯罪，证明程序必须是申请机关、审批机关以及被追诉人参与的一种公开听审程序。拘留期限届满如果需要延长拘留期限，司法警察也要向检察官履行证明程序，司法警察需要向检

---

① 刘林呐：《法国检察制度研究》，中国检察出版社 2015 年版，第 97 页。

② 孙长永：《侦查程序与人权》，中国方正出版社 2000 年版，第 71 页。

察官证明需要延长拘留的理由存在，检察官在获悉司法警察理由，并且当面见过犯罪嫌疑人听取犯罪嫌疑人的申辩，最终决定是否对拘留期限进行延长。

逮捕在法国称为先行羁押，是法国侦查阶段需要进行职权请求的一项重要强制措施。长期以来，法国的逮捕由预审法官批准。预审法官虽然说是法官，但是实质上预审法官是司法警察的高级成员，"其地位在 1808 年《治罪法》中予以明确规定"①，将预审法官作为警察高级成员的定位导致预审法官拥有广泛的侦查权，在 1856 年法兰西第二帝国时期对预审法官的职权继续拓展，但是到了 1933 年和 1949 年法国司法改革试图压缩预审法官权力，将追诉权和预审权合二为一，但是最终并未如愿。历史进入到 20 世纪 90 年代，法国对预审法官进行了改革，增设了自由与羁押法官，"其重要职责是决定或者延长先行羁押，并对释放请求做出决定。"② 通过该制度的改革，由自由与羁押法官和预审法官分享羁押批准权力，对犯罪嫌疑人的羁押要求预审法官和自由羁押法官共同同意，以促进犯罪嫌疑人人权的改善。此后，法国对于逮捕这一影响被追诉人重要职权行为采取了司法审查，要求侦查机关在采取逮捕措施时必须向自由羁押法官进行证明，由具有中立性的自由与羁押法官来最终审查批准。在法国，如果司法警察准备对犯罪嫌疑人采取逮捕即先行羁押措施首先需要预审法官同意，预审法官同意羁押的情况下，逮捕申请交由自由与羁押法官继续审查，此阶段审查羁押采取对审程序进行，对审程序的双方分别为司法警察和犯罪嫌疑人。申请羁押一方需要陈述犯罪嫌疑人需要羁押的理由，辩护律师可以提前会见当事人和查阅案卷，以便于提出陈述不需要羁押的理由和依据。通过审理，自由与羁押法官根据双方提供的事实材料进行裁定，认为需要羁押的事实成立则批准羁押，如果认为羁押的理由不充分，则不批准羁押。由此看来，法国逮捕和拘留两项重大的职权请求行为中，拘留由检察官进行审查批准，先行羁押则由法官最终决定。两项措施涉及的程序性事实都必须履行证明程序，拘留由司法警察向检察官进行证明，先行羁押由司法警察向预审法官申请，最终向自由与羁押法官进行证明。拘留是没有犯罪嫌疑人本人参与的单项性职权请求，羁押则是采取由自由与羁押法

---

① 孙长永：《侦查程序与人权》，中国方正出版社 2000 年版，第 57—58 页。

② 宋英辉、孙长永、刘新魁等：《外国刑事诉讼法》，法律出版社 2006 年版，第 281 页。

官主持，申请方和犯罪嫌疑人及其辩护人参与的诉讼式决定程序，由申请先行羁押一方对程序请求理由进行证明。

德国是大陆法系的典型代表，继承了罗马法的法律传统，也保留了日耳曼法的一些特点，并在自身积淀的基础上慢慢形成了德国的职权请求审查模式，德国的职权请求审查模式和德国检察官在诉讼过程中的定位密切相关。在德国，检察机关不仅仅享有起诉裁量权还享有侦查权，"侦查权由检察机关行使，司法警察作为检察官的助手，在检察官领导和指挥下实施具体的侦查活动。"[1] 检察机关指挥警察侦查，形成这一地位有其历史原因。19 世纪前半期，纠问式诉讼程序逐渐消亡，作为具有侦查和裁决双重地位的侦查法官职能分开，法官保留其裁决案件的权力，而公诉检察官则负责提起指控。最初的侦查法官在负责审判前程序中对案件的侦查，1975 年侦查法官权力移交给检察官，"检察官有权调遣警察，有责任客观公正地评价事实。"[2] 除此之外，德国还将检察机关定位为法律监督机关，被赋予法律的守护者和公共利益的代表者角色，检察机关的职权不仅仅体现在提起公诉阶段，甚至从侦查直至于刑罚执行阶段，都有检察机关的身影。所以，"法律赋予检察机关的职责贯穿于整个刑事诉讼过程。"[3] 因此，德国检察官既可以向任何机关提供讯息，也可以自行或者委托警察机关采取任何侦查行为。虽然德国检察官具有如此大的权力，但是司法实践中检察官的自身能力无法支撑其成为一个超级机关，即使其行使侦查权也要受到法官司法审查的约束，检察官采取的对人身和场所的搜查、对物品的扣押、对犯罪嫌疑人的羁押等职权行为依然要向法院申请审查，需要向法官进行程序性证明。

职权请求行为以限制人身自由的强制侦查行为为典型，在德国主要有三种限制人身自由的强制措施，即审前羁押、暂时逮捕和扣留。扣留指具有犯罪嫌疑而身份尚未确定，为了确定身份而对该人采取的暂时限制其人身自由的行为。根据德国刑事诉讼法规定，对于需要临时剥夺某犯罪嫌疑人的人身自由，必须将准备扣留人员带至法官处，由侦查人员向法官陈述需要扣留的理由，对其行使的职权请求行为进行证明，最终由法官决定是

---

① 陈瑞华：《比较刑事诉讼法》，中国政法大学出版社 2010 年版，第 272 页。

② ［德］托马斯·魏根特：《德国刑事诉讼程序》，邱礼玲、温小洁译，中国政法大学出版社 2004 年版，第 40 页。

③ 邵建东：《德国司法制度》，厦门大学出版社 2010 年版，第 231 页。

否采取扣留措施。第二种是暂时逮捕，暂时逮捕的批准权属于法院，目的是为了启动侦查。侦查机关拘捕犯罪嫌疑人之后应当立即送至法官处批准，至迟不得晚于拘捕的次日。侦查机关需要向法官证明对犯罪嫌疑人进行拘留的理由，法官发现拘留理由不成立或者拘留理由消失，则驳回申请拘留的职权请求，否则应当批准侦查机关的拘留请求。侦查阶段最为重要的一项职权请求是审前羁押，羁押的目的是保证司法机关能够顺利开展侦查起诉审判活动，羁押针对的对象必须是具有重大的作案嫌疑，具有很高的定罪可能性。羁押令由检察官提出申请并最终由法官作出，检察官在申请羁押令时必须提供充足证据证明，这些证据包括犯罪嫌疑人可能逃跑、毁灭证据、妨碍证人作证等方面的信息材料等，对于检察官提出的审前羁押申请，司法实践中有两种裁决程序。一种是案卷审查模式，检察官向法官移送书面材料，主要是证明犯罪嫌疑人需要羁押的相关证据材料，大部分材料记载于案卷之中，法官通过对这些材料书面审查后裁决是否需要采取审前羁押。另一种是辩论对席程序，由法官主持，一方为申请审前羁押的检察官，一方为犯罪嫌疑人及其辩护人，控方提出需要羁押的理由事实，犯罪嫌疑人及其辩护人可以提出否定的事实和理由，最终由法官进行裁决，这是典型的一方主持当事人双方参与的诉讼式程序事实证明程序。

日本法律具有典型的大陆法系国家特征，传统上以唐律为模本形成了日本的法律体系。明治维新以后日本法律主要向法国和德国学习，日本最早颁布的《治罪法》和《明治刑事诉讼法》就是在吸收法国刑事诉讼法基础上形成的，后来日本又在吸收德国刑事诉讼法的因素基础上颁布了《大正刑事诉讼法》。二战以后，日本在美国的控制下进行了刑事诉讼法的改革，在职权主义基础上吸收了众多英美法系诉讼特色，实现了传统职权主义向具有当事人主义特点的职权主义诉讼模式转变。日本的侦查权分别由检察官和警察共同享有，侦查由司法警察和检察官共同实施，两者在权力归属上不是相互隶属的关系，而是一种相互协助的关系，但是检察官对司法警察有指示权甚至是指挥权，具体体现在三个方面：一是对侦查阶段的案件移送具有指挥权；二是可以要求警察对自己正在侦查的案件进行协助的权力；三是可以根据侦查需要制定整体侦查计划来指导侦查。日本的侦查行为分为任意侦查和强制侦查两种。任意侦查主要包括要求嫌疑人到场讯问，现场进行检查和拍照，对遗嘱进行鉴定，提出书面资料等程序性行为。对于任意侦查行为，日本刑事诉讼法规定其为一种受处分人同意为前提进行的侦查，在诉讼过程中侦查机关可以依据职权主动实施，并不需要向其他机关预先批准或者事后审核报备等方式进行控制。强制侦查是一种对人权构成"侵犯"的侦查措施，强制侦查必须采取职权请求的批准程序。在日本，需要采取职权请求的形式获得令状的强制措施主要有：通常逮捕、紧急逮捕、现行犯之逮捕、羁押、拘禁鉴定等等。对于强制侦查采取法定主义，"实行强制侦查法定原则反映了日本立法对侦查抑制方式由大陆静态抑制型向英美动态抑制型的转变。"① 在侦查阶段，强制措施的请求为侦查机关，最终由法官签发令状后侦查机关予以执行，最为典型的职权请求型侦查行为是逮捕。第一种为通常逮捕，通常逮捕可以由检察官和警察实施，请求逮捕票需要提供详细的逮捕理由以及附有逮捕必要性的必要资料，接受逮捕票请求的法官需要认真审查逮捕理由和逮捕必要性材料，在此基础上裁定是否逮捕犯罪嫌疑人，这种程序是职权一方为实施某一程序行为向另一方履行证明的职权请求程序。第二种是紧急逮捕。紧急逮捕是对于符合死刑、无期、最低三年以上监禁之罪，在情况紧急时采取的一种立即逮捕措施。实施紧急逮捕时需要对犯罪有充分的理由，逮捕以后要立即履行职权请求证明程序。检察官和司法警察在逮捕犯罪嫌疑人之后要立即办理请求逮捕票的手续，犯罪嫌疑人所涉嫌的犯罪具有充分理由，逮捕犯罪嫌疑人与通常逮捕的理由相当，法官在审理侦查提供的理由后认为不需要逮捕，则通知侦查机关立即释放犯罪嫌疑人。所以，紧急逮捕是一种事后职权请求程序，对于一些重罪案件即使逮捕了，也需要在逮捕之后将逮捕理由书面向法官进行证明，从而证明逮捕的合法性，完成侦查机关的职权请求行为。现行犯逮捕是针对正在发生的犯罪而言的，即使逮捕这类犯罪嫌疑人也需要立即履行证明程序，提交证明材料证明逮捕的合法性并最终获得法官的认可。在日本，除了逮捕涉及人身自由的强制措施以外，涉嫌限制和剥夺财产权利的强制措施也需要履行职权请求的证明程序。查封是一种针对物采取的强制措施，查封原则上需要依令状进行。查封的请求权人是检察官、检察事务官和司法警察，查封的请求必须提供证明采取查封合法性的材料。根据《日本刑事诉讼法》第一百五十六条的规定，侦查机关在提请查封请求时必须履行两点证明义务，一是需要证明犯罪嫌疑人已经涉嫌犯罪，二是需要证明查封的邮件和文书与现行

---

① 孙长永：《日本刑事诉讼法导论》，重庆大学出版社 1993 年版，第 168 页。

犯罪有关联。① 搜索是对身体、物品或者住所采取的一种强制措施，搜索"同样采取依令状实施的原则。"② 和查封一样，日本在采取搜索之前必须向法官履行证明程序，侦查机关需要向法官提出搜索请求，请求书中需要详细附具犯罪嫌疑人的犯罪情况，需要搜索的具体理由和相关证据材料，法官根据材料意见最终决定是否签发搜索令状。综上所述，日本的强制侦查行为是典型的职权请求行为，不论是针对人身自由的逮捕还是针对财产权利的搜查，都需要侦查机关在事前向法官提出申请，申请中需要详细附具进行证明依赖的事实材料。和德国法国等不同的是，日本侦查机关的职权请求行为往往发生在两个机关之间，即侦查机关和审查批准机关之间，当事人及其辩护人并没有参与其中，所以这种职权请求不是三方参与的典型诉讼式裁决模式，而是一方向另一方的单独证明程序模式。

二　英美法系职权请求型程序法事实证明程序

英国的侦查工作主要是由警察来完成的，但是检察官与警察之间是一种指导与被指导的关系。由于英国是实行抗辩制的国家，"自由法制主义理念强调要保护公民免遭可能的国家迫害，其与一支享有充分权力以确保高效且有效执法的警察部队需要之间的紧张关系，是贯穿英格兰和威尔士警察权发展过程的基调"。③ 虽然如此，英国 1829 年通过的《大伦敦警察法》，"标志着英国近代警察机关的诞生"④。根据法律规定，英国的警察最早拥有起诉权，之后又获得了对犯罪嫌疑人的逮捕权。进入 20 世纪以后，英国警察的权力不断扩大。权力的扩大不仅仅体现在判例法上，更多的是通过制定法方式体现出来，主要有 1984 年《警察与刑事证据法》、1994 年的《刑事审判与公共秩序法》、1997 年的《警察法》、2000 年的《侦查权力规制法》、2003 年的《刑事审判法》等法规扩大了警察权力。"英国的检察制度源远流长，是世界上较早建立检察制度的国家之一。"⑤

---

① 宋英辉译：《日本刑事诉讼法》，中国政法大学出版社 2000 年版，第 162 页。

② ［日］土本武司：《日本刑事诉讼法要义》，宋英辉译：五南图书出版社 1997 年版，第 159 页。

③ 麦高伟、解弗里·威尔逊主编：《英国刑事司法程序》，姚永吉等译，法律出版社 2003 年版，第 38 页。

④ 程荣斌主编：《外国刑事诉讼法教程》，中国人民大学出版社 2001 年版，第 71 页。

⑤ 樊崇义：《域外检察制度研究》，中国人民公安大学出版社 2008 年版，第 4 页。

英国的检察制度经历了几百年的发展，有英格兰、威尔士、苏格兰和北爱尔兰等四部分检察体制。检察机关的职权主要有起诉和调解案件、直接侦查和指导、侦查贪污犯罪和警察犯罪、调查突然的死亡案件等等。从20世纪开始，英国的检察制度进行了大幅度改革，现在的英国检察机关没有侦查权，只有控诉权，即使是控诉权也受到一定的限制。英国的检察机关和警察机关是一种建议与合作的关系，没有任何组织上的联系。检察机关对警察机关的影响主要在于侦查方面的指导。由于检察机关负责案件起诉，所以在证据的把握方面比起警察官来说应该更加专业，通过制定起诉标准来指导侦查。

由于英国的检察官和警察之间这种相对独立的关系，警察的侦查职权请求不是由检察官来审批，而是由预审法官来裁定。根据英国行政区划的划分，全国划分为900个小辖区，每一个辖区设置一个治安法院。治安法院除了对简易罪审理、公诉案件预审、少年犯罪审理行使管辖权外，一项重要的职权就是对警察申请的逮捕令、搜查令和扣押令进行批准。逮捕、搜查、扣押和拦截是英国刑事诉讼中普遍的强制侦查行为，警察机关在行使这些权力时需要履行证明程序，获得治安法官的批准。根据现行法律规定，警察不得自行批准执行搜查和扣押行为，而是将批准权力授予治安法官来实施。警察申请执行搜查和扣押，内容包括犯罪嫌疑人所涉嫌的行为是需要进行逮捕的犯罪行为，申请搜查和扣押的事项涉及重要的犯罪信息，搜查和扣押的信息可以用来证明犯罪。在这种情况下，治安法官需要对警察提出的申请及相关材料事实进行审查，最终裁定是否批准搜查和扣押。如果警察不是依据《警察与刑事证据法》规定提出的理由申请搜查和扣押，警察有义务对提出的搜查和扣押理由进行宣誓，并且全面回答治安法官批准搜查和扣押时提出的所有问题，完全履行搜查和扣押程序事实证明程序，治安法官才能批准搜查和扣押申请。逮捕与羁押是比搜查更容易侵犯人权的行为，从司法理念上看，逮捕更需要警察履行证明程序，充分运用各种材料证明其理由，最终由治安法官签发逮捕和羁押令状。英国规定了一些可以立即逮捕的案件，例如介绍未满21周岁的女孩进行卖淫的犯罪、贪污罪和盗窃机动车犯罪等等，对于上述犯罪并不需要在逮捕之前履行证明程序，由治安法官进行批准，而是要求警察在逮捕之后立即向治安法官进行汇报，由治安法官进行确认以达到职权行为被认可的目的。对于立即逮捕的犯罪，要求警察"在24小时之内迅速将其送到治安法官面前以决定羁押是否合法或者申请延长羁押期限，治安法官可批准延长 60 小时。"① 所以，英国强制侦查行为的程序性证明程序有两种，一种是事前申请治安法官进行审批，由申请机关提出理由进行证明，另一种是在一些特殊情况下做出某种侦查行为，但是需要立即将做出行为的理由和事实材料提交中立的治安法官进行审查，最终确认是否进行强制侦查。由此可见，英国的强制性侦查行为采取的也是一种单方向中立一方进行证明，请求审查批准的程序，是一种单项性职权请求批准模式。

美国是世界上拥有最庞大刑事司法体系的国家，侦查工作主要由警察负责实施，检察机关也承担协助侦查的职能。检察机关对警察具有侦查建议权和引导权，可以对警察负责侦查的案件提供建议和指导，并可以通过审查令状来影响侦查。"令状起源于英国，而发展于美国。"② 美国检察官对令状没有最终决定的权力，但是警察申请令状首先需要得到监督官的认可，监督官往往由助理检察官担任，助理检察官可以否决警察的令状申请。令状由哪一个机构或者人员来批准，美国法律并没有进行明确的规定，但是根据美国权力制约和保障人权的精神，警察批准令状是不可想象的，因为"执法热衷的警察，常不能掌握宪法增修条文第四条的精髓。"③ 由于警察是直接的刑事侦查者，如果警察自行拥有令状批准权，就会虚化令状的实质性价值，人民权利保障就会成为一句空话。同时负责起诉的检察官也被认为是和警察具有同样的利益，难以实现审查批准者的中立和超然要求。所以，美国现在履行对令状的审查批准权由治安法官行使，不论治安法官是否具有合适的法律素质，但被认为是具有中立性和超然性地位的代表。

美国侦查阶段职权请求型程序证明主要体现在逮捕、扣押、搜查、监听的侦查行为中。美国《第四宪法修正案》（《权利法案》）规定："除依照合理根据，以宣誓或代宣誓言保证，并具体说明搜查地点和扣押的人或物，不得发出搜查和扣押状。"④ 美国的搜查形式有有证搜查和无证搜查。无证搜查只适用于一些特殊情形，一是作为逮捕的一部分进行的附带

---

① 邱飞：《权力制衡与权利保障：侦查程序中的司法审查机制研究》，光明日报出版社 2013 年版，第 90 页。

② 高峰：《刑事侦查中的令状制度研究》，博士学位论文，西南政法大学，2007 年。

③ 王兆鹏：《美国刑事诉讼法》，北京大学出版社 2005 年版，第 97 页。

④ 杨东亮：《刑事诉讼中的司法审查》，法律出版社 2014 年版，第 144 页。

搜查；二是被告人同意进行的搜查；三是存在着的一些特殊紧急情形进行的搜查。① 一般情况下，警察想要对某人或者某一场所进行搜查或者扣押，必须要获取搜查或者扣押令状。令状由警察向监督官即助理检察官提出，助理检察官认为有必要采取搜查措施的，警察可以向治安法官申请签发搜查令状。申请搜查令状必须具有一定的理由，这种理由被称为合理根据，也就是警察向治安法官必须证明搜查或者扣押具有合理的根据程度，合理根据是警察根据各种信息判断已经发生犯罪或者能够找到某种犯罪证据，用以证明合理根据的事实来源于多方面，既可以来源于警察对案件的亲身感受，也可以来自于其他线人的报告或者相关线索等，治安法官根据警察提供的事实根据最终裁定是否决定签发搜查令状。

　　监听在美国是一种严格限制的侦查行为，对美国这样关切隐私权保护的国家，对公民通信实施监听是不可思议的事情。美国的《监听法》得以通过是为了应对有效打击有组织犯罪，特别是 9 · 11 以后，美国加强了对公民的通信窃听。美国的窃听除非得到当事人自己的同意，否则需要得到有管辖权法官的认可。监听批准程序更加严格，首先体现在批准主体上，监听批准的主体一般为法院的正式法官，其次在申请主体上也进行了严格限制，涉及到联邦的犯罪，由联邦调查局申请监听之前必须经过司法部长、副部长和司法部长助理的授权；涉及州利益犯罪，并不是由侦查警察申请监听，而是由州首席检察官向州法官申请监听。监听这种职权请求的程序事实证明主要是采取书面形式，书面形式包含了宣誓誓词的方式，证明的对象是采取监听的理由与依据，包括嫌疑人实施或者准备实施犯罪的情况，采取某种监听方式的设备性质和场所的情况，之前采取的侦查手段无法实现保证侦查的有效性。如果法官认为申请主体提供的事实和依据足以证明采取监听的必要性，则签发监听令并由政府工作人员执行，如果认为采取监听措施没有事实和依据，则也需说明驳回的理由并提供驳回清单。审前羁押是美国侦查阶段最为典型的职权请求行为，美国的逮捕职权请求审查采取了听证程序，对于检察官申请的羁押申请，往往采取由法官、检察官、犯罪嫌疑人及其辩护人三方参与的听证模式。对于逮捕，需要由控方提供清楚令人信服的证据予以证明。这些证据包括被告人涉及犯罪的性质与情节、被告人的家庭情况、被告人就业状态、有无稳定的经济

---

① 程荣斌：《外国刑事诉讼法教程》，中国人民大学出版社 2001 年版，第 438 页。

来源、在美国居住时间长短情况、不羁押可能影响诉讼进程情况。辩护律师也可以发表对犯罪嫌疑人有利的证据，提出犯罪嫌疑人应该予以保释的理由。在此基础上，最终由法官决定是否批准羁押。综合美国刑事诉讼中关于羁押、监听、搜查、扣押等令状批准程序来看，上述强制侦查行为也是一种职权审查行为。羁押职权审查行为主要采取了听证式模式，由检察官对羁押请求进行证明，最终由治安法官进行裁定。搜查、扣押、监听等侦查行为不是自行批准的行为，而是由警察向具有中立性的治安法官提出申请，通过证明采取这些行为具有合理根据，最终由治安法官决定签发令状的职权请求行为。

三　我国职权请求型程序法事实证明程序

我国侦查的职权主要由侦查机关行使，检察机关行使职务犯罪的侦查权已经成为历史，刚刚通过的《监察法》将公职人员的犯罪侦查权由监察委行使，未来侦查权由公安和监察委共同行使，但是检察机关对于监察委移送的案件行使审查权。我国强制侦查行为是否像英美法系或者大陆法系采取职权请求证明模式，主要取决于我国司法机关的职能定位和相互关系。形成我国公安、检察、法院三者关系的重要法律依据是宪法第一百三十五条和刑事诉讼法第七条，这两条法律的核心内容确定了负责侦查、起诉和审判三机关之间关系是分工负责、互相制约和相互配合的诉讼关系。根据上述两条法律精神，我国侦查机关、检察机关和法院同属于同一序列机关，相互之间不是一种审查与被审查关系，而是一种制约和配合关系。虽然有学者强烈反对现行宪法关于三机关的定位，认为"该原则违背了刑事诉讼中分权的基本原则，不符合现代法治的基本精神，酿成了我国司法改革的一杯杯苦酒"[1]。但是更多的学者从该原则形成的历史中找到了依据，并对该原则进行了辩护，认为这是符合我国国情的司法职权配置制度。"我国公检法机关之间的职责分工体现了最有协调性，其制度本身具有正当性，能够保障实现最普遍的公平公正，也能够促进司法资源的节约。"[2] 从我国刑事诉讼发展的历史进程来看，"分工负责、相互制约、相

---

①　谢佑平、万毅：《分工负责、互相配合、相互制约原则另论》，《法学论坛》2002 年第4 期。

②　沈德咏：《中国特色社会主义司法制度论纲》，人民法院出版社 2009 年版，第 233 页。

互配合"原则从 1953 年党的文件中最初出现①，但是 1958 年开始的大跃进和之后的十年"文化大革命"，公检法三机关就实行过"一长代三长、一员顶三员"的做法，将分工负责互相配合相互制约的规定予以彻底抛弃。在总结"文化大革命"教训的基础上，1979 年刑事诉讼法颁布时明确了该规定，1982 年宪法再一次确认了该原则。分工负责、互相制约、互相配合原则一旦由宪法予以规定，其精神指导着刑事诉讼法的所有程序规定。根据该原则精神的指导，我国侦查机关职权行为主要采取了内部审批模式，除了逮捕以外所有的强制侦查行为都是由侦查机关内部机构审批，不需要向另一机关采取证明方式获得强制侦查职权行使权，也不是由中立机关主持的诉讼式请求裁决程序。根据刑事诉讼法律规定，我国侦查阶段强制侦查行为主要有拘传、取保候审、监视居住、拘留、逮捕、搜查、扣押、监听、诱惑侦查等等。关于拘传，我国法律规定得十分简单，《刑事诉讼法》第六十六条规定公检法三机关对犯罪嫌疑人和被告人可以适用拘传措施，同时在刑事诉讼法的第一百一十七条规定了拘传不能超过十二小时，对于需要采取拘留和逮捕措施的不能超过 24 小时。对于拘传，我国《刑事诉讼法》规定不需要向中立机关履行证明程序，只需要向采取拘传措施的机关负责人请示，三机关在实施拘传过程中，也会填写拘传报告书并附具证明需要拘传的证明材料。即使如此，拘传也只是履行内部机关的报批程序，不需要向中立一方履行证明程序。最终，拘传的报批程序往往成为流于一种形式上的行政流程，"无中立的第三方审查或进行救济"②。

拘留是司法实践中一项适用率较高的强制侦查行为，也是一项重要的影响被追诉人权利的措施。公安机关拘留犯罪嫌疑人的依据主要在于《刑事诉讼法》第八十二条，主要限于一些情况紧急的情形，检察机关拘留犯罪嫌疑人主要是为了保证审查起诉和审判的正常进行，针对的对象主要体现在《人民检察院刑事诉讼规则》第一百二十九条规定，即犯罪后逃跑自杀以及毁灭伪造证据的犯罪嫌疑人。在我国拘留也是由申请机关内部审批决定的，公安机关拘留犯罪嫌疑人，侦查人员应当填写呈请拘留报告书，经县级以上公安机关负责人批准。实践中主要的流程是"侦查

---

① 韩大元、于文豪：《法院、检察院和公安机关的宪法关系》，《法学研究》2011 年第 3 期。

② 邱飞：《权力制衡与权利保障：侦查程序中的司法审查机制研究》，光明日报出版社 2013 年版，第 186 页。

员—刑警中队队长—刑警大队队长—分管刑事侦查的局长"①，这种流程实际上是一种内部审批程序，并不是向中立一方履行的证明程序。检察机关办案人员在申请对犯罪嫌疑人采取拘留措施的时候，也是由具体侦办人员提出申请，部门负责人审批，最后由分管检察长审批并最终决定拘留是否实施。由于拘留没有向中立机关履行证明程序，不需要中立机关进行审查，而是由自己的机关部门负责人审查，由于利益关涉性使然最终造成对犯罪嫌疑人权利的侵犯。

逮捕是最为典型的职权请求行为，也是对犯罪嫌疑人权利影响最为严重的强制侦查行为。关于逮捕，我国宪法将批准权或者决定权赋予了检察院或者法院。我国《刑事诉讼法》和刑事诉讼司法解释作了全面的规定。从规定上看，逮捕构成了我国强制措施中一种典型的他向型证明程序，逮捕主要由侦查机关提起，由检察机关予以决定。对于大部分刑事案件而言，逮捕由公安机关提出申请，公安机关根据案件办理的需要，提请检察机关决定逮捕。公安机关在提请逮捕的过程中，往往经过了内部的层层审查，同时将侦查阶段获得的案卷材料一并作为批准逮捕的证明材料，通过书面方式向检察机关履行证明责任。犯罪嫌疑人和辩护律师在逮捕审查阶段可以提出有利于自己的材料和意见，但是逮捕一般不采取对席审方式，更多地体现了信赖检察官的职权决定模式。但毕竟逮捕不再是公安机关自身审批的一种行政流程，而是由检察机关审查批准的一种职权请求，证明逮捕请求的内容是侦查过程中所获取的全部卷宗材料，证明程序参与的主体除了公安机关以外，还有犯罪嫌疑人辩护律师。

在我国，搜查和扣押并没有作为强制措施来适用，但实际上是对财产所采取的强制措施，因为搜查和扣押可能侵犯的是犯罪嫌疑人或者被告人的隐私权和财产权，我国《刑事诉讼法》对搜查、扣押的规定比较粗略。对于搜查，通过《刑事诉讼法》第一百三十六、一百三十八条的规定赋予了侦查人员搜查权，根据规定进行搜查需要出示搜查证，但是在哪种情况下可以搜查规定粗疏，实践中搜查也不需要侦查机关向其他机关申请审查批准。人民检察院进行搜查的时候只需要经过检察长批准，公安机关进行搜查的也只需要其负责人批准。搜查虽然是一项严重侵犯隐私权的行为，但是在我国侦查机关进行搜查的时候，法律规定需要搜查证是一种内

---

① 巩富文：《中国侦查监督制度研究》，法律出版社 2015 年版，第 287 页。

部报批程序，并不需要履行向中立机关的证明程序。查封和扣押针对的是物品，和搜查相比，不合法的扣押侵犯的是犯罪嫌疑人的财产权利，刑事诉讼法对于公民的财产权保护更加粗糙，法律规定在侦查过程中需要扣押财物、文件的，应当经办案部门负责人批准，制作扣押决定书。可见，查封和扣押更是一种由侦查机关甚至是侦查人员决定的程序，司法实践中很多查封和扣押既没有事前的审查批准程序，也没有事后行为合法性的确认程序。技术侦查措施也是一项可能侵犯犯罪嫌疑人权利的侦查行为，2012年《刑事诉讼法》规定了公安机关和检察机关在实施侦查的时候可以采取技术侦查措施，技术侦查措施如果是公安机关实施的，则需要经过市一级公安机关批准，其履行的主要是下一级机关向上一级机关的证明程序。从本书之前对证明的定义来看，由下一级机关向上一级机关进行的系统内部性程序也属于证明程序，虽然比起向中立机关进行证明的程序相比，当事人权利保障的效力更弱，但毕竟还属于一种证明程序。

　　综上，大陆法系和英美法系侦查阶段典型的职权行为采取了由另一中立机关进行审查的模式，既有事前申请签发令状模式也有紧急情况下事后确定模式。证明程序既有由一方向另一方进行的单向性证明程序模式，也有由法官主持下由控辩双方充分准备后的诉讼辩论型证明模式。侦查机关需要通过收集的案件事实证据材料对采取职权行为的合法性和必要性向中立机关履行证明责任，对于中立机关关于职权行为的部分裁决诉讼当事人还可以提起诉讼。但是我国强制侦查行为几乎都是采取内部行政审批模式，侦查机关采取强制侦查行为不需要事前向其他机关审批，也不需要向其他机关履行证明责任，也就不存在本书所描述的他向性程序性事实证明模式。但是一些严重影响人身权利的行为，例如逮捕和技术侦查也采取了证明程序方式，公安机关在申请逮捕时需要向检察机关申请批准，也需要向检察机关履行他向性证明责任，而这种证明程序往往还不是由检察官主导控辩双方现场对抗辩论模式决定，更多的是警察向检察官进行单向性证明程序，但毕竟也是一种职权行使机关向其他机关进行证明的他向性证明程序。

第二节　职权违法争议型程序法事实证明程序

　　职权违法争议型程序法事实是指司法机关和诉讼当事人、诉讼参与人之间产生的就司法机关是否违反职权的争议，该类争议主要围绕司法机关是否依照法定行使职权，是否给当事人和诉讼参与人的权利实施了侵害，是否造成了程序法和实体法上的违法效果。职权违法争议内容繁杂，在诉讼开启阶段有关于立案是否违法的程序事实，侦查过程中是否有违反法定程序行为，起诉阶段是否有滥用起诉权的行为，审判阶段是否有违法审判的行为。各国对于司法机关的违法行使职权的行为都规定了相应的制裁和内部处理措施，对于职权违法程序事实也规定了相应的证明程序。

一　立案违法争议程序事实的证明程序

"立案在我国是一个独立、必经的诉讼阶段，是刑事诉讼开始的标志。"[①] 案件没有立案就意味着不能启动强制措施，也就无法正式进行侦查。立案以后，涉嫌犯罪的人被称为犯罪嫌疑人，具有刑事诉讼法规定的义务与权利，司法机关可以依据刑事诉讼法的规定对其进行刑事调查行为，采取刑事调查措施。立案以后根据刑事诉讼的进展情况，可以对犯罪嫌疑人的人身、财产采取各种调查措施，甚至可以采取对被告人进行羁押的措施，从而实现对犯罪嫌疑人的犯罪事实进行调查。立案是深刻影响犯罪嫌疑人权利的行为，如果立案不合法将会极大地影响涉案人的权利，甚至可能产生冤假错案。如果应该立案而不立案的，又可能会放纵犯罪嫌疑人，无法实现刑事法律的打击犯罪功能，从而减损甚至丧失法律应该产生的实际法律效力。但是司法实践中，该立案不立案，不该立案而立案的情况不少，甚至在某些地方还比较严重，这种现象的出现严重损害了法律的权威，损害了当事人和相关人的利益。根据我国刑事诉讼法规定，公安机关对大多数案件享有立案管辖权，但在司法实践中，公安机关在立案中存在着许多问题。首先是该立案而不立案从而损害被害人的利益，"部分律师也反映在接待的被害人案件中，有许多是由于公安机关不立案而向律师进行咨询，要求协助立案的，可见现实中公安机关刑事立案难已成为一个需要重视的社会问题。"[②] 公安机关立案数量在整个治安案件中仅仅占总数的五成左右，在一些电信诈骗、网络传销、盗窃案件中，涉及的是侵犯公民财产，一是这些案件多发，二是这些案件提供的线索有限需要公安机

---

① 陈光中主编：《刑事诉讼法》，北京大学出版社、高等教育出版社 2012 年版，第 251 页。
② 董邦武、马君子：《公安机关刑事立案问题及对策研究》，《中南民族大学学报》2016 年第 5 期。

关进行查找，公安机关往往由于自身利益和工作繁忙，对于这些侵犯财产案件往往给予更少关注，由于不及时立案导致对被害人利益的侵犯，从而引起立案争议。其次，公安机关利用立案权将不应当立案的进行立案侵犯"犯罪嫌疑人"权利。例如，公安机关违规插手经济纠纷案件，对于一些属于经济纠纷的案件采取诈骗案件立案，对纠纷一方采取刑事强制措施，甚至违规采取羁押措施。第三种情况是公安机关基于自身绩效考核，将一些案件先破后立，甚至是不破不立。根据我国《刑事诉讼法》的规定，立案是案件进行侦查程序的必经阶段，不立案就不能采取刑事强制措施。但是在司法实践中，公安机关往往采取先破案后立案的方式，采取不破不立的态度。这种情况往往是由于地方政府给公安机关制定的破案指标，为了避免立案以后无法破案导致破案率的降低，最终影响年终绩效考核。由于无法及时对案件进行立案，也就无法进一步形成对公安人员的破案压力，最终导致被害人利益未能有效保护。

对于公安机关的立案，被立案人、报案人认为不符合法律规定，对是否立案产生疑问，如何进行救济，我国法律有了一些具体规定。根据法律规定，我国刑事诉讼过程中产生的关于立案的争议，当事人主要有两条渠道进行救济。一是公安机关内部申请复议复核渠道，二是通过人民检察院进行监督要求公安机关说明理由从而决定是否需要立案。第一种程序救济方式是在公安机关内部进行的一种立案争议解决渠道，首先要求控告人对公安机关作出不立案有争议并申请公安机关复议，在复议维持之前决定时再请上一级机关复核，上级机关在查看下级机关提交的证据材料时根据法律作出是否立案的决定。这是一种内部上下级之间就某一法律问题履行的证明程序，根据文中对证明概念的叙述，证明是一种向他方就其主张提出事实和主张的活动，下级机关就其不予立案的决定向上一级公安机关进行证明，就其与控告人的争议请求上级公安机关进行裁决的活动，可以认定为一种证明程序。这种证明程序的发动是由于控告人不服下级公安机关对案件的不予立案决定，通过申请上一级机关进行复核而引发的证明程序。但是这种证明程序是一种上级机关对案件事实的重查活动，更多的是上级机关查看下级机关提交案卷材料形成的内心确信，具有职权行为性质，其适用的法律效果受到质疑。但从证明的概念上讲，依然是一种证明程序。这种证明程序并没有当事人双方在场，也没有口头辩论的形式，所有的证明发生在案卷之中，证明采取的是书面证明形式，控告人并没有任何机会参与，除了申请复核权利之外，没有任何能够影响复核结果的其他权利行为。在这种证明程序中，只有控告人不服才能申请复核，对于已经立案的犯罪嫌疑人，如果对立案有异议，认为自己的行为不构成犯罪，不需要立案的，则不能申请公安机关复议或者复核，不产生任何公安机关对自己的行为进行证明的程序。

　　人民检察院对公安机关侦查立案情况进行监督，形成了比立案监督更为中立性的证明程序。人民检察院对公安机关立案监督引发的情况主要有两种，一种是诉讼当事人向检察机关反映，认为公安机关在立案过程中并未依法立案，要求检察院对其案件进行监督，从而引发立案证明。第二种是检察院主动履行监督职责，通过各种途径发现公安机关违法违规立案的线索，从而要求履行证明程序，证明其主张是否成立。除了以上两种情况以外，也还有上级检察机关交办、各下级检察机关的报告、各检察机关内部其他职能部门转交和通过媒体发现等案件，从而要求侦查机关对其立案与否进行证明。"立案权的不当行使，当立不立，容易放纵犯罪，不当立而立，又容易产生冤假错案、侵犯人权。"① 由此可见，立案争议产生既有控告人不服的情况，也有被害人认为公安机关应当立案而不立案的情况。合乎法律的立案是发动刑事诉讼程序并进行准确打击犯罪的前提，但是不正确的立案将对涉案人带来重大的财产和精神损害，也将损害司法公信力。我国法律所规定的两种解决立案争议的程序，即是侦查机关向他方证明自己立案或者不立案的理由程序。第一种是公安机关内部复核程序，在这种程序中，公安机关将案件主要事实陈述，并由上一级侦查机关进行复核，这种程序更多具有职权主义的色彩，是上一级机关对下级机关在立案职权行使过程中进行的监督，但是包含了下级机关向上一级机关证明自己职权行为的合理性。第二种是检察院机关根据被害人主动发动的监督程序，要求侦查机关对其立案或者不立案的理由正当性进行证明。虽然我国法律规定了公安机关需要向检察机关说明是否立案的义务，但是这种说明并没有举报人或者被害人参与，这是一种一方向他方的证明方式，并不是三方参与的证明模式。还有学者主张进一步扩大检察机关对立案的监督权，进一步细化和落实对立案的监督调查和核实权。② 也有学者认为不仅

---

① 李斌：《立案监督困境之破解》，《国家检察官学院学报》2010 年第 4 期。
② 薛正俭：《再论刑事立案法律监督之完善》，《政法学刊》2014 年第 1 期。

仅要赋予检察机关调查权和质询权，也要赋予检察机关以知情权，"具体包括受案、立案、破案和立案后的处理等各个环节的情况，如建立检察机关与侦查机关共享的信息平台、实行立案情况的备案审查制度以及赋予检察机关以调阅权等。"① 笔者认为采取这种模式更多地还是取决于我国侦检关系的设定，在现有侦检关系的结构下，对于一些反映强烈的案件，检察院拥有调查权和对证据的核实权，对于实现司法正义确实具有积极意义，但是这种模式将更可能模糊检察机关和公安机关的职能分工，在现有分工负责、互相配合、互相制约的司法职能关系中有可能造成公检关系的更多摩擦，对其立案争议解决设置更为中立性的证明程序更为妥当。

二 取证合法争议程序事实证明程序

取证合法性争议是关于司法机关侦查取证过程中是否合法而形成的争议，当事人往往通过申请排除非法证据来维护其合法权益。非法证据排除规则内容既有关于如何界定非法证据、非法证据范围大小、非法证据存在着哪些例外规定等具体内涵。同时更是包括如何启动非法证据调查，如何进行非法证据排除的操作程序等等。不同的国家由于其诉讼模式、庭审方式不同，对非法证据排除程序的安排也不尽相同。

美国是典型的当事人启动非法证据排除的国家，也是非法证据排除制度较为成熟的国家，非法证据排除规则从最初制定到现在已经有上百年历史，非法证据排除事实的证明程序已经比较完善。由于美国是典型的当事人主义国家，申请非法证据排除启动的只有当事人，而且由于控方是证明被告方有罪的，是证据的提供者，控辩双方是一种竞技性模式，检察官并不负有证明无罪和罪轻的客观义务。因为法官必须是站在控诉方和辩护方的中间，只能根据法律进行中立性裁判，法官不能主动审查证据的合法性，申请法官排除证据是被告人一项重要的辩护权利，也是辩护方维护权利的一项重要手段。但是美国法律对申请排除证据的时间作了明确的规定，必须是在正式审判之前，如果案件已经进入陪审团审理，那么被告就丧失了该项权利。被告人提出排除非法证据的模式是以审前动议方式进行，审前动议是美国刑事诉讼审前程序中的重要机制，在正式庭审之前的庭前准备阶段，被告人可以就证据的合法性向法院提出，请求法院对非法

---

① 季美君、单民：《论刑事立案监督的困境与出路》，《法学评论》2013年第2期。

证据请求作出特定裁决。① 由于美国有证据展示制度，控诉方和辩护人需要在庭审中使用的证据都已经通过展示制度告知对象，由于双方已经对对方在庭审中出示的证据有所了解，这就为被告人提出请求排除非法证据奠定了基础，也为单独的证据排除程序设置提供了条件。在排除控方非法证据的动议被辩方提出后，法庭设置了听证程序，对排除证据进行事实认定听审，听取双方的口头辩论，以决定采纳还是排除证据。对于非法证据排除的听审，属于法律适用问题，只能由职业法官参加，陪审团成员不得参与。由法官主持的听审，控方和辩护方一起参加，由辩护一方作为原告，控诉一方作为被告展开听证。原告可以就证据的来源、形式等合法性提出质疑，申请法庭将这些相关证据排除于法庭之外。控诉方可以就这些证据的合法性进行论证辩驳，提出对自己有利的证据，促使法庭认可这些证据的合法性从而将证据提交陪审团审理。这种听证程序类似于法庭审理程序，只是由于提出的证据合法性只是案件事实的一部分，与整个庭审相比，听证程序显得更为简单而已。与庭审程序相比，听证程序中被告人的两项权利受到限制："首先，在审前程序中，被告方虽然享有质证对方证人进行交叉询问的权利，但是与庭审相比，这一权利的行使范围要小得多。其次，被告人以强制手段确保本方证人出庭作证的权利也会受到一定限制"②。由于证据的合法性毕竟是一项程序事实，虽然和案件最终的审理结果有直接关联关系，但是和整个案件事实的证明比较起来，证据合法性中的证明要求应该更低，所以对于强制证人出庭作证等应该弱于刑事庭审中的要求。所以，在证据排除程序中，存在较少的强制程序权，很多时候它要让位于各种政策的考虑。③ 对于职业法官经过听审作出的是否排除证据的决定，可以通过中间上诉的通道予以救济。根据《美国法典》第18 编第 3731 条和第 3742 条的规定，如果排除的证据可能实质性地导致控方无法起诉，联邦检察官可以对法院作出的排除决定提出上诉。如果法院作出不排除申请排除的证据，除少数州外，大多数州的被告人是不能提出中间上诉的，但是作为一种救济措施，如果不允许提起中间上诉，而陪

---

① Ellen Hochstedler Steury and Nancy Prahk, Criminal Court Process, West Publishing Co., 1996, p. 283.

② 高咏：《非法证据排除程序研究》，中国法制出版社 2014 年版，第 60—61 页。

③ Wayne R. LaFave and Jerold H. Israel, *Criminal Procedure*, second edition, West Publishing Co., 1992, p. 547.

审团依据申请排除的证据对被告裁决有罪，而被告在审前动议阶段和初审程序中提出了排除非法证据的请求，在一审判决后即可就排除非法证据再次提请上诉。

　　英国虽然和美国同属于当事人主义国家，但是在非法证据排除程序上还是有很大的差异。从传统上看，英国的证据排除启动必须是依据当事人申请进行，但是英国的法律改革逐渐引进职权主义国家因素。英国《1984 年警察与刑事证据法》禁止警察讯问时候采取压迫或者其他手段导致口供失真，则被告人的口供不得使用，除非检察官向法官履行证明责任，并证明到与定罪相一致的程度。① 即使如此，辩护律师认为排除证据的可能性较大，则会在审前程序中提出排除证据的申请，为了更好地保障庭审效率，英国设置了"答辩和指令听审程序"，依赖于该程序对证据排除程序事实予以证明，最终对是否排除证据作出裁决。"答辩和指令听审程序"是在 1995 年为了保证移送刑事法院的案件在审前作好充分准备，适用于严重诈骗外的所有案件的一种审前程序，可以由主持审判的法官之外的法官来负责。② 刑事庭审开始后，辩护方依然可以提出排除证据请求，之后案件进入单独的预先审核程序。预先审核程序是一种相对独立的聆讯程序，是在案件实体审理之中安插的程序，是解决实体争议之外程序争议的程序，所以被称为"审判中的审判"。由于这种程序是关于法律的适用问题，陪审团成员不得参与审理，所以会导致案件延迟甚至中断，从诉讼效率上看是很不恰当的，可以说是一种十分昂贵的审理。预先审核程序的启动只能针对被告人的庭前供述，由于听证采取言辞形式，只要法官通过书面审理和阅读律师提交意见无法判断的时候，才启动该种证明程序。从英国的立法和司法实践来看，对于非法证据排除的证明采取听证式程序，审前阶段是答辩和听证程序，开庭以后则是预先审核程序，两种证明程序都是由辩护方提出请求，由控方提出证据证明，最终由中立性的职业法官裁定。

　　俄罗斯刑事诉讼模式经历了传统大陆职权主义向混合式诉讼模式转变，非法证据排除吸收了英美法系的单独证明程序因素，同时也保留了庭

---

　　① 中国政法大学刑事法律研究中心组织编译：《英国刑事诉讼法》，中国政法大学出版社2001 年版，第 318—319 页。

　　② 宋英辉、孙长永、朴宗根等：《外国刑事诉讼法》，北京大学出版社 2011 年版，第38 页。

审过程中对证据继续审查的权力。《俄罗斯刑事诉讼法典》第九编第三十四章专门规定了庭前听证，并于第二百三十五条专条规定了排除非法证据的程序。① 根据上述条款的规定，刑事庭前听证是由法官独任不公开的审判庭进行，要求在庭审前通过控辩双方参加听审的方式裁决。根据被告人的申请，被告人可以不参加庭前听证。由于俄罗斯刑事诉讼法有着客观真实主义的追求传统，检察机关不仅是起诉机关，同时还是国家监督机关，检察机关也有排除非法证据的客观义务，所以提出证据排除的启动权不仅仅有被告人，还有检察机关。根据法律规定，申请排除的主体包括检察机关和被告人，被告人申请排除非法证据需要检察机关证明该证据是合法取得的，而控方提出非法证据的排除申请则需要检察机关提出证据证明非法取得的理由。在听证过程中，除了一方提出的证据和理由，法官还可以宣读侦查行为的笔录和刑事案卷中的其他证据，最后法官综合证据最终裁定是否排除证据。对于法官的裁定，如果被告人和控诉方一方不服，如何进行救济？俄罗斯并没有像英美法系一样规定可以上诉的形式，但是规定了在刑事案件进入正式审理的过程中，对之前已经做出裁判排除的证据进行再次审查的救济机会，即使在这个阶段，提出再次审查证据是否排除的申请依然属于控诉和辩护双方。

德国是典型的职权主义国家，侦查员、检察官和法官均负有法律公正实施的义务。司法机关和诉讼参与人在诉讼过程中都有一个共同目的，那就是案件的实体真相，只不过控诉方、辩护方、法官是从不同的角度追寻着事实真相。证据的真实性和合法性是证据本身应该具有的属性，也是在追寻客观真相中对证据的基本要求。检察官和法官从理论上看都负有证明证据合法性的客观性义务，所以在审查起诉阶段和审判阶段有权力和义务审查证据的合法性，有义务将非法证据排除于案件之外的义务。但是德国实体真实主义和客观义务理论也只是一种理论上的向往，实践中控辩双方具有不同的价值倾向与利益立足点。这样，申请证据排除就无疑应该赋予被告人作为一项对抗公权力的重要辩护手段，以及维护自身利益的一项重要诉讼制度。德国法律规定了一项独立的审前程序，称为中间程序，就是"由一独立的法官或者法官们组成的委员会，以不公开的审理方式，决定

---

① 黄道秀译：《俄罗斯联邦刑事诉讼法典》，中国政法大学出版社 2003 年版，第 178—179 页。

对案件再行侦查的合法性及必要性，并且尽量避免使得当事人受到不平等的审判程序"①。非法证据排除可以在中间程序中裁决，被告人可以提出证据排除的申请，对现有证据进行质疑，以此影响法官决定是否开启审判程序。但是，中间程序对证据的审查目的并不是为了使不合法的证据不进到审判程序，而是为了审查公诉的合法性和正当性，避免被告人受到不公正的审判。基于此目的，在中间程序提出的排除证据申请实际上很难起到排除证据的效力，证据往往会进入到刑事庭审阶段。在德国，职业法官既审查案件事实，又负责适用法律，没有陪审团参加，所以没有必要设置一个单独的证据合法性证明程序。在此阶段，当事人可以继续提出证据排除的申请，法官也往往将排除证据与是否构成犯罪一并审理，并没有对证据合法性的单独证明程序。

　　有些学者认为我国是超职权主义诉讼制度。当然，我国刑事诉讼经历了这些年不断改革发展，以建设中国特色的诉讼制度为指导，刑事诉讼制度不断适应社会发展的需要，不断吸收当事人主义诉讼模式特征。2012年颁布了新的《刑事诉讼法》，非法证据排除规则作为一项重要的司法改革成果走进了刑事诉讼法。我国在吸收英美法系非法证据排除规则合理内核的同时，对非法证据制度进行了具体的创新，现有我国非法证据排除有职权排除和当事人申请排除两种，职权排除的主体不仅仅包括审判阶段的法院，同时也包括侦查和审查起诉阶段的侦查机关和审查起诉机关，对侦查阶段和审查起诉期间发现的非法证据不能作为批准逮捕和提起公诉的依据。在审判阶段发现的证据取证非法的可以依据职权或者当事人申请启动证据合法性调查。我国法检公机关是一种相互配合相互制约关系，实践中司法机关的绩效考核制度能更为直接地影响司法机关在实践中的适用法律动力。从法理和立法上看，我国司法机关在实践中有排除非法证据的义务，但是从实践来看，侦查机关和审查起诉机关都是自我审查义务，实际上是在取证和使用证据时需要遵循的基本原则。从近几年的司法实践来看，非法证据的排除由侦控机关依据职权自我排除的效果更好，而起诉以后由当事人申请法院进行排除的情况效果不甚理想。但只有法院的排除才是审查他方提供的非法证据，是一种中立性排除义务。审判阶段启动非法证据排除可以分为两个阶段，第一是在庭前会议制度期间，第二是在正式

① ［德］克劳斯·罗科信：《刑事诉讼法》，吴丽琪译，法律出版社 2003 年版，第 377 页。

庭审期间，根据最高人民法院适用刑事诉讼法的司法解释，庭审期间发现线索或者材料的可以在庭审期间申请证据排除。我国当事人提出排除证据申请并不必然产生证据非法的证明程序，需要法院根据当事人提出的理由再决定是否启动非法证据排除的程序，所以在启动非法证据排除证明程序之前还有法院职权审查程序，待法院决定启动非法证据排除程序的，就在庭前会议进行证明。当事人在庭前提出排除非法证据的申请后，法院一般将当事人的申请连同当事人提出的相关线索和证据提交给检察院，由检察院具体说明情况，如果还有疑问决定召开庭前会议。庭前会议期间，检察机关需要对证据的合法性提供证据进行证明，可以由侦查人员出庭作证，提供录音录像、身体检查记录等对合法性进行证明，同时辩护一方可以提出证据证明控方证据的非法性。庭前会议期间采取的是一种听证式、控辩双方参与、举证责任由检察院承担的证明程序。但是由于我国是典型的职权主义国家，虽然当事人具有调查取证权利，在庭前会议中很难排除证据，对于庭前会议的决定当事人没有其他救济路径，只能在庭审中继续申请排除非法证据。如果在庭审过程中当事人继续申请启动非法证据排除，或者法院认为需要启动非法证据排除的，法院可以启动单独的证据合法性调查程序。单独性调查程序实际上是证据合法性的证明程序，是一种听证式控辩双方参与的证明程序，主要是控方举证，包括宣读讯问笔录，播放录音录像，提请侦查人员说明情况，提请其他人员出庭作证等方式对证据的合法性证明程序，最后由法官进行裁定证据是否能够采用。这是一种典型的审中审的模式，所以我国当事人申请证明排除的证明程序有两个，一是庭前会议程序，另一个是在庭审中的审中审程序，两个程序都是控辩双方参与，法官居中裁决程序，是典型的涉及利益方参与的法官中立性裁决证明程序。

三　公诉权滥用争议事实证明程序

"公诉权是检察机关或者检察官的最基本权力，也是最重要的一项权力。"[1] 公诉权合法行使是检察机关打击犯罪保护公民权益的一把利剑，但是公诉权的不当行使也可能侵犯公民的基本权利。公诉权的形成是诉讼法治化发展的体现，也是对侦查权和审判权有效行使的监督。同时，公诉

---

① 邓思清：《检察权研究》，北京大学出版社 2007 年版，第 224 页。

权是与侦查权和审判权分离的结果，公诉权与侦查权的分离实际上是对警察侦查权滥用的防范。关于公诉权的性质与范围，日本公诉权有抽象公诉权、具体公诉权、实体判决请求权三种观点。① 德国检察官公诉权主要体现为决定公诉与否的权力、公诉后变更刑事诉讼请求的权力、与被告进行辩诉交易的权力、对法院的判决进行上诉的权力。德国检察官对于侦查终结的案件，有义务提起公诉或者终结诉讼程序，终结诉讼程序的原因主要有基于诉讼程序的原因、基于实体法上不构成犯罪的原因、基于诉讼便宜主义而决定不予起诉的原因。美国检察官享有较为充分的公诉权，即对于绝大部分案件享有的上诉权力，对于所有案件与被告人进行审判前辩诉交易的权力，出庭支持控诉的权力，在判决前对被告人量刑提出的量刑建议权力。

"我国公诉权应该包括起诉权、支持公诉权、起诉变更权、不起诉权、辩诉交易权、量刑建议权等权力。"② 起诉权是检察院最为基础也最为核心的权力，是将案件交付法院审判的一种诉讼活动。支持公诉权是指案件移送起诉后，检察机关根据案件需要派出合适检察官根据事实和法律出庭支持公诉主张，要求法院对案件进行裁判的活动。起诉变更权是在起诉后，根据庭审情况变化的需要，公诉人员享有的变更其诉讼主张，具体体现为变更罪名的权力。不起诉权是案件侦查结束后，根据侦查卷宗审查获知情况，并在会见被告人之后，对案件做出的不移送起诉的决定，我国不起诉主要有绝对不起诉、存疑不起诉、相对不起诉三种。我国法律没有明确规定辩诉交易权，不论是在立法层面还是司法层面，尽可能避免辩诉交易的字眼。但是在法律条文中确实隐含有辩诉交易的精神，司法实践中也确实有辩诉交易的行为存在。例如我国司法改革中推行的认罪认罚从宽制度，在审查起诉阶段，如果被告人能够承认自己的犯罪行为，则可以在法律规定的范围从宽处罚的制度，就是一种中国式的辩诉交易制度。量刑建议权是检察官提起公诉，根据事实、情节和罪后表现，对被告人的量刑向法院提出自己建议的权力。根据我国现行公检法三机关关系和检察机关在整个诉讼过程中的地位看，检察院的诉讼过程中提出的量刑建议依然具有相当重要的影响力。我国《刑事诉讼法》第二百〇一条规定，人民检

① 孙长永：《日本刑事诉讼法导论》，重庆大学出版社 1993 年版，第 201—202 页。
② 邓思清：《检察权研究》，北京大学出版社 2007 年版，第 257—348 页。

察院可以向人民法院提出量刑建议。根据我国《刑事诉讼法》第二百二十八条，我国检察机关除了上述相应权力以外，对人民法院的判决还具有提起抗诉的权力。

有权力就会滥用，这是一个反复被证明的真理。在我国，公诉权由具有"监督官"身份的检察机关行使，即使如此，检察机关在公诉权的行使中滥用渎职现象不在少数。公诉权滥用不是我国特有现象，世界各国刑事诉讼实践中都存在着公诉权滥用的现象。根据违反实体法滥用公诉权的情形主要有三类，第一类是指无刑罚权的起诉；第二类是超越法定范围的不起诉；第三类是指不符合公诉证据标准的起诉。[①] 刑罚权是指检察机关请求法院对被告人进行刑事处罚的前提，正确运用与行使刑罚权是实现刑法的目的。但是在一些案件中，例如自诉案件要求必须是被害人亲自到法院起诉，否则检察院没有公诉权，如果检察院越俎代庖，基于某种理由将自诉案件作为公诉案件来处理，即是一种没有刑罚权的滥用公诉权行为。其次，虽然一些案件构成犯罪，但是已经过了法定追诉期间，国家丧失了对该类案件的刑罚权，但是检察机关依然对这些案件提起公诉，即是滥用刑罚权的行为。超越起诉范围的不起诉，对应当起诉的案件却违背法律规定与精神作出不起诉处理，都是滥用公诉权的体现。案件符合起诉条件但是根据社会公共利益的要求将起诉权交由检察官裁量的是起诉裁量主义，在我国刑事起诉制度中体现为相对不起诉和附条件不起诉。相对不起诉针对的是不需要判处刑罚和免除刑罚的情形，而附条件不起诉针对的是未成年人轻微犯罪。如果检察机关对于一些重罪案件作出了不起诉决定，对于一些未成年人犯罪案件不应该作出附条件不起诉决定而作出了不起诉决定，对于未成年人犯罪案件应该作出相对不起诉的，却作出了附条件不起诉，都属于违反实体法滥用公诉权的行为。第三类不起诉主要是对没有达到起诉证据标准的案件进行了起诉，我国起诉的标准和法院定罪的标准是相同的，但是在司法实践中，由于业绩考评和单位利益追求等不同因素，一些案件事实不清证据不足勉强起诉，甚至在法院退回之后未能补足证据的情况下，依然提起公诉，就是一种未能达到公诉证据标准而滥用公诉权的行为。

违反程序法滥用起诉权的行为和一个国家程序法发达程度有关，两大

① 谢小剑：《公诉权滥用形态的发展》，《中国刑事法杂志》2009年第11期。

法系为了防止公诉权滥用规定了一事不再理或者禁止双重危险原则，而违反一事不再理或者禁止双重危险规定对案件重复起诉的行为就是滥用公诉权的行为。重复起诉主要有作出不起诉决定、撤回起诉以及作出生效裁判后针对同一行为又提起刑事诉讼的行为。我国《刑事诉讼法》规定依然是侧重于打击犯罪，对于公诉方在法定时间内进行的诉讼行为瑕疵甚至是不合法的，依然保留有较大的宽容度。《刑事诉讼法》第二百零四条赋予检察人员对于已经起诉的案件申请退回侦查和延期审理的权力，虽然法院已经审理案件，只要没有宣告判决，人民检察院依然可以撤回起诉，人民检察院对于申请退回侦查的案件依然可以提起公诉。除此以外，司法诚信既体现在侦查程序中，也体现在起诉程序中。侦查程序中一些违反司法诚信的诱惑侦查行为，从诚信理论上看应该是不允许起诉的，特别是一些引诱犯罪意图的诱惑侦查行为。我国为了打击犯罪的需要，对于诱惑侦查并没有采取明确禁止的原则，甚至对于一些在实践中出现的犯罪意图引诱都未能明令禁止，而是采取了从轻处罚的处理。从立法上看，我国法律对于公诉权规制的法律条文十分粗疏，甚至一些规定违反国际上比较普遍的共识性条款，这就造成我国刑事诉讼中的被告权利容易被侵犯。

　　除了以上两种违反实体法和程序法滥用公诉权的行为外，实践中滥用公诉权行为就是检察官的职权违法行为，这种职权违法行为有可能是为了某一方面的私人利益，也可能是迫于某种压力，从而利用职权对某一案件当事人进行打击，这种滥用诉权的行为就是报复性起诉。报复性起诉违反了公诉正当性原理，检察官利用掌握国家机器的便利性，通过起诉的手段来实现自己的某一方面的利益。从现有发生的报复性起诉案件来看，主要包括以下几种类型，一是对举报人的报复性起诉；二是对舆论监督者的报复性起诉；三是对辩护律师的报复性起诉；四是因民事纠纷引起的报复性起诉。[①] 对举报人的报复性起诉针对的是举报者，被举报者往往是手握权力的在位领导，采取的罪名主要是诽谤、诬告陷害等等。对舆论监督者的报复性起诉有时针对记者，这些年来出现多起针对记者报道而动用司法权力从而构成滥用公诉权的事例。例如辽宁西丰女商人赵俊萍因拆迁补偿一事与政府发生纠纷，用短信的方式讽刺县委书记张志国。后来《法人》杂志社予以报道，当地检察院以涉嫌诽谤罪名进京抓捕报道该事件的记者

---

① 谢小剑：《刑事诉讼中的报复性起诉》，《环球法律评论》2008 年第 6 期。

朱文娜。① 对于辩护律师的报复性起诉也比较常见，根据我国《刑法》第三百零六条的规定，如果辩护律师涉嫌在刑事辩护期间引诱犯罪嫌疑人改变供词，引诱证人作伪证，可以追究其刑事责任。往往司法机关利用这一条款对付那些令其头痛的律师，滥用起诉权违法起诉辩护律师。除此之外，检察机关还可能利用起诉权插手一些民事纠纷，对于一般的民事借贷纠纷认定为诈骗，并最终违法起诉诉讼当事人，从而构成滥用公诉权的行为。

可见，检察机关滥用公诉权是各国刑事诉讼实践中实际存在的一种现象。对于检察机关在起诉过程中的裁量行为，各国都规定了一些制约措施。德国是起诉法定主义国家，但是从 20 世纪 60 年代开始，司法实践中已经不再遵循严格的起诉法定主义，而是采取了一种更为务实的起诉便宜主义模式。对于起诉过程中的检察官自由裁量权，采取了一些制约措施，对于不起诉和起诉行为都规定了一些需要履行的证明程序。对于检察机关行使公诉权，德国刑事诉讼法设置了两条救济渠道。一条是通过中间程序裁判案件继续审理的合法性。中间程序开始于检察官提出公诉，需要向中间程序法官提出所有证据和案卷材料，以此向法官证明发动诉讼是正确的。中间程序过程中允许检察官继续调查证据，以证明其提起诉讼的合法性。如果中间程序否决了检察官提起的诉讼请求，检察官可以向上一级法院提出异议，要求对异议进行审查。由此可以知道，中间程序是检察院向法院证明其诉讼主张正确的路径，也是检察官向法院证明案件继续审理必要性的一项程序。第二条是当事人向检察机关提出是否起诉的异议程序，被害人对于检察机关做出不起诉决定可以请求其上级检察院进行审核，以裁定其作出不予起诉决定的合法性，如果维持下级检察机关决定，被害人还可以向法院直接起诉，以此达到对公诉权滥用的制约。

日本是奉行起诉裁量主义的典型国家，检察官对是否起诉的裁量权很大。告诉人和被害人如果认为检察官起诉决定不合理，如何维护自己的权利？日本在解决起诉争议问题上运用了检察审查会审议制度。检察审查会是日本在刑事诉讼改革过程中推出的一项新制度，"检察审查会成员有 11人，由检察长、法官、律师、法学教授等组成"②。告诉人、告发人和被

---

① 梁洪霞：《冷眼看辽宁西丰拘传记者案》，《西南政法大学学报》2008 年第 6 期。

② 王景龙：《公诉权滥用及其控制模式》，《西安财经学院学报》2009 年第 11 期。

害人如果对检察院作出的是否起诉的决定不服，可以向该检察审查会提出重新核查决定的合法性，由此，检察官必须向审查会证明为何作出是否起诉的决定。检察官应当向检察审查会移送所有支持其不予起诉的证据，由检察审查会的人员对起诉必要性进行审查，如果检察审查会综合证据认为需要对案件提起诉讼，则检察官必须在接到通知后对案件进行起诉，同时还可以根据检察审查会的要求对案件进行进一步的调查。第二种不起诉异议证明程序是准起诉程序。准起诉程序是日本一项独特的程序，也是一种中间程序。准起诉程序针对的是一些职权犯罪情况，如果告诉人不服检察官针对职权犯罪作出不起诉决定，有权利申请法院对该案件审判。检察院接到告诉人或者告发人请求时，应当重新审查卷宗是否需要移送起诉，如果重新审查认为起诉有理由则提起诉讼。如果重新审查后认为起诉没有理由，则可以将案卷移送至法院，由法院裁定是否需要起诉。法院审查后认为应当起诉，则将案件视为起诉至法院，已经提起公诉。如果认为不符合起诉条件，告发人不得再次提出交付审判的申请。

英国的起诉合法性审查程序是预审程序，英国刑事诉讼程序根据犯罪严重性质分为两类，一是较严重的犯罪依起诉程序审理，另一类较轻的犯罪根据简易程序审理。根据法律规定，如果依据起诉程序处理的案件需要经过预审这一证明程序。预审程序的功能作为是否将案件交付审判的一种裁决程序，在预审阶段，目的是"考虑确定是否可以推定被告人有罪"[1]，也就是案件继续必要性的一种过滤程序，通过法官中立性的审查程序，决定对犯罪嫌疑人提起公诉，从而解决检察官和犯罪嫌疑人、被害人之间关于是否提起公诉的争议。

我国法律并没有规定犯罪嫌疑人或者被告人提起公诉的异议权，但是规定了被不起诉人对不予起诉的异议权。被不起诉人可以对法院的不起诉裁决提出复议请求，但是没有更进一步的救济渠道。自行复议不是一种他向性证明程序。对于起诉的决定，被告人没有任何异议权，也没有其他救济渠道。当检察机关滥用公诉权对于不应该起诉案件提起诉讼，检察机关利用职权打击报复媒体记者、举报人、律师，由于被起诉人没有任何法律的异议方式，更缺乏法律的救济渠道，只能通过在法庭上的无罪辩护来实现权利的维护。但是之前违法立案、违法侦查、违法起诉导致的一系列权

---

①　宋伟、郝银钟：《论检察权的滥用及其法治》，《法学》1999 年第 9 期。

利损失，由于缺乏检察机关就其起诉争议向第三方证明程序，被追诉人的合法权利难以维护。

被害人是犯罪行为的直接侵害者，对于犯罪嫌疑人追诉有最强烈的欲望，被害人对公诉机关作出不予起诉时，理应有一定的异议表达权利。刑事诉讼法规定我国被害人对检察院做出的不对犯罪嫌疑人起诉的决定有两种救济途径，一是请求上一级检察院对下级检察院的不起诉裁定进行复核，另一种就是直接行使起诉权，直接向人民法院对犯罪嫌疑人提起诉讼。上一级人民检察院启动审查程序时，下一级人民检察院承担，证明的方式主要是移送侦查案卷，而被害人提起诉讼的情况下，检察院有责任移送所有案卷帮助被害人向法院证明被告人有罪。对于不起诉的决定，不仅仅被害人，履行侦查职权的公安机关也可以提出异议，根据法律规定，公安机关提出不起诉异议主要方式也是要求检察机关复议，在复议后依然不采纳的可以要求上一级检察院进行审查复核。上级检察机关对于公安机关提起不予起诉要求的复核，下级检察机关应该提供所有证据材料和案卷，对其作出不予起诉的决定予以证明。

由此可见，我国刑事诉讼法对检察机关公诉权行使采取的主要是内部控制模式，即通过检察机关的上一级机关对下一级机关的不起诉合法性进行监督性复核审查，这是一种要求下级检察机关向上一级检察机关证明其决定合法性的证明程序，但是这种程序是一种文件的传输式审查形式，证明程序中没有辩护律师、被不起诉人参与，也不是中立性机关的审查和控制模式，而是检察机关内部的控制审查模式，但依然是一机关向其他机关进行证明的程序。由于被起诉人维护权利方式有限，没有合理的起诉滥用权控制审查模式，检察机关也不需要履行任何证明程序，一切只能在法院争取无罪判决。但是，由于"审判机关对检察机关的起诉认同感比较强，质疑和否定能力比较弱"[1]，案件已经起诉，审判机关作出无罪判决的压力加大，导致实践中一些证据上有疑问、在诉讼目的上有异议的案件，最终被确定为有罪，从而侵犯被追诉人利益。

四 审判违法争议程序事实证明程序

审判是刑事诉讼整个过程的中心环节，也是辩护方最为活跃的阶段。

---

[1] 龙宗智：《检察官客观义务论》，法律出版社 2014 年版，第 212 页。

审判中立一直是现代刑事诉讼的基本原则，司法至上和诉辩平等是刑事庭审的结构原则①。为了实现审判作为整个诉讼的中心环节，辩护方具有调查取证权、会见权、通信权等一系列保障辩护权实现的实际性权利。在审判阶段，法官享有一系列诉讼权力，主要体现在庭审前决定是否召开庭前会议的权力、解决管辖异议和回避的权力、在庭审中法官有诉讼指挥权、事实查证权和实体判决权。诉讼指挥权主要有在庭审过程中引导庭审的权力、维护庭审法律规则运行的权力、对双方诉讼许可的权力和维护庭审秩序的权力。事实查证权是指法官运用法律对于事实进行调查质证核实的权力。事实查证权有积极调查权和消极调查权，消极调查权是指以控辩双方积极举证为前提，诉讼各方在诉讼规则和庭审规则要求下，提出诉讼请求并对自己的诉讼请求进行证明，法官消极听取各方事实并逐步形成心证，即法官的消极查证权。法官不仅仅具有消极查证权，同时也具有积极查证权，但是法官并不具有证明事实真相的义务。积极查证权是指基于服从客观事实真相的目的，对控辩双方提出的某一事实或理由有疑问，需要主动积极地进行调查质证的权力，一般来说法官调查质证是一项最后的也是不可或缺的查证手段。实体判决权是一项基于实体法事实终结诉讼程序的活动，也是法院享有的最具权威性的权力。

审判机关虽然具有中立性特点，肩负着社会普遍性期待的公正司法要求，但是和其他所有机关一样，法院依然可能滥用权力，甚至可能成为冤假错案的最终制造者。审判过程中可能由于法官违反法律规定，违反程序正义，和诉讼的辩护方、被害人、控诉方产生审判争议。由于法院在诉讼过程中的不规范行为，对实体正义和程序正义产生较大的危害有：拖延诉讼侵犯被告人及时审判的权利；违反法律规定侵犯被告人公开审判权；违反辩护制度剥夺被告人庭审辩护权利；违反法律滥用强制措施侵犯被告人人身自由权利等等。这些行为是法院在履行职责过程中没有遵从法律本身的要求，未按照刑事诉讼法要求而产生的程序瑕疵甚至是职权违法行为。世界各国对刑事审判违法异议都规定了一定的救济程序。日本对于一审违法行为规定了控诉制度，"控诉是诉讼当事人就第一审判决向高等法院提出的不服申请"②。控诉理由十分广泛，可以分为对事实的认定出现错误、

---

① 龙宗智：《刑事庭审制度研究》，中国政法大学出版社 2001 年版，第 39—40 页。
② 彭勃：《日本刑事诉讼法通论》，中国政法大学出版社 2002 年版，第 376 页。

适用法律错误、量刑不符合案情，判决以后出现法律调整导致判决不正义，还有一类最为重要的就是诉讼过程中有违法程序，这种违反诉讼程序的理由主要有：参与审理的人员组成违反法律，案件不属于受理法院管辖范围，违反了起诉请求范围违法审判等等。对以诉讼程序违法为由提出的上诉，控诉审法院应该组成合议庭，对案件进行开庭审理。"控诉申请人根据控诉理由书陈述；对方当事人对控诉进行答辩。"① 法官在根据双方提出的事实理由进行调查的基础上，对是否涉及诉讼程序违法进行裁决。法院经过审理，控诉理由成立则支持当事人主张撤销原判决，如果控诉理由不足则驳回控诉。

德国是上诉制度比较发达的国家，其上诉制度包括了第二审上诉制度和第三审上诉制度。第二审上诉制度是指针对事实的上诉制度，第三审上诉不解决事实问题而是解决法律问题。第二审上诉是不服区法院判决向地区法院提起的上诉，第三审上诉是向州或者联邦法院上诉进行救济的方法。第三审上诉以判决违反了程序法规定提出的上诉有绝对的上诉理由和相对的上诉理由，绝对的上诉理由包括法庭组成人员不合法、违反了回避制度、对没有管辖权的案件行使了管辖权、审判过程中违反了审判公开原则、庭审过程中未能充分保障被告人辩护权的行使、判决没有说明理由等等。对于这些绝对的上诉理由事项，一旦上诉，上诉法院应当组成合议庭进行审理。第三审上诉程序也分为程序审理和实质审理两个阶段，在程序审理阶段，如果认为本院没有管辖权即立即驳回上诉，如果认为被告人上诉理由成立，可以直接裁定撤销原判。对于以程序违法提出的上诉，如果根据卷宗证据和审判记录无法确定的，可以进行证据调查。

第三审上诉无权对事实问题进行审理，如果发现案件错误是因为事实问题则应当发回有管辖权法院重新审理。但是下级法院应该接受上级法院对法律问题的解释。德国还规定了抗告制度，针对法院审理过程中形成的一些决定和裁定，可以基于事实或者法律上的不服从而提出救济的方法。主要有根据法律规定作出的附条件终止诉讼决定，对被告人调取证据的申请驳回，初审法院在判决形成之前作出的一些决定。对于附条件终止诉讼决定和其他程序性裁定提出抗告的，由联邦法院、州高等法院、地区法院

---

① 孙长永：《探索正当程序——比较刑事诉讼法专论》，中国法制出版社 2005 年版，第584 页。

进行管辖。

法国对于违法审判行为采取了类似于德国的上诉救济制度来处理，法国有预审制度，预审法官制度是法国司法中的一项重要特色制度。预审法官不仅仅有司法裁判权，对预审法官作出的一些程序性裁定，检察长、被审查人和民事当事人都可以提出上诉。这些裁定主要是要求民事原告人参与预审的裁定，决定羁押或者不予延长羁押的裁定，关于预审管辖权的决定等等。民事诉讼当事人对于审判过程中的一些争议也可以提出上诉，这些争议主要有民事当事人能够参加诉讼的裁定、经过预审最终作出不予起诉的裁定、拒绝进行特定预审行为的裁定等等。审理程序实行书面审理和言词辩论相结合的方式，上诉法院可以撤销或者变更预审法院的裁定。与其他国家不同，法国对于违反程序法规定可以向最高法院进行上诉。这些程序性理由主要有：作出判决的法院组成不符合规定以及缺乏公开性；作出判决的法院对案件没有管辖权或者越权等等。① 最高法院可以采取撤销原判发回重审或者撤销原判不发回重审形式对违反程序法的行为进行监督。

对于一些程序性瑕疵不会直接影响司法公正的行为，我国刑事诉讼并没有设置相应的救济程序。对法院审判过程中违法侵犯当事人权利、危害审判公正的行为，没有规定相应的异议程序，由中立的其他机关进行裁判的程序证明机制。但是对严重的程序性违法行为，我国立法规定了发回重新审判的制裁措施。我国立法规定了审判组织不合法、违反回避制度、违反公开审判、剥夺当事人法定诉讼权利可能影响公正审判的行为等，二审法院应当发回重新审判，但是发回重审是重新对实体问题的审理，而不是针对审判违法程序事实进行裁判。从立法和司法实践来看，我国发回重审制度并没有成为一种当事人权利的独立性救济程序，也没有成为要求原审机构履行证明责任的证明程序，而往往成为上级法院规避审判风险的脱手条款。

对于审判程序违法行为，有学者将其分为积极程序违法行为和消极程序违法行为两类。"积极程序违法行为是指一审法院通过积极作为的方式，违反了法定诉讼程序，破坏了公正审判的基本准则；二是消极程序违

① ［法］贝尔纳·布洛克：《法国刑事诉讼法》，罗结珍译，中国政法大学出版社 2009 年版，第 540—541 页。

法行为，也就是一审法院对于应当纠正的程序违法行为采取了不闻不问、置之不理的态度，或者在没有正当理由的情况下拒绝了当事人的司法救济申请。"① 现有法律规定要求发回重审的情形是积极性违反程序法规定的行为，而消极性违反程序法涉嫌审判违法的行为也很普遍，例如被告人要求通知证人出庭作证未予允许，被告人要求举行庭前会议未能允许等，出现上述情形诉讼中的被告人没有相应的程序性救济方式。违反程序发回重审是对被告人权利救济的方式，发回重审要求原审人民法院重新组成合议庭进行审判，实际上宣告了原来审理的结果无效，但是发回重审的发生不一定是被告人、被害人和检察机关对程序裁判的不满意，相反可能是由于对判决结果的不满意而上诉，二审在核查时发现违反程序从而发回重审。正因如此，由于被告人没有发回重审的选择权，"发回重审常常不但不会给被告人带来实际的好处，反而给被告人带来许多不利后果"②。有学者认为，我国二审制度设计在实践中产生了各种弊端，"发回重审在司法实践中已经异化为惩罚犯罪的一种方式"③。所以，为充分保障被告人利益，"对于违反程序法行为导致要发回重审的案件，应当要征求被告人意见"④，同时发回重审也是需要以维护被告人利益为目的。在审判程序中，由于法院行使审判权产生的争议，我国法律没有规定其他的异议程序和证明机制，也没有任何其他的救济程序。对于一些严重的审判违法行为，甚至是可能影响审判公正危及司法正义的行为，被告人也无法提出异议，只能寄希望于检察院的审判监督和法院内部的一些评价机制、纠错机制和处分机制来实现。

　　综上，我国对于审判过程中产生的一些程序性争议，并没有设置相应的程序性救济机制，涉嫌违法的审判机关不需要向其上级机关或者其他机关履行证明责任，证明其审判行为的合法性。对于一审过程发生的审判违法行为，只能寄希望于二审和实体事实一并审理。

---

① 陈瑞华：《对违法审判行为的程序性制裁》，《兰州大学学报》2017年第1期。

② 杨杰辉：《基于程序违法的发回重审研究》，《中国刑事法杂志》2013年第7期。

③ 王超：《刑事二审发回重审制度的功能异化：从救济到惩罚》，《政治与法律》2011年第11期。

④ 袁锦凡：《我国刑事程序违法发回重审制度研究——反思与重建》，《现代法学》2015年第3期。

第三节　权利主张型程序法事实证明程序

权利主张型程序法事实是指在刑事诉讼过程中产生的由诉讼当事人和诉讼参与人提出的程序主张事实，是用来证明诉讼当事人和诉讼参与人维护其程序性权利的事实。权利主张型程序法事实主要有证明管辖权异议、司法人员应当回避、延长或者重新计算诉讼期限、启动再审程序等事实，权利主张型程序法事实的产生主要取决于程序性权利的发达程度，程序性权利的发达程度决定于一个国家刑事诉讼民主程度、诉讼构造、诉讼模式等等。权利主张型程序法事实主要是用来证明程序权利主张，而证明必须要有一定的证明程序作为载体，只有具有证明程序载体的程序性证明才有运行空间，本节主要探讨以管辖、回避等主要程序性权利为内容的证明程序。

一　管辖权主张程序事实证明程序

管辖异议被认为是诉讼当事人一项重要诉讼权利，也是诉讼当事人主动提出维护自己权益的一种程序手段，管辖异议权在两大法系都由法律予以明确规定。英美法系将管辖权异议看成是事关被告人公平审判权的一项重要内容，被告人在答辩过程中可以提出管辖权异议。美国宪法第六修正案规定了被追诉人由犯罪地的州和地区法院进行审判的权利，如果被告能够提出事实证明由犯罪地审判可能影响公正，则可以移送其他地方进行审判。证明可能影响公正审判的可能性主要有如下事实：陪审团过于关注案件可能导致偏见；被害人或者被告人地位特殊；被告人涉及的犯罪性质特殊。美国管辖权异议主要是通过审前动议形式予以实现的，"审前动议是控方或辩方要求法院对适用某项程序规则或者证据规则作出指令的请求"[①]。对于审前动议，法院应该对其进行裁定，如果法院不支持其申请动议请求，可以提起程序性上诉。大陆法系对于管辖异议也作了具体性规定，德国《刑事诉讼法》第六条 a 款仅允许法院根据

[①]　宋英辉、孙长永、朴宗根等：《外国刑事诉讼法》，北京大学出版社 2011 年版，第 79 页。

被告人异议而审查自身是否有权管辖该案件，俄罗斯《刑事诉讼法》规定只有在法院所有人都被申请回避的情况下才可以提出管辖权异议。法国《刑事诉讼法》规定当事人提出"无管辖抗辩"权利的时间为诉讼的任何阶段，法院经过审查认为自己没有管辖权时可以宣布自己无管辖权。《俄罗斯刑事诉讼法》规定刑事案件地域管辖的变更是通过上级法院庭前听证程序进行解决。在日本，对于由被告人提出的变更申请应该在听取对方当事人或者辩护人意见后作出裁定。《法国刑事诉讼法》规定被告人对于管辖异议裁定不服的，可以向上诉法院预审法庭提出上诉。由此可以看出，管辖异议是诉讼当事人的一项基本权利，对于管辖异议大多数国家都要求采取具有听证性质的证明程序实现权利保障，对于司法机关的裁定很多国家规定可以上诉。在两大法系，管辖异议权主要是针对审判而言的。在我国，管辖不仅仅有审判管辖的异议问题，也有职能管辖的异议问题。根据我国法律规定，我国刑事受案权分散在三个机关，公安机关是主要的侦查机关，监察委行使对职务犯罪的侦查权，法院对自诉案件享有直接审理的法定权力。对于三机关之间的管辖争议和交叉性案件，主要是通过单位协调形式予以解决。同时我国《刑事诉讼法》对审判管辖作出了很多具体性规定，刑事诉讼法并没有规定当事人有提出异议的权利和程序，所有的管辖问题被认为是司法机关的职权范围处理问题，都是通过职权方式予以解决。除了刑事诉讼法所规定的上下级法院之间的移转管辖以外，实践中还产生了跨越省市范围的指定管辖，特别是在一些高职位人员贪腐案件中，指定管辖的随意性大，随意性主要有："是否适用指定管辖启动的随意性大；确定管辖单位的随意性大；处理程序不规范，随意性大"①。由于我国法律并没有规定被告人对管辖的异议权利，加上司法机关在确定管辖时更可能倾向于对国家利益甚至其他特殊利益的关注，导致在司法实践中更可能侵犯被告人的合法权利。司法实践中，屡屡有辩护律师对案件的管辖提出异议，但是由于并没有规定被告人和被害人的管辖异议权，更没有规定对管辖异议的证明程序，管辖异议不能受到法律的支持。对案件有异议的，大多数情况下辩护律师只能根据回避制度的条款要求审判法官回避，以此来实现管辖地点变更，但是效果往往不理想。甚至在司法实践中出现恶意管辖的情况，被告人或者被害人对于此类情况也无可奈何。恶

---

① 龙宗智：《刑事诉讼指定管辖制度之完善》，《法学研究》2012年第4期。

意管辖是指司法机关违反职能管辖或审判管辖的规定，对于自身没有管辖权的案件进行管辖。这种情况出现有些是在法律适用中出现的问题，但是也有一些是为了"争批捕人数、批捕率，为了争取内部考核上的排名优势故意将本应属于他人管辖的案件归由自己管辖"①。针对这类恶意管辖，现有刑事诉讼法中只能通过司法机关内部的纠错机制进行纠正，对于被害人和被告人来说也只能通过申诉的途径进行解决，而无法通过管辖权异议方式进行救济，自然就缺乏了一种存在中立性机关进行裁判的证明程序。

二　申请回避程序事实证明程序

回避是世界各国刑事诉讼中普遍适用的诉讼制度，申请回避权也被视为诉讼当事人的一项基本程序性权利。回避制度的确立主要是为了保证刑事案件处理的公正性，回避事实的证明程序也往往因国家的诉讼结构不同而不同。美国是审判中心主义国家，侦查和起诉是审判的准备环节，回避制度主要是针对陪审团的审理而设计的。对于陪审团成员的回避包括两种，一种是有因回避，另外一种是无因回避。有因回避主要有明知或者怀疑陪审团成员没有陪审资格，由于陪审员有偏见不能做出公正裁决，陪审员与本案有经济关系或者其他关系无法公正审判。进行完有因回避之后会有无因回避，无因回避是指不需要控辩双方提供任何原因证明的回避，此种回避一旦提出即产生法律效力，并不存在对回避事实的证明程序。但是无因回避不是没有次数限制的，"被指控犯死罪者，起诉方有权提出六次，被告方有权提出十次"②。对于公诉方和被告人提出的有因回避，如何证明，采取何种程序，不同的州做法有所不同。在一些州，只要提出回避的当事人作出一份书面宣誓，充分陈述他认为存在偏见和歧视的事实存在就可以作出陪审员进行回避的裁定。但是在另外一些州，对于有因回避"则必须举行一次听证会，对被提出的偏见的事实及事项作出司法判断。"③听证会往往是由被申请回避之外的法官主持，由提出回避请求的诉讼一方提出事实证明其主张的合理性，最终由庭审法官作出裁定，所以这类申请回避的事实证明程序就是一种听证式证明程序。英国的陪审团回

---

① 樊中华：《刑事诉讼恶意管辖的诉讼规制》，《天津法学》2016年第4期。
② 程荣斌主编：《外国刑事诉讼法教程》，中国人民大学出版社2002年版，第419页。
③ 伟恩·R.拉费佛、杰罗德·H.伊斯雷尔、南西·J.金：《刑事诉讼法》，卞建林、沙金丽等译，中国政法大学出版社2003年版，第1054页。

避比起美国来说更为严格，在选任陪审员的时候，"很多世纪以来，辩方有不给出任何理由而阻止一定数量的陪审员进入陪审团的权利。"① 但是这种不需要任何理由就提出无因回避的制度导致诉讼效率低下，也导致辩护方利用该制度漏洞拖延诉讼，在这种情况下，很多人反对保留该回避制度，最终立法废除了被告人的申请无因回避权。《1988 年刑事司法法》第一百一十八条第一款非常简单地作出了改变，在对一个起诉书审判的程序中不给出理由反对陪审的权利被废除了。虽然允许被告人和辩护人提出有理由的回避，因为陪审员的社会背景、政治信仰等提出质疑，但是要想提出这些质疑必须要提供证据。但是当事人获取陪审员的信息十分有限，由于只能获得有限的信息，所以也无法就陪审团的回避提供更多的证据予以证明，从而无法实现陪审员回避的要求。在这种情况下，最有意义的做法是由法官参与进来，对陪审员进行审查，但是在英国陪审员的召集属于司法大臣的权属，法官并没有任何保证陪审员成员审理公正性的措施。最后，陪审员的决定演变为控制陪审员的区域性分布，通过陪审团的随机性挑选来保障被告人回避权利的实现，最终通过对陪审员进入环节进行控制从而实现司法公正。

大陆法系立法对回避制度作了十分明确具体的规定，也规定了诉讼当事人主张回避的证明程序。《德国刑事诉讼法典》从第二十二条到第三十一条规定了回避事由以及回避的主要程序。德国刑事诉讼法规定的回避情形主要有：法官本人成为被害人情形、法官是当事人的配偶、生活伴侣、监护人、或者有某种血亲或姻亲关系。同时，德国刑事诉讼法还规定法官只要存在无法公正履行审判职权的，也可以申请拒绝法官审判，这种理由被称为偏袒之虞。与英美法系国家不同，德国的申请拒绝法官审判权行使主体为检察官、自诉人、被指控人三方，申请法官回避必须提出证明其主张的程序事实理由，理由必须达到释明的程度，宣誓不得作为释明的方法。"释明是指主张的事实必须要证明到法院认为该事实极有可能，且无需进一步调查就可作裁判的程度。"② 申请回避的主张向审理案件的法院提出，由受理案件以外的法官组成予以裁定。回避申请进行裁定的时候，除了要求申请人提出证据进行证明以外，被申请回避的法官也具有向

---

① [英]约翰·斯普莱克：《英国刑事诉讼程序》，徐美君、杨立涛译，中国人民大学出版社 2006 年版，第 393 页。

② 宋玉琨译：《德国刑事诉讼法典》，知识产权出版社 2013 年版，第 13 页。

裁判人员书面陈述被拒绝成立与否的职务性理由。刑事法官的回避由该案审判人员组成的合议庭裁定，审判长可以决定除法官外的其他庭审参与人员的回避。针对法院作出的是否准许回避的裁定，如果一方申请人不服可以向上诉法院提出上诉。由此我们可以看出，德国当事人主张的回避证明程序类似于庭审程序，需要当事人提出回避申请，并对申请主张履行证明责任，证明需要达到极有可能的程度。同时，在对该诉讼程序事实裁定的时候，被申请回避人也需要采取答辩方式申述其是否应该回避的职务性理由，由该案的除参审员之外的所有审理法官讨论进行裁定，这是一种准合议庭审理程序，是一种类似于听证形式的证明程序，对于这种程序的裁决结果可以提出上诉。

《日本刑事诉讼法》和《刑事诉讼规则》对法官的回避也作出了十分详细的规定，日本的回避可以分为两种，一种是对法官的除斥，一种是忌避。① 除斥指的是审理法官与案件具有某种密切关系，而忌避就是根据当事人提出的申请排除法官参与诉讼，根据法律规定，当事人申请的理由众多，比起除斥理由来说其内容更为广泛。日本立法上对法官主动回避和当事人申请回避并没有使用不同的词语表达，法官主动回避需要具备法定的理由，当事人申请的回避除了法官主动回避理由外，只要具有可能受到不公正的裁判理由都可以提出回避申请。可能受到不公正裁判是一种法律宽泛化的模糊字眼，需要诉讼当事人即申请回避一方提出证据予以证明，对于控诉方和辩护方提出的回避事由，《日本刑事诉讼法》规定要组成合议庭予以裁决。如果受理案件是地方法院的时候，则要地方法院组成合议庭对回避事实进行裁决。如果是独任法官或者简易法院法官被申请回避的时候，也应该由该院组成的合议庭进行裁决。如果由于被申请人申请回避导致该院无法组成合议庭的时候，应该由上一级法院进行裁定。对于控辩双方提出的回避申请，如果合议庭对其结果予以驳回的话，申请人可以提出即时抗告。所以日本的回避是一种合议庭裁判形式，由申请人提供充分证据进行证明的程序，而不是简单的行政化决定程序，对于该程序的不利结果具有抗告的权利，其证明程序是一种典型的合议裁决程序。《俄罗斯刑事诉讼法典》规定的回避制度比较丰富全面，回避的主体范围很广，不

① ［日］松尾浩也：《日本刑事诉讼法》，丁相顺译，中国人民大学出版社 2005 年版，第231 页。

仅仅包括诉讼三个阶段国家机关工作人员，而且包括诉讼参与人。《俄罗斯刑事诉讼法典》规定的回避主要是一种法定回避，并无日本和德国规定的只要可能引起司法公正怀疑就可以申请回避。《俄罗斯刑事诉讼法典》采取列举的方式对应当回避的情况进行了规定，刑事案件中的当事人、当事人的近亲属、证人、鉴定人、翻译人员、专家不得担任侦查员、检察员和法官，对案件作出过强制措施和延长羁押措施的官员不得参加后面案件的审理，参与案件审理的法官不得在二审和再审程序中再次审理该案件。由于俄罗斯刑事诉讼法律规定的回避理由十分具体，当事人在提出回避请求时只需要提出证明其主张的事实，法律还规定了被申请回避人的陈述义务，法官根据所提供情况来裁定是否需要回避。虽然俄罗斯回避制度中具有职权主义的色彩，但是从本质上看，还是由合议庭成员集体投票决定是否需要回避，由申请人提出主张并运用事实进行证明，由另一方根据申请回避人和被申请回避人双方证据进行裁断，是一种他向性证明程序。

我国刑事诉讼法对回避进行了详细的规定，不论在侦查阶段、审查起诉阶段还是审判阶段都可以提出回避。根据我国刑事诉讼法和相关的司法解释规定，我国回避的决定程序不是一种他向性程序事实证明程序，而是一种行政流程性决定程序。我国侦查阶段允许当事人及其法定代理人提出回避，决定机关为负责侦查的机关负责人，当事人及其法定代理人提出回避申请需要附具理由，侦查机关在两日内作出决定，最迟不得晚于五日，对于侦查机关作出的是否回避决定，当事人如果不服可以提出复议一次。审查起诉阶段也可以提出回避，当事人提出回避时应当提供证明材料，决定机关为负责审查起诉的检察机关。审判阶段提出对审判人员的回避则是当事人特别是被告人的一项当然权利，也是司法公正实现的具体要求。我国对于回避的理由规定比较全面充分，与该案的当事人有亲属关系、与案件结果有利害关系、审理过程中有违反公正性的情况等都可以作为回避的理由。回避请求的提出同时必须有证明请求的证据事实，我国参与审判人员的决定权属在于院长，从我国回避事实的决定来看，是一种类似于行政性决定模式，法院、检察院和公安机关都将其作为一种行政性事项最终由机关最高领导决定。虽然在申请回避的时候需要当事人提出申请回避的理由，但是这种理由对于最终决定的影响有多大还是未知数。这种决定程序可以看成是当事人向司法机关负责人进行的申请，由单位负责人进行裁定的一种行政性程序，并不是一种他向性证明程序。

第四节　我国程序法事实证明程序的构建

如前所述，我国侦查阶段的强制侦查职权行为主要是由侦查机关自行批准，并不需要侦查机关之外的其他机关进行事前审查，不需要履行他向性证明责任，法律也没有规定相应的程序事实证明程序。违法争议型程序事实也没有独立性证明程序，司法机关的违法行为主要是通过其内部制度进行监督和制约的，使得常态化和权利制约权力运行的机制无法发挥实际作用。比较完善的程序性证明程序有诉讼当事人主张排除非法证据和侦查机关请求批准逮捕两项。当事人申请排除证据可以在庭前会议程序和庭审程序中进行，由中立的法官主持，但是这种证明程序的启动颇为困难，庭前会议难以形成决定性结论，刑事庭审阶段又可能附着于实体事实的调查中，从而将证明程序虚化。逮捕批准程序是典型的职权请求型程序事实，但是诉讼当事人对逮捕的影响力有限，虽然有侦查机关提供案卷等证明要求，但更多的是检察机关通过讯问犯罪嫌疑人和阅卷后作出，而且批准机关是与侦查机关存在着直接利益关联的审查起诉机关，与两大法系由控辩双方参与中立性法院批准相比较来说，其证明程序的独立性和中立性更弱。这种证明程序的设置不利于诉讼当事人权利的保护，使得被追诉人和被害人利益侵犯后权利救济难以实现。随着以审判为中心的诉讼制度、监察制度设置等一系列改革的推进，刑事诉讼中的程序法治要求越来越高，重构我国程序法事实证明程序成为一种优势。当然，程序事实证明程序的建构，一方面要考虑到现有诉讼制度运行的现实性，同时也要适当前瞻，考虑到我国刑事诉讼适应社会发展的需要。基于此，笔者认为，对于侦查阶段发生的程序事实争议和请求，可以建立以检察官为顶点的程序事实证明程序，对于审查起诉阶段发生的程序争议和程序请求，建立以"庭前法官"为顶点的庭前程序事实证明程序，对于审判阶段发生的程序争议和程序请求，建立"上诉独任庭"为中心的上诉程序事实证明程序。

一　以检察官为顶点的侦查阶段程序事实证明程序

侦查阶段是大量程序请求和程序争议发生的阶段，既有权利主张型程序事实，也有职权请求型程序事实，还有违法争议型程序事实。如何处理这些程序事实请求和程序事实争议，不同的国家有不同的做法。英美法系主要由中立性的法院采取听证式模式解决，大陆法系有的国家偏重职权决定型，有的国家侧重司法审查型，而有的国家则两者相结合。针对侦查阶段发生的大量职权请求程序事实和程序争议事实，设置何种证明程序，和我国现有诉讼构造和司法机构的设置相关，由何种主体通过何种方式来判断，我国学者和实务界人员存在着不同的意见。

第一种观点认为，中国应该采用英美法系国家的司法审查制度，将侦查阶段的程序争议和程序请求交给法院来进行审查，以此实现对侦查程序诉讼化的改造。[①] 这种观点认为，由法院对侦查阶段的程序请求和程序争议进行裁决，首先是实现对我国诉讼构造诉讼化的要求。近年来我国暴露出来很多刑事错案，大多数都是因为侦查阶段的程序违法行为未能得到及时纠正。实际上，这些案件在审查起诉和审判阶段都属于反复退回补充侦查案件，由于我国"分工负责、互相配合、互相制约"的三机关职能关系规定并形成相应的诉讼构造，致使在实践中三机关相互制约不足而配合有余，虽然已经发现案件疑点，但是基于相互配合的关系最终勉强起诉并作有罪裁判，从而失去了审查起诉和审判应有的把关作用。通过法院对程序事实进行裁决，有利于保持对程序事实裁判的中立化地位，实现法院对侦查机关和起诉机关权力的控制，从而真正实现以审判为中心改革目标的落实。

第二种观点认为，应该建立以检察官为中心的程序事实证明程序。[②] 这种观点认为，从现有法律规定看，我国没有设置对侦查机关的司法审查，也没有相应的证明程序设定，法院对侦查阶段的职权请求和程序争议不作任何审查，只有检察机关对侦查阶段的部分职权请求进行审查的程序，这就是逮捕的批准程序，这是设置检察官作为证明程序裁决者的首个理由。"检察机关具有司法属性，并通过审查逮捕和审查起诉环节对侦查

---

① 陈卫东、李奋飞：《论侦查权的司法控制》，《政法论坛》2000 年第 6 期；孙长永：《通过中立的司法权力制约侦查权力——建立侦查行为司法审查制度之管见》，《环球法律评论》2006 年第 5 期。

② 余捷：《我国强制措施侦查行为应由检察机关进行司法审查刍议》，《探索》2006 年第 1 期；陈素珍、邹积超：《检察机关司法审查职能的现状探视》，《犯罪研究》2006 年第 5 期。

裁量权进行监督和制约。"① 其次，从我国法院的地位来看，法院确实暂时无精力担任起侦查阶段和审查起诉阶段全部程序裁判的责任。从西方法治发展的线索来看，法院一直是司法的中心环节，法院通过程序事实的裁判程序对侦查机关和检察机关进行权力控制，从而实现自己的审判中心地位，并通过该证明程序以保证当事人的诉讼权利。但是法治的发展又有其多元性和道路的非唯一性，诉讼制度的建构无法摆脱一个国家诉讼文化的影响以及发展中背负的诉讼历史重负。虽然我国当下进行的以审判为中心的诉讼制度改革，但是从司法改革的精神上看，并不是着急于将法院的控制力前移，而是要在现有诉讼架构上按照审判的标准进行取证和起诉。司法改革的目的是树立司法权威，减少司法的行政化运作，将定案的权力真正回归到审理者手中，从而实现审理者裁判。从党的十五大报告正式提出依法治国方略到现在全面实现依法治国，总共只有二十年左右时间，依法办事能力有了很大提高。但是由于市场经济中发生的纠纷越来越多，法院案件数逐年增长，如果要让法官行使英美法系国家的司法令状审批权，则法院更加难以承受工作之重。在这种情况下，将侦查阶段的程序请求和程序争议交给检察院行使，是着眼于现实的选择。

第三种观点是针对不同的程序请求，分别由法院和检察院作为中立机关行使程序请求和程序争议的裁判者。② 这种观点首先强调对侦查阶段和审查起诉阶段的控制需要中立机关，法院和侦查机关向来没有直接关系，从现有法律上看两者难以实现相互制约和相互配合的关系，法院更加具有中立性，作为侦查和起诉阶段发生的程序争议裁判主体应该具有充分的法理性。从我国检察院的宪法地位来看，检察院是我国的法律监督机关，不仅仅有权监督公安机关侦查行为的合法性，而且可以监督法院的司法行为合法性，从立法上看，检察院是国家法律义务的履行者，是超越于控方当事人角色的客观义务实现者，应当可以作为审前程序争议的裁判者，"可以说是审前的法官"③。根据检察监督和法院裁判的终局性考虑，可以设置以检察院审查为主，法院审查为补充的审查模式。侦查阶段的强制侦查职权性请求主要以检察院裁判为主，对不服检察机关的裁判可以申请法院

---

① 于立强：《论我国侦查裁量权的规制》，《法学论坛》2014 年第 6 期。

② 龙宗智：《强制侦查司法审查制度的完善》，《中国法学》2011 年第 6 期；吕升远：《论我国审前司法审查主体的确定》，《西部法学评论》2014 年第 4 期。

③ 叶林华、周建中：《检察机关司法审查职能研究》，《中国刑事法杂志》2009 年第 1 期。

进行救济。

　　根据我国现行刑事诉讼法和相关法律的规定，程序性请求和程序性争议不论发生在诉讼过程的任何阶段，都是以类似于行政性程序进行裁判的。对于侦查阶段的典型性程序请求，例如侦查阶段除逮捕以外的所有职权请求行为，都是由侦查机关自行批准，是一种行政性批准程序。对于侦查阶段发生的这些程序请求和程序争议需要采取何种裁判程序，需要从中国现有诉讼构造和诉讼发展规律中找到出路，当下现实的方案是建立由检察官为顶点的程序事实裁判程序。虽然从长远来看，由法院作为主体对侦查阶段的职权请求进行裁判更符合中立性原理，但是就现状来看，由检察院作为裁判主体更具有现实性。第一、检察机关是法律监督机关，是司法机关，从现实来看对侦查权力影响能力应该高于法院。我国的检察机关不仅仅承担公诉之责，同时还承担对侦查和审判的监督之责。检察机关实行上命下行，下级机关不仅需要服从上级检察机关的命令，下级检察院也可以向上级检察院寻求支持力量以对抗同级其他机关的干扰。但是法院由于其独立性审判的要求，下级机关不需要服从上级机关的指令，下级机关也难以获得对抗同级其他机关的力量支持。所以，从这一点上，如果由检察院成为程序事实的裁判者，应该更有能力进行独立性裁判。第二、检察院超越于诉讼中的当事人，是诉讼中客观义务的履行者，"检察官乃世界上最客观的官署"①。从英美法系看，司法的精神是将检察官和控方律师作为同等的诉讼地位，追求的是控辩平等，这种控辩平等不仅仅体现在法庭上的对抗，也体现在侦查阶段和起诉阶段的调查取证平等，体现在侦查起诉审判中控辩方的平等武装。我国检察机关没有定位为与被告人对抗的机构，恰恰是承担客观义务的司法机关，"检察官应力求真实与正义②。检察官的客观义务是指检察官不能将自己作为控诉一方，片面追求惩罚犯罪和案件的胜诉，而是应该站在法律公正的立场进行客观司法活动。检察官的客观公正义务主要体现在以下几个方面："客观取证义务、中立审查责任、公正判决追求、定罪救济责任、诉讼关照义务、程序维护使命"。③作为履行客观义务的检察官应当具有客观中立地审查程序请求和程序争议的权力，也能作出符合法律精神的裁决。第三、构建由检察官作为顶点的

---

① 林钰雄：《检察官论》，法律出版社 2008 年版，第 45 页。
② 同上书，第 3 页。
③ 龙宗智：《检察官客观义务论》，法律出版社 2014 年版，第 118—124 页。

程序事实证明程序符合司法效率的要求和现行司法改革的需要。程序事实既要考虑诉讼正义的需要，也要考虑诉讼效率的要求。强制性侦查行为往往是实践中需要快速采取的行为，检察院和侦查机关之间具有一定的侦查指导关系，检察院对于侦查需要判断较为敏感，往往能够做出一些符合侦查需要的裁定。侦查过程中的职权请求，例如拘留、逮捕、监视居住、取保候审等等，如果由检察院作为主体来进行裁决的程序，对于诉讼过程中效率的保证更为合适，如果这些侦查行为需要法院签批令状恐难满足诉讼的要求。我国正在进行监察委制度的设置改革，将检察院的反贪反渎职能并入监察委，这样就可以将检察院的精力集中到提起公诉和对侦查行为的监控上来。重新调整检察院和公安机关的关系，将检察院的权力影响前移，可以更好地监督侦查机关的权力行使，保证侦查过程中采取的强制措施都经过检察院为主体的证明程序裁判，从而最终实现对侦查行为的司法控制。

"在侦查阶段、审查起诉阶段分别建立裁判机制，真正形成诉讼过程以裁判为中心，以裁判实质化、裁判法定主义为要领。"① 侦查和起诉阶段发生的程序事实证明行为主要有侦查机关提出的职权请求行为、职权违法争议行为、权利主张型程序行为。对于这些行为裁判的证明程序可以采取两种方式，一种是由检察官居中裁判，由当事人一方参与的职权请求行为，对于这类行为可以采取书面式的职权裁判行为。由请求一方提出程序请求，提供程序事实理由，最终由检察官进行程序性裁决。这种证明程序体现了一方向检察官进行证明的证明程序，检察官基于证据事实形成内心判断。第二种方式是由当事双方参与的，检察官为顶点的听证式证明程序。这种方式需要当事人双方参加，双方提出自己的证据事实，对于自己所主张的程序请求或者争议发表意见，最终由检察官进行裁决。由检察官作为审查主体，由听证式为主要模式的证明程序可以对大部分程序性争议和请求作出裁决，主要包括由公安机关采取的侦查行为请求、侦查阶段发生的回避和管辖权利主张请求、侦查阶段发生立案争议请求等等。

二　以"庭前法官"为顶点的庭前程序事实证明程序

对于侦查阶段产生的程序请求和程序争议，由检察官为顶点的程序裁

---

① 荣晓红：《论我国刑事诉讼制度的完善——以我国刑事诉讼构造为视角》，《时代法学》2014年第5期。

判以后，如果不服如何救济？对于审查起诉阶段产生的程序请求和程序争议，由何主体采取何种程序来进行证明？对于审判阶段产生的程序争议和请求由何主体进行裁判？从现有法律规定来看，检察官还拥有拘留、逮捕、取保候审、监视居住、搜查、扣押、冻结、人身检查等职权，检察机关也会产生大量的职权请求，审查起诉阶段发生的关于是否提起公诉的争议，公诉权被滥用的争议等等。在审判阶段，《刑事诉讼法（2012 修正案）》构建了庭前会议制度，以便于解决审判前可能发生的一些程序争议。这些争议和申请主张主要有关于回避的主张、关于非法证据排除的争议等，除了程序性主张和争议以外，对于一些案情重大复杂、证据较多、社会影响较大的，也可以召开庭前会议。所以，我国庭前会议制度定位是"庭前会议定位于庭前准备程序，它位于公诉审查之后法庭开庭审理之前，是庭前准备程序的核心"①。有学者认为，庭前会议"其目的是促进庭审集中、高效运行"②，并不是为了保护被告人的程序性权利。庭前会议并不是一个独立的阶段，而是庭审程序的一个部分。"就庭前会议与庭审的关系而言，庭前会议属于庭审程序，是为实现庭审程序的公正和效率而服务的。"③ 庭前会议并不是每个案件都必须经历的阶段，也不是诉讼过程中的一个常态性裁判机制，只是针对部分特殊性案件设置的，实践中庭前会议启动占所有案件的比例很少。"2013 年全年，京沪两地各有 81 件、40 件公诉案件召开了庭前会议，分别占两地同期普通程序审理公诉案件数量的 1.2%、0.6%"④。从适用总量上看，适用刑事案件的比例偏少，只是刑事案件中很小的比例。即使是启动庭前会议的案件，其主要目的是保证后面的审判能够正常进行，而不是为了解决公诉阶段产生的程序争议和程序请求。庭前启动的理由主要有"被告人及其辩护人申请排除非法证据的次数最多，被告人人数众多成为第二大启动理由，其他启动理由还有证据材料多，被告人和辩护人申请证人出庭作证等"。⑤ 由此可见，我国刑事庭前会议从设置的目的和实际运作来看，主要是为了保证庭审的顺利进行，同时庭前会议对于庭审中可能产生的程序性争议也作了一定的

---

① 闵春雷、贾志强：《刑事庭前会议制度探析》，《中国刑事法杂志》2013 年第 3 期。
② 莫湘益：《庭前会议：从法理到实证的考察》，《法学研究》2014 年第 3 期。
③ 吕升远：《刑事庭前会议的程序定位与价值》，《天津法学》2014 年第 3 期。
④ 李斌：《庭前会议程序的适用现状与发展完善》，《法学杂志》2014 年第 6 期。
⑤ 左卫民：《未完成的变革——刑事庭前会议实证研究》，《中外法学》2015 年第 2 期。

安排，这些程序性争议主要有：是否对案件提出管辖权异议；对相关司法工作人员提出回避；对案件是否提出不公开审理的申请等等。但是，法律只是规定其听取意见，并未规定作出裁决，裁决是否有法律效力，对于裁决控辩双方又有何种方式进行救济，"司法实践中，大部分法官不认为自己有权或者不知道自己是否有权对相关问题作出处理"[1]，所以庭前会议对程序问题处理并没有终局性法律效力。

庭前会议只是我国刑事诉讼制度改革中的一项重要探索，也是非法证据排除、管辖权异议、回避等问题进行证明的一项程序。但是庭前会议制度并不是针对所有案件，而是属于部分案件庭审的一个阶段，庭前会议程序对于审查起诉阶段的程序争议和程序请求并不涉及。为了更好地解决审查起诉阶段的程序争议和请求，笔者认为可以在改造现有的庭前会议程序基础上建立一项所有案件都适用的程序性证明程序，即建立以"庭前法官"为顶点的庭前程序事实证明程序。

庭前法官独立于庭审法官，庭审法官和庭前法官进行分离。庭前法官可以采取独任的形式，重大的程序性争议可以采取合议的形式。庭审法官受理的事项主要有审查起诉阶段的程序性请求和程序性争议，庭审前控辩双方提出的一些程序请求和程序争议。诉前的程序请求主要有检察机关采取强制侦查行为职权请求，包括逮捕、拘留、监视居住、搜查、扣押、查封、冻结等等。这些职务请求行为由法院的庭前法官进行批准，由检察院采取这些职权行为前向法院的庭前法官履行证明责任，证明这些行为的合法性和必要性，最终由庭前法官批准。审查起诉阶段发生的程序性争议主要有滥用公诉权的行为，而审查起诉阶段的权利性请求行为主要有申请检察人员回避的行为。这些在审查起诉阶段发生的程序性请求、争议和主张需要通过向中立的"庭前法官"进行证明，最终由庭前法官进行裁判。对于职权请求和权利主张可以采取书面形式，对于被告人权利影响重大的职权请求例如逮捕可以采取听证式，对于公诉权滥用等争议必须采取听证式的证明程序最终由庭前法官决定。

三　以"上诉独任庭"为中心的上诉程序事实证明程序

在侦查阶段发生的程序性争议和请求，可以建立"检察官"为顶点

---

[1]　杨宇冠、刘曹祯：《刑事庭前会议制度研究》，《安徽大学学报》2016 年第 5 期。

的程序事实证明程序来进行裁决。在审查起诉阶段发生的程序争议和请求，可以由"庭前法官"为顶点的庭前程序事实证明程序。对于审判过程中发生的程序性争议如何处理，是否需要履行证明责任，最终由谁来予以裁定。对此，很多法治国家构建了程序性上诉制度，通过上诉审的程序要求对程序事实予以证明。美国刑事诉讼法规定了被告对于初审法院没有管辖权产生的争议可以提起诉讼，还可以针对部分中间裁判提出上诉，主要有："驳回要求减少保释金的申请的裁定；根据禁止双重危险条款申请驳回起诉的裁定；根据演说与辩论条款申请驳回起诉的裁定。"① 同时检察官对于法院作出的关于程序争议之裁定可以提起上诉。② 英国刑事法律也赋予了被告人和控方针对程序裁定不服提起上诉之制度，英国《2003年刑事审判法》第六十二条、六十三条规定了控方对于法院作出排除非法证据之裁定可以提起上诉。控方可以针对一项单独的限定证据裁判也可以针对两项或者多项限定证据裁判。③ 限定证据实际上是指控方提供的证据是否具有可采性、是否具有合法性之裁判，限定证据既可以在初审时也可以在初审后提出，所作的正式审判之证据裁判均属于提起上诉之对象。同时2003年《刑事审判法》第五十八条、六十一条也规定了对法院作出的被告无辩可答裁定可以提出上诉，也即对于法院作出的终止诉讼之裁定，控方可以提出上诉。意大利也规定了对预审法官作出的程序裁定提起上诉的制度，《意大利刑事诉讼法》第四百二十八条规定检察官、犯罪被害人对不起诉裁决可以提起上诉，由上诉法院合议决定。对于一审过程中发生的程序性争议和程序性请求，我国并没有规定独立于实体事实进行救济的程序。一审过程中不予启动非法证据排除调查程序裁定，被告人只能在实体判决中一并提起。对于审判过程中发生的违法行为，我国刑事诉讼法律规定如果二审中发现了则采取发回重新审判的方式，采取了实体事实

---

① 孙长永：《探索正当程序——比较刑事诉讼法专论》，中国法制出版社 2005 年版，第 621 页。

② 主要有"（1）驳回起诉的裁定；（2）在有罪裁决或者判决之后又批准进行重新审理的裁定，但受双重危险条款禁止的情形例外；（3）在开庭以前作出排除证据的裁定以及返还扣押财产的命令；（4）批准附条件释放被告人或定罪人的裁定以及拒绝检察官要求释放令或变更附带条件的申请的裁定。"宋英辉、孙长永、刘新魁：《外国刑事诉讼法》，中国法制出版社 2006 年版，第 199 页。

③ 孙长永等译：《英国 2003 年〈刑事审判法〉及其释义》，法律出版社 2005 年版，第 68 页。

和程序事实混合处理的模式，同时发现违反回避事由、审判组织不合法、剥夺诉讼当事人正当权益的发回重新审理。但是这种处理方式不仅影响诉讼效率，对于当事人的权利维护也不利，本文认为，可以建立以"上诉独任庭"为中心的上诉程序事实证明程序。

"上诉独任庭"是独立于庭审法官，单单就下级法院的一些程序性争议进行裁决的法官。独任庭法官主要针对一审法院提出的程序性事项进行裁决，例如对一审法院审理期间，被告人申请法官回避未能被接受、管辖权异议未能得到支持、申请启动非法证据排除被驳回、剥夺被告人的诉讼权导致未能公平审判等程序性主张，可以在一审期间作出裁决时进行上诉，上诉由独任法官采取书面审理的方式进行裁决，裁决下达后继续审理实体事实。对于这些程序事实的证明，要求提出请求一方向裁判一方提出理由，上诉庭法官根据双方提出的证据进行审查，最终做出裁决，对程序事实进行证明的方式主要是书面形式，必要的时候可以采取听证形式。

第四章

刑事程序法事实的证明责任

证明责任是证明过程中的核心问题，被称为证明过程中的脊梁。大陆法系和英美法系形成了不同的证明责任理论，大陆法系主要是主观证明责任和客观证明责任理论，英美法系是提出证据责任和说服责任理论，两大法系证明责任理论在逻辑起点、价值取向、法律效果上有不同之处。本书在考察两大法系的证明责任基础上，认为程序法事实证明责任主要有三个核心要素：诉讼主张、提出证据、不利后果三个方面。在实体法事实证明中，主导刑事证明责任分配的主要是无罪推定原则，被告受无罪推定原则保护，被告有罪的证明责任自然由控方承担。但是在程序法事实证明中，支配程序法事实证明责任分配的理念比较多元，有无罪推定、程序正义、诉讼效率等理念支配。与实体法事实证明责任不同，程序法事实证明责任承担主体广泛，证明责任分配既有法规分配模式又有法官分配模式。

第一节　两大法系刑事证明责任理论考察

证明责任概念的混乱在我国是显而易见的，这种混乱体现在证明责任的理论研究上，同时也体现为证明责任制度在司法实践中的应用。证明责任概念的混乱是证据理论研究幼稚的体现，同时也说明了我国证明责任制度形成过程中缺乏自发形成的基本规律，也是法治后发展国家赶超法治成熟国家出现的具体现象。证明责任是一种较为技术化的司法规则，越是庭审制度发达的国家，越是追求法治精细化的国家，证明责任制度越发达。我国现代法律制度的建设始于清末，经过解放区的司法建设阶段，到中华人民共和国的曲折发展阶段，再到改革开放后全面建设社会主义法治国家时期。从时间上看，中国现代法治建设已有一个世纪之久，但是真正开展法治建设的时间却很短。即使在这么短的时间之内，中国法治建设基本上也是在学习外国经验基础上展开的，证明责任制度缺乏自生自发的成长历史。由于证明责任制度与诉讼制度紧密联系，一个国家的庭审制度、侦控审关系、律师辩护角色等都会影响诉讼制度的形成，而这一系列制度也会影响证明责任制度的建立。从中国法治进程的一百年历史看，我国证明责任制度深受大陆法系和英美法系的双重影响。清朝末年进行的司法改革中，主要是以德国、日本的诉讼制度为学习蓝本，而证明责任制度也是通过德日理论进入大清刑事诉讼法律之中，这些理论进入我国学术领域与司法实践，深深地影响我国。但是从 20 世纪 90 年代开始，英美法系证据理论开始影响我国，英美证明责任制度对我国的证明责任理论产生了重大影响，1996 年刑事诉讼法修改就是以美国刑事诉讼制度为导向的。所以，在考察英美法系和大陆法系证明责任概念的基础上，来梳理我国证明责任概念的形成，从而对程序法事实的证明责任下一个准确的定义。

一　主观证明责任与客观证明责任

证明责任是人类对纠纷解决过程中的一种责任分配办法，只要有诉讼有纠纷就需要提出证据证明，由谁提出证据来证明成了证明责任的最原初概念。"公元前二十世纪的《埃什嫩纳国王坤拉拉马的法典》第三十七条认为，如果自由民控告其交托自由民保管的财产丢失，但自由民声称我的财产和你的财产一起损失，在此情况下，房屋主人就需要举证证明其主张的事实成立。"①《摩奴法典》规定：一个人否定债务时，由债权人提具证据。古罗马法对于证明责任也规定了两大原则，一是原告应负举证义务，一是举证义务存在于主张之人，不存于否定之人。② 对于证明责任的理解为谁应当先提出证据，将证明责任看成是一种诉讼推进的具体活动，而提出责任则构成了最初的证明理论。这种证明责任理论在西欧存在了很长时间，而"变革传统观念的最初尝试是由德国法学家尤里乌斯·格拉查进行的，他首次提出了客观责任的概念。"③ 客观证明责任是指在当事人提出证据以后，法官还不能形成内心确信，将诉讼中的不利后果分配给何方

---

① 王满生：《从成文法典看奴隶制诉讼证据制度》，《兰台世界》2010 年 5 月。

② 魏晓娜：《论我国证明责任概念之重构》，《诉讼法学研究》（第五卷），中国检察出版社 2003 年版，第 265 页。

③ 李浩：《民事举证责任研究》，中国政法大学出版社 1993 年版，第 7 页。

当事人的一种责任制度。客观证明责任的产生使证明责任从简单的提出证据责任向复杂的证明责任规则发展，实现了在复杂社会纠纷解决时具有立法预定的选择，避免了事实真伪不明时处理的随意性。

（一）主观证明责任

"主观之举证责任，则系一真正加诸于当事人之负担。其意义乃指，当事人为避免败诉，经由自己行为提出使用一待证事实之证据。"[①] 主观证明责任是一种行为意义上的活动，诉讼程序的发动需要提供证据，而这种提供证据的责任就是主观证明责任。例如，公诉机关指控某甲构成故意杀人罪，公诉机关在提起诉讼的时候必须提出相应的证据，法院才能予以立案审理，而提出证据的义务就是主观证明责任。主观证明责任是一种程序意义上的行为责任，解决的是诉讼推进过程中的责任，是诉讼双方为了获得自己有利的判决所应当承受的提供证据的负担，"它是因双方当事人均提出事实主张而在程序上所应当负担的一种举证上的必要"[②]。在刑事诉讼过程中，被告人由于受无罪推定的保护，其对自己的犯罪事实没有证明的义务。但是被告人在诉讼过程中一定有自己的诉讼主张，例如认为自己不构成犯罪、具有从轻量刑情节、控诉机关剥夺了自己的正当辩护权利、侦查机关实行了非法讯问等主张。对于这些主张的提出，侦查、起诉、审判机关可能需要进行核查，在审判阶段提出的一些主张可能导致审判无效或者证据排除，但是其提出这些主张的时候必须提供一定的证据作为支撑，如果没有任何证据作为支撑，司法机关是难以启动争议审查的，最后也难以作出有利于犯罪嫌疑人的裁决。

主观证明责任是一种举证上的必要，与整个案件中客观证明责任并不存在必然的关系。主观证明责任的履行并不当然导致客观证明责任的转移，客观证明责任是一种法定的证明责任。我国刑事诉讼法已经明确检察机关承担证明犯罪嫌疑人有罪的责任，即证明刑事案件实体事实的客观证明责任由检察机关履行。但是被告人在诉讼过程中可以提出一些无罪辩护、罪轻辩护等，辩护人所提出的主张必须提出证据，履行主观证明责任，但是最后的事实真伪不明时证明责任的承担依然是检察机关。当然，主观证明责任和客观证明责任之间并不是没有一点联系，辩护人主观证明

---

① 姜世明：《举证责任与真实义务》，新学林出版股份有限公司 2006 年版，第 4 页。

② 毕玉谦：《民事证明责任研究》，法律出版社 2007 年版，第 152 页。

责任的履行必然会削弱控方的主张，最终导致审判人员对控方主张无法形成确信，从而导致控方未能履行客观证明责任要求，承担其控诉主张不能成立之危险。从另一个方面来看，客观证明责任和主观证明责任不是说一点联系都没有，实际上主观证明责任和客观证明责任在不同的领域发挥着作用。从刑事案件的诉讼推进过程来看，就实体事实而言，客观证明责任的承担是控诉方，因为被告人受到无罪推定和疑罪从无的保护。但是客观证明责任是从案件结果意义上而言的，也就是从案件最终判断上而言的。从这个意义上看，客观证明责任意味着某种结果责任。而主观证明责任却是某种行为责任，通过行为达成结果，行为与结果之间必然存在着某种关系，有学者认为"结果责任依附于行为责任，只要当事人履行了提供行为责任的，结果责任就不会发生。"[1] 这种观点只是从逻辑理路上得出的一种应然关系，实际上主观证明责任履行之后必然导致客观证明责任的履行观点是一种纯粹理论状态，甚至说纯粹理论状态都难以证明存在。这其中与我们证明标准的设定存在着关系，因为主观证明责任的履行只要是提出证据，该证明责任就算予以履行，而客观证明责任是在已经履行主观证明依然真伪不明的情形下，进行风险分配的立法规定。但是随着诉讼进程的推进，主观证明责任的履行，最终将导致客观证明责任履行，这是一种客观证明责任履行的具体要求。例如根据我国现行刑事诉讼法的规定，辩护方不承担客观证明责任，但是由于辩护方在诉讼过程中提出了辩护意见，并履行了提出证据的责任，最终将动摇审判法官的心证，从而最终影响案件有罪的认定。

主观证明责任不是一成不变的，会随着诉讼推进在诉讼双方之间转移，法官在诉讼过程中可以根据诉讼推进情况进行分配。"具体举证责任是诉讼中加之于当事人双方的责任，其在诉讼过程中是不断发生转移的，是由当事人之间交替承担的"。[2] 主观证明责任的转移是指控辩双方一方提出了主张，提供了证据予以证明，法官形成了确信的心证，而另一方否定对方主张，从而要求对方承担主观证明责任的情况。例如在一起故意伤害罪的逮捕审查程序中，侦查方提交了需要予以逮捕的证明，履行了主观证明责任，但是辩护方提出犯罪嫌疑人不应该逮捕，应当予以取保候审的

① 黄永:《刑事证明责任分配研究》，中国人民公安大学出版社 2006 年版，第 78 页。

② 胡学军:《具体举证责任》，法律出版社 2014 年版，第 29 页。

意见，那么这个时候取保候审的申请就需要一定的事实作为支撑，也就是辩护方必须履行应当取保候审的主观证明责任，否则检察机关就根据侦查方提供的证据予以确信，最终导致辩护方的申请得不到支持的结果。主观证明责任不仅仅发生在审前程序中，同时也发生在庭审过程之中。例如周某某受贿案中，如果被告人口供是通过刑讯逼供方式取得的，那么被告人仅仅提出这个辩护意见并不能导致非法证据排除程序的启动，但是如果被告人提出了刑讯逼供的具体事实，刑讯实施的时间、地点、方式、后果，那么证明没有刑讯逼供的主观证明责任就转移至控诉一方，如果控诉一方不能履行证明现有证据取得都是合法的，那么法官对于证据合法的确信将会动摇，最终将可能排除被告人有罪供述。

主观证明责任不仅仅存在于辩论主义诉讼中，也存在于探知主义诉讼构造中。对于这一点，不同国家、不同学者有不同的主张。"德国是证明责任理论最为发达的国家，关于刑事证明责任有三种不同观点，一种观点认为职权主义不存在主观证明责任问题，第二种观点认为法院承担证明责任，第三种观点认为职权主义诉讼中存在客观证明责任，不存在主观证明责任。而法官普遍承认刑事诉讼中适用谁主张谁举证原则。"① 实际上，即使是实行职权探知主义的国家，法官具有强有力的证据调查权，其证据调查也只是一种辅助性职能，无法否定和替代侦查机关前期的证据收集审查作用，实际上没有一个国家在法庭上的证据调查能够替代审前长期证据收集功能。如果要说职权探知主义，实际上是强调法官判断要建立在一种内心确信基础上，那么对于被告人无罪结果的认定最直接的还是控诉方未尽证明责任的结果。实际上随着两大法系相互融合的趋势，大陆法系的"职权主义刑事诉讼在诉讼构造上一直处于不断调整的过程中，"② 一些国家在诉讼构造上逐步向当事人主义靠拢，不断受到辩论主义的影响，越来越多的学者主张证明责任也存在于职权主义诉讼之中。

（二）客观证明责任

"客观证明责任所指涉问题所在，乃某事实主张无法获得确认时，将

① 孙长永、黄维智、赖早兴：《刑事证明责任制度研究》，中国法制出版社2009年版，第98—111页。
② 孙长永：《探索正当程序——比较刑事诉讼法专论》，中国法制出版社2005年版，第187页。

导致何种效果。"① 客观证明责任理论最先由德国学者提出，它是证明责任理论的重大发展，体现了人类对于客观事实认识面前解决纠纷的价值倾向。客观证明责任关注的不是行为责任，而是结果责任。"客观证明责任概念与当事人的活动没有丝毫联系，它所针对的是真伪不明。"② 客观证明责任的前提是事实真伪不明，这也是客观证明责任的最核心魅力。不论是民事诉讼还是刑事诉讼，追求事实真相是人类的实践本质。但是诉讼的进行总是在一定事实发生之后，根据现有能搜集到的证据事实进而司法当然最好。但由于案件已经发生，案件事实是否能恢复取决于我们的取证能力，同时也取决于人类对客观事实的认知能力和逻辑推理能力。客观证明责任的设定是对人类认识能力的一种理性看待，充分承认了人类对案件处理的有限性。人类在早期由于没有客观证明责任的这种法律设定，进而采取神示证据裁判的原则，对于根据现有证据无法裁判的案件采取神明裁判方法，可以说神明裁判也是一种客观证明实施的方法与手段。对于刑事案件而言，在疑罪从有的年代，被告人要承担客观证明责任。如果是疑罪从无的情况下，那么控方承担客观证明责任。事实的真伪不明不仅仅与证据裁判原则有关联，实际上也与法官个人意志有关联。从理论上讲，法官所使用的都是同一部法律规定，面对的是同样案件事实，即使是同一案件不同法官对真伪不明的认识也不同。甲法官认为案件事实真伪不明，乙法官认为事实清楚，但是这属于一种个体现象，法律考虑的是一般法律职业人员情况。事实真伪不明与证明标准的设定有关，也与法官的心证程度有关，如果将事实真伪的门槛降低，法官很可能将事实真伪不明案件认为是真伪已明，所以事实真伪不明本身也是一种具有客观又具有主观的东西。

客观证明责任不是一种行为责任，而是一种结果责任，是一种预先规定的结果责任。普维庭教授认为"客观证明责任概念与当事人的活动没有丝毫联系，它针对的是真伪不明"。③ 如果说客观证明责任与当事人的活动没有丝毫联系这一点上说，实际上是指客观证明责任是一种法定的证明责任，客观证明责任并不考虑诉讼活动过程中主观证明责任的分配，不考虑诉讼过程中当事人的举证。从这一点上看，普维庭教授认为客观证明

① 姜世明：《举证责任与真实义务》，新学林出版股份有限公司2006年版，第4页。
② ［德］普维庭：《现代证明责任问题》，吴越译，法律出版社2006年版，第21—22页。
③ 同上书，第24页。

责任是超脱的，是一种结果责任，而不是一种行为责任，不是一种过程责任。但是，如果说客观证明责任不会影响主观证明责任的推进与履行，或者说主观证明责任的分配与诉讼的推进不会影响法官心证，那是十分错误的。主观证明责任的分配与诉讼的推进正是因为有了客观证明责任规定，由于客观证明责任规定了风险分配机制，当事人为了避免最后承担败诉的风险，必然积极履行主观证明责任。从这个意义上说，主观证明责任与客观证明责任具有相互对应关系。我国台湾学者黄朝义先生认为："所谓形式的举证责任，乃为实质的举证责任之程序上的反映，两者可谓形影相伴而存在着。"① 马克思主义认为只有行为才能导致结果，什么样的行为导致什么样的结果，所以行为责任是结果责任的前置，结果责任是行为责任演化的结果，这就是我们的一贯思维所致。但是就德国学者将客观证明责任和主观证明责任两者割裂的见解来看，实际上违背了诉讼推进过程中的主观证明责任对客观证明责任的影响，但是我们对行为和结果之间紧密联系的理解又使我们掉进了惯性思维的泥潭。将客观证明责任理解为事实真伪不明的风险分配，实际上期望通过立法规定的方式实现对纠纷的解决，从而维持社会公平与正义，但以此来否定其对主观证明责任的影响是不符合诉讼实际的。

客观证明责任是一种法定责任，与诉讼模式无关。客观证明责任不仅仅存在于当事人主义诉讼中，也存在于职权主义诉讼中。当事人主义诉讼推进完全依赖于诉讼双方，控诉方和辩护方具有同等的取证权利，双方在庭审中具有同等的质证权利，通过控辩双方举证质证，对证人的交叉询问，最后由裁判者实行裁判，如果事实真伪不明，那么不能认定被告人犯罪，其结果应该由控方承担。在当事人主义诉讼中，控辩双方提出证据，围绕自己主张之事实进行论证，法官消极中立。但是在职权主义诉讼之中，法官存在采取主动收集证据的情况。"在侦查阶段，由检察官和警察承担收集足够证据以决定起诉或不起诉的任务；在审判阶段，由法庭负责收集所有必要的证据来对案件作出判决。"② 虽然职权主义诉讼中，法官要对证据主动进行调查，甚至是进行庭外质证，根据自由心证形式对证据进行评价。但即使是通过在庭审上的观察，庭后阅卷，对卷宗事实和庭审

① 黄朝义：《刑事证据法研究》，（台北）元照出版社2000年版，第268页。
② ［德］托马斯·魏根特：《德国刑事诉讼程序》，岳礼玲、温小洁译，中国政法大学出版社2004年版，第150页。

事实进行观察体验而对被告人是否有罪进行综合判断，也是在案件调查后才会产生客观证明责任问题，所以客观证明责任在职权主义诉讼之中也是存在的。刑事诉讼中，控方承担客观证明责任只是一种原则，不论在大陆法系还是在英美法系，由辩方承担一定的客观责任作为例外补充是两大法系的共同特点，"诚然检察机关代表国家行使刑事请求权，它较多承担客观证明责任，但作为原则的例外，被诉人也承担一定的责任"①。

二　提出证据责任与说服责任

"证明责任"一词，可能是英美证据法理论中用法最乱的一个词，关于它的含义，英美法理论与判例的理解常有分歧。② 对于证明责任，在英美法系较早著作内没有加以区分，到 19 世纪才逐渐提出了证明责任包含了两种不同的负担。但是对于两种负担的称呼也各异，有称为证明负担（说服之负担）和举证负担（提供证据之负担）；举证负担和说服负担；证明负担和进行负担；事实之举证负担和事实之说服负担。③ 英美法将证明责任细分为"Burden of producing Evidence"和"Burden of persuasion"，前者是指提出证据的责任，后者是指说服责任。④

（一）提出证据责任

提供证据责任是指"在法庭审理过程中提出足够的证据，以便使法庭或者法官相信确实存在一个可以适当地要求法庭或者陪审团加以考虑的案件或者争点"⑤ 提出证据责任是一种产生于主张的责任，而不是法定责任。所谓的主张责任，即其责任的产生是基于某种主张而形成的，这种责任并不是实体法之前予以明确规定的责任。有主张就有责任，谁主张谁举证，这和罗马法的证明责任理论具有相通之处。诉讼中的主张不仅仅包括实体法主张，也包括程序法主张。指控被告人犯强奸罪，控诉方必须提出一定的证据向法院予以证明，法官才能将案件提交陪审团予以审理。实际

---

①　[德] 普维庭：《现代证明责任问题》，吴越译，法律出版社 2006 年版，第 56 页。

②　孙长永、黄维智、赖早兴：《刑事证明责任制度研究》，中国法制出版社 2009 年版，第 5 页。

③　李学灯：《证据法比较研究》，五南图书出版社 1992 年版，第 359 页。

④　龙宗智：《证据法的理念、制度与方法》，法律出版社 2008 年版，第 243 页。

⑤　孙长永、黄维智、赖早兴：《刑事证明责任制度研究》，中国法制出版社 2009 年版，第 7 页。

上提出证据责任初始意思是通过法官的责任，由于陪审团完全是由非职业人员组成，他们并没有受过专业的法律职业训练，也没有法律执业经历，对案件的判断如果没有经过法官的一定职业筛选，恐怕将产生合法与民主但却是司法不公的结果。为了避免这种情况的发生，就必须将刑事案件在提交陪审团审理之前对案件的基本情况进行筛查，将一些明显没有达到有罪标准的案件挡在法庭之外，这也是对控诉方实行的一种制约，从而对被告人甚至是所有无辜人的保护。控诉方基于提交审判的主张，必须履行一定的义务，即提出证据的责任。但是在诉讼的进程中，辩护方也有自己的主张，这些主张不仅仅可能是针对实体的，也可能是针对程序的。程序法的争议往往是由于执法者违法而引起，由于其影响往往不如被告侵犯实体法权益那么严重，所以其证明责任的履行和实体法事实需要承担说服责任有所不同。在美国刑事诉讼中，程序法争议体现在证据可采性、起诉方证人适格性、警察机关行为正当性等方面。① 对于这些程序性争议，提出争议主张一方必须提出证据予以证明，而不受无罪推定或者疑罪从无原则的影响。对于程序性争议，必须在审判前或者审判过程中解决，但是陪审员不得在场。

　　提出证据责任的产生与英美法系证据时效制度密切相关。证据时效制度实际上是诉讼效率在证据领域的体现，要求证据必须在一定时间内提交否则就失去证据能力，它是英美法系证据制度中的一项重要制度，不仅仅在民事诉讼中存在，在刑事诉讼中也照样存在。证据时效制度与英美法系当事人主义诉讼模式不无关联，英美法系追求庭审的对抗，控辩双方可以平等武装。但是为了保证这种对抗的实效，必须对控辩双方的证据提出作出时间与程序的限定。证据时效制度是实现程序正义之必然，也是追求诉讼效益的应有之义。② 通过举证时效制度，一方面可以在证据上均衡控方和辩护方的力量，实现诉讼上的形式平等价值，只有双方都知晓对方的证据，不存在伏击审判的时候，才能真正保证程序上的正义和实质上的真实发现。同时对于审判来说，如果没有证据时效制度，控辩双方可以在任何时间提出证据，势必会导致庭审中断，延长诉讼，最终不利于诉讼效率。所以，相对于庭审阶段利用现有证据来说服陪审团来说，庭前提供证据通

---

① 孙长永：《探索正当程序——比较刑事诉讼法专论》，中国法制出版社 2005 年版，第439 页。

② 潘剑锋：《论举证时效》，《政法论坛》2000 年第 2 期。

过法官顺利将争议交给陪审团审理的事实就是一种通过的责任，是一种通过法官的责任，即提出证据的责任。英美法系国家严格限制在庭审阶段收集证据，为了保证庭审顺利进行，陪审团能够顺利对案件形成心证，英美法系国家对证据规定了一种证据开示制度。凡是要在庭审中使用的证据，不论是控方还是辩方都要向对方予以开示。证据开示不仅只是发生在审前，在审判期间对于未开示的证据也应当向对方开示。对于不遵守开示规则的当事人而言，可以"禁止未开示的证据提交到法庭"①

提出证据责任专门适用于职业法官，贯穿于刑事诉讼的始终。英美法系提出证据责任与说服责任的一个重大区别是对说服责任进行判断的是陪审团，而提出证据判断的却是职业法官。从这个角度上说，提出证据责任与说服责任的划分具有一定的层次性和阶段性，也就是说这种责任实际上是一种建立在程序分离和判断者不同的基础上形成的。提出证据责任从心理学上看是一种行为责任，但是与大陆法系主观证明责任不同的是，这种证明责任不仅仅是一种行为责任，而且还是结果责任。因为如果控方提出一定的证据没有达到法官的心证，法官可以判断控方对提出证据责任履行不到位，从而不将争议交给陪审团判断，从而作出对争议主张方不利的判断，从这个角度上看，提出证据责任不仅仅是一种行为责任，也是一种结果责任。但是诉讼过程中不是静态的，诉讼的举证过程也不是控诉辩方一次举证就能完成，美国庭审过程中要经历控方举证、辩方举证、总结辩论等阶段②。当控方提出强有力的证据对案件事实进行举证之后，如果辩方仍然无动于衷，那么陪审团极有可能作出一个对辩方不利的裁决，在这种情况下，实际上已经产生了辩方举证的必要。③ 在这种情况下，法官很可能将争议提交陪审团进行评议，如果辩方想要产生一个对被告有利的判决，就必须提出新的辩护理由，对于这个辩护理由必须提供一定的证据，从而动摇法官已经形成的心证，从而形成一个新的争议点。只要形成了新的争议点，控方就必须继续举证，这就是提出证据责任的转移问题，从这一点上看，提出证据责任是一种临时性责任，它并不是固定在某一方。

---

① 汪建成、甄贞主编：《外国刑事诉讼第一审程序比较研究》，法律出版社2007年版，第299页。

② 宋英辉、孙长永、刘新魁：《外国刑事诉讼法》，法律出版社2006年版，第188页。

③ 吴宏耀、魏晓娜：《诉讼证明原理》，法律出版社2002年版，第338页。

（二）说服责任

"所谓的说服责任，乃负此责任者，必须说服陪审团相信其所提出的证据，并相信其主张为真实的责任。"[1] 说服责任针对的是外行人的证明责任，其着眼点是使一位外行人相信诉讼当事人主张的责任制度。说服责任与陪审团审理紧密相关，是与陪审制度相配套的一种证明责任制度。"陪审团审判的诞生，是迫于一次伟大的宗教事件强压的产物，该事件就是 1215 年的第四次拉特兰圣会。"[2] 这次圣会将神明裁判视为血腥判决，之后英格兰开始寻找解决纠纷进行裁判的新方式，陪审团的审判逐步浮出水面，成为替代神明裁判的一种制度。陪审团早期是由知晓案情的人员组成，这些知情证人组成陪审团不仅仅充当证人同时还必须对案件作出有罪裁决。由于这些陪审团成员既要背负指控作证的道德压力，同时又要承担法律判断，慢慢地这种知情陪审团逐渐转化为不知情人员组成的陪审团。"指控陪审团在 1220 年肩负了一项新任务，更确切地说，旧有的指控陪审团首次转型为我们至今仍然拥有的刑事陪审团类型，他们第一次面临以前一直由上帝承担的刑事判决。"[3] 陪审团任务转型后就面临着要完成对被告判处刑罚的任务，而这项任务是建立在对案情不知悉的基础上，也就是知情证人与陪审团成员分离的基础上，陪审团成员对案件的判断必须是审判前对案情并不知晓的境况下完成。由此发展，陪审团成员不知道案情，同时又不熟悉法律，如何保证他们能够对案件得出一致的结论，这就是一个难题。"外行人比专业裁判者更为宽大看起来已经广泛地为人们所接受，几乎已成为不证自明之理。"[4] 由于陪审团成员更不容易得出对被告有利的判决，那么就必须对陪审团成员施加职业法官的影响，甚至是为了社会公正和司法正义的要求，也必须这么做。在这种价值理念支撑下，英美法系发展了一整套精细的证据制度，以确保陪审团能够按照法官的意见进行案件审理，而不至于导致陪审团审理时没有任何根据最终无法得出结论。陪审团制度起源时期是为了抛弃神明裁判，而现代陪审团制度的存在

① 沈德咏：《刑事证据制度与理论》，法律出版社 2002 年版，第 844 页。

② 詹姆士·Q. 惠特曼：《合理怀疑的起源——刑事审判的神学根基》，佀化强、李伟译，中国政法大学出版社 2012 年版，第 187 页。

③ 同上书，第 205 页。

④ ［美］米尔吉安·R. 达马斯卡：《比较法视野中的证据制度》，吴宏耀、魏晓娜译，中国人民公安大学出版社 2006 年版，第 127 页。

理由更多是为了限制职业法官的任性与专断。职业法官为了能够继续施加对陪审团的影响，却发展了极为精细的证据规则，包括案件最后判断的心证标准。所以说，说服责任的侧重点在于当事人对陪审团成员的"说服"，而大陆法系的客观证明责任侧重于法官的内心确信，两者是站在不同的视角，一种侧重于外界说服，一种侧重于内心确信。虽然两者都是要求控方履行证明责任，但是诉讼双方影响判断者的心证依然存在着不同的方式与侧重点。

说服责任是一种基于普通人的常情判断，不需要陪审团成员对案件进行证据评判。常情包括常识、常理、常情，常情不仅仅是一种规则标准，也是社会普通人所认可的基本社会价值观念。陪审团成员在审理案件的时候所依据的不是现有法律规定以及该规定背后的法理，但不能说陪审团成员在讨论案件时不会涉及到法律，实际上陪审团成员在评议时依然离不开法官的具体法律性建议与指导。但是，就整个案件的审理来说，陪审团并不对案件证据进行评判，对证据的可采性和相关性评价则是法官的事情，与陪审团成员无关。由于陪审员是非法律专业的普通人士组成，陪审团审理已经演变为社会民主力量对司法进行的一种监督，是防止司法过度跑偏从而危及社会公众利益的一种制度设计，说服责任是针对普通民众而不是法律职业人士设置的证明责任。

说服责任侧重于外在评价，其评价标准为排除合理怀疑。如何才能达到说服的程度，是说服责任的关键所在。通常认为，英美法系说服的程度是"排除合理怀疑"，排除合理怀疑的确立最早可以追溯到陪审团制度确立初期，并伴随着陪审团制度的发展而先后经历了依据"良心、满意的良心和排除合理怀疑"[1] 三个发展阶段。说服责任的怀疑不是陪审员基于实体法规定从而对证据评价后的怀疑，而是对控方提供案件事实在控辩双方交锋之后的单纯事实判断。说服责任是一种法定责任，以控方承担为原则，以辩方承担为例外。[2] 英美法系的刑事诉讼中，由于控方指控犯罪嫌疑人构成犯罪，所以针对陪审团需要承担证明责任的主要是控方，由控方向陪审团承担说服责任是恰当的，也是其一般原则。但是英美法系遵循平等武装和辩论原则，控辩双方有同等的调查取证权，如果辩护方在辩护中

---

① 李培峰、潘驰:《英国证据法史》，法律出版社 2014 年版，第 176 页。

② 孙长永、黄维智、赖早兴:《刑事证明责任制度研究》，中国法制出版社 2009 年版，第31—57 页。

提出一些具有积极性的辩护事由，则由辩护方承担证明责任，这些事项构成了刑事辩护的例外。这些例外在美国法中主要有：非自愿行为、不知或者错误、适当注意、醉态、外力强制、军事命令、同意、警察圈套、紧急避险、执行公务、保护自身而使用武力、为保护第三人而使用武力、为保护财产而使用武力、在执法中使用武力、对他人照管训导或者安全方面负有特别责任的人使用武力等等，而在英国法中的例外有：精神失常、自杀契约、贩毒案件中财产来源、特别抗辩等等。英美法系是判例法国家，辩方承担哪些证明责任作为例外往往是由司法判例形成的，并在不断地发展。

三　两大法系证明责任的区别与联系

主观证明责任与客观证明责任是大陆法系的证明理论，提出证据责任与说服证明责任是英美法系证明理论，两种不同的证明责任理论是与其本身的诉讼制度相适应的，离开具体的诉讼制度，证明责任制度就失去了存在的土壤，也就失去了探讨证明责任理论的空间。对于两大法系的证明责任理论，有学者认为，英美法系的提出证据责任相当于大陆法系的主观证明责任（形式证明责任），说服责任相当于大陆法系的客观证明责任（实质证明责任），两者实质上没有太大区别。[①] 这种说法看到了证明责任理论的内在关联性，但是两种证明责任理论不能等同。

（一）两种证明责任理论体系的逻辑起点不同

大陆法系证明责任理论体系是以真伪不明为其逻辑起点，客观证明责任是在事实真伪不明时指导法官判决案件，是法官事实判断的辅助手段，而主观证明责任是客观证明责任的投影，主观证明责任与客观证明责任息息相关，对客观证明责任进行实体法上的安排将会影响主观证明责任的履行。所以说，大陆法系证明责任的产生前提是事实既不是为真，也不是为伪，而是真伪不明。证明责任设定是针对真伪不明的案件，真伪不明是指在控方和辩方穷尽证据后法官难以形成法律所要求的心证。"这种内心确信的特殊性就在于，它是以存在产生当事人的客观证明责任这一观念为前提条件。"[②] 不是任何一个案件都会产生真伪不明状态，实际上，真伪不

---

① 林万生：《刑事诉讼举证责任之研究》，"台湾南投地方法院'司法院'八十五年度研究发展项目研究报告"，第 21—37 页。

② 毕玉谦：《民事证明责任研究》，法律出版社 2007 年版，第 122 页。

明案件只是所有案件中的一小部分，客观证明责任的设置将真伪不明案件的解决寄托于法律具体规定，其前提是允许法官对证据进行评价与取舍。而与此相对应的，真伪不明的解决还有法定证据制度和神明裁判方式。而英美法系证明责任理论立足点是诉讼的推进，提出证据责任是要求诉讼当事人一方能够就案件提出之主张要有事实举证，由于当事人主义诉讼中法官并不具有积极调查权，诉讼无法继续推进。"英美证明责任理论注重程序价值的选择，之所以区别提出证明责任与说服责任，就在于陪审团的构建。"① 陪审团是由普通民众组成的裁判主体，陪审团成员对于有罪问题的判断没有任何优势。陪审团成员没有任何理由和权力对真伪不明事实进行调查核实判断来形成心证，没有达到心证的事实只能作出不予支持的判断。而大陆法系国家的证明责任，并不排除职业法官对证据的调查与评价，因为"采职权主义诉讼模式的大陆法系国家在构建自己的诉讼模式的时候，首先考虑到的，并不是当事人对自己所主张事实的证明责任，而是法官的查证责任"②。

（二）两种证明责任理论的价值取向不同

大陆法系证明责任理论依赖于职权探知模式，目的是追求事实真相，寻求实体真实。英美法系证明责任理论注重程序价值，证明责任一直由诉讼双方当事人承担。虽然，大陆法系主观证明责任是由控辩双方履行的，主观证明责任的履行程度最终会影响客观证明责任，而客观证明责任的立法规定又会影响主观证明责任的履行动力。大陆法系诉讼的目的首要为实体事实之正确性。③ 为追求案件的实体真实，检察官必须承担客观义务，检察官具有超越当事人的司法官或准司法官地位。④ 而法官在整个刑事审判中，具有积极的官方真实义务。这种官方真实义务，其核心就是庭审法官的澄清义务，"庭审法官的澄清义务是实质真实发现机制的最后一道防线。"⑤ 换句话说，在大陆法系刑事审判中，案件事实更多的是法官查证责任，而不是控辩双方所要承担的证明责任。而客观证明责任之所以要设

① 黄永：《刑事证明责任分配研究》，中国人民公安大学出版社 2006 年版，第 92 页。

② 孙锐：《大陆及英美法系证明责任制度比较》，《山西省政法管理干部学院学报》2006 年第 3 期。

③ ［德］克劳斯·罗科信：《刑事诉讼法》，吴丽琪译，法律出版社 2003 年版，第 5 页。

④ 龙宗智：《检察官客观义务论》，法律出版社 2014 年版，第 36 页。

⑤ 王天明：《实质真实论》，法律出版社 2013 年版，第 135 页。

置，是在检察官履行举证责任以后，法官已经尽其查证责任后事实依旧真伪不明时采取的一种价值取舍。但是英美法系国家，即使是在刑事诉讼中，所遵循的依然是控辩双方共同推进的诉讼方式，其价值倾向是当事人承担诉讼后果方式，对事实的发现主要是对证人的交叉询问，法官在庭审过程中可以对证据的取舍进行评价，但是形成心证的陪审团成员是独立的。英美法系证明责任制度的设置主要是基于程序正义视角，其推动力是当事人双方，最后承担结果者也依然是控辩双方。由于两种价值取向不同，在大陆法系证明责任理论被视为大陆证明理论的脊梁。但是在英美法系国家，证明责任理论远不及证明规则重要。①

（三）两种证明责任的法律效果不同

大陆法系客观证明责任是从全案事实证据出发，在对案件事实和证据进行评价的基础上，仍然不能形成心证时产生的一种责任。在刑事诉讼中，法官认定被告是否构成犯罪，不仅仅与提供的证据紧密相关，同时也与犯罪构成要件理论相关联。"传统的犯罪构成理论对违法性与有责性是持推定态度的。"② 即只要对犯罪构成要件中的该当性证明后，其违法性和有责性就推定存在，如果辩方要否认该状态，就有举证之必要，当辩护方提出证据促使法官认为阻却违法性和有责性情况发生的时候，则由检察官负责证明辩护方主张之事实没有发生。而客观证明责任的判断是指在穷尽所有证明手段之后，对待证事实是否依旧真伪不明时再作出的心证判断。但是英美法系的犯罪构成要件则不相同，构成犯罪的犯罪行为和犯意由控方负责证明，如果辩方主张辩护理由的，则由辩方承担说服责任。英美法系对于被告承担说服责任进行了法定上列举，例如财产犯罪中的正当事由、排除责任能力的精神疾病、共谋犯罪目的的放弃等等，这些事由都是由被告承担说服责任的法定事由，如果被告人没有尽到说服责任，那只能是其辩护主张没有得到实现的效果。但是对于该案件来说，并不一定是一种结果上的真伪不明，陪审团依然可以得出对被告人是否定罪的结论。从该角度来说，英美法系的证明责任是一种阶段性证明责任，而大陆法系却是一种整体性证明责任，从法律后果产生来看，前者更可能是阶段性后果，后者着眼于案件的整体性后果。

---

① 李美燕：《论证明责任的阶段性》，《北京航空航天大学学报》2013 年第 4 期。

② 黄维智：《刑事证明责任研究——穿梭于实体与程序之间》，北京大学出版社 2007 年版，第 23 页。

第二节　刑事程序法事实证明责任概念

一　我国刑事证明责任概念源流

我国在漫长的封建社会实行纠问式诉讼，主要的特点是由司法机关依职权主动追究犯罪，实行口供主义，法官审理权限受到约束。① 纠问式诉讼制度实行起诉、控诉、审判一体，法官不仅仅要行使审判权力，同时也可以行使控诉权力，法律赋予法官进行调查取证的权力，同时也要求法官对事实真相负责。被告人不是诉讼主体，没有具体的诉讼权利，特别是程序权利，被告人必须忍受司法人员的刑讯逼供，有义务证明自己有罪和无罪。从这种意义上说，中国历代证据制度中负担证明责任的主要是法院和当事人，所以说"法院对案件的处理负有完全的证明责任，被告人也负有举证责任"②。但是中国封建社会时期没有现代意义上的证明责任，现代意义上的证明责任必须是建立在控审分离的基础上，而控审分离的原则在中国产生则是近代司法改革过程中的事情。"据考证，有关证明责任的规定最早出现在清政府 1910 年起草的《大清民事诉讼律草案》中。"③ 1910 年，清政府起草了首部刑事诉讼法典，但是清政府未等到法典颁布就在全国风起云涌的革命浪潮中灭亡了。中华民国政府成立后，在对清政府起草的刑事诉讼法典上稍作修正就颁布实施，现行台湾实行的"刑事诉讼法典"就是原来中华民国政府时期颁布的刑事诉讼法，经过历次修正而形成的。现行台湾"刑事诉讼法"第一百六十一条规定了检察官对被告人犯罪事实负担举证责任。台湾刑事诉讼法采用举证责任而不是证明责任概念。如何理解立法中的证明责任，台湾学者作出了不同解释，一是从德国证据理论对举证责任进行阐释，"认为举证责任分为两个截然不同的层次，即一般通译的客观举证责任和主观举证责任。④ 客观证明是证明

① 徐静村主编：《刑事诉讼法学》，法律出版社 2004 年版，第 29 页。
② 宋世杰：《举证责任论》，中南工业大学出版社 1996 年版，第 27—28 页。
③ 陈光中、陈学权：《中国语境下的刑事证明责任理论》，《法制与社会发展》2010 年第 2 期。
④ 林钰雄：《刑事诉讼法》，中国人民大学出版社 2005 年版，第 363 页。

责任理论的核心，由于客观证明的设定衍生出当事人有履行证明责任的动力，这就是主观证明责任。二是从英美法系证据理论的提出证据和说服责任来解释举证责任，认为举证责任具有形式性和实质性两种，形式的证明责任属于诉讼程序范围内事项，而实质性证明责任是指其在实体法上具有的"未能使裁判者获得确信心，该当事人仍应负担其不利益之裁判。"①

　　中华人民共和国成立以后，《六法全书》被废除，清末到民国以来的司法精神被彻底割裂，与之相对应的刑事证据理论也遭抛弃，取而代之的是移植苏联立法及其法治精神。但是苏联证据理论很多概念与理论也不统一，例如被告是否需要承担证明责任的问题，苏联证据学界存在着重要分歧。一种观点认为，"证明责任与诉讼本身组织的性质和原则，与诉讼的历史形式和特点有直接联系的。"② 由于苏联时期已经实行法官的内心确信制度，这种制度理念要求法官必须确认案件的实质真实，法官可以通过多种证据调查的形式实现对案件的确信。苏维埃证据理论认为证明责任是一种提出证据的义务，"证明责任是由提出需要证据证明一种论点的人来承担"③，由于苏联的刑事庭审中不像英美法系国家法官那样消极居中裁判，而是采取积极探知的诉讼模式，同时也不否定控辩双方在庭审中的积极辩论，诉讼中检察机关应当承担证明被告有罪的义务，也即必须提出证据证明控诉主张，纯粹被告人反驳并不会要求被告承担证明责任，但是如果被告提出了新的论题，则应由被告负责提出证据证明，这就是证明责任的转移。也有学者反对证明责任转移，认为无论如何被告人是承担证明责任的。④ 可以说，苏联证据法理论与大陆法系客观证明责任理论和英美法系说服责任理论相差甚远，其证明责任理论更多的是提出证据的义务，而诉讼最终判定被告人有罪与否的责任则是一种社会主义内心确信的司法原则，与证明责任无关。

　　受苏联证据法学的影响，我国早期证据学著作都是以苏联证明责任理论展开的，体现了前苏联的主要证明责任理论观点。"证明责任，也叫举

---

　　① 陈朴生：《刑事证据法》，（台北）三民书局 1979 年版，第 307 页。

　　② 安·扬·维辛斯基：《苏维埃法律上的诉讼证据理论》，王之相译，法律出版社 1957 年版，第 288 页。

　　③ 同上书，第 290 页。

　　④ ［苏联］M. A. 切里佐夫：《苏维埃刑事诉讼法》，中国人民大学刑法教研室译，西南政法学院 1954 年翻印，第 186 页。

证责任。是指谁对案件事实有提出证据证明的义务。审判机关的审理是以控诉方指控的事实为根据的，没有控告，也就没有审判。"① 举证责任的承担主体包括诉讼三阶段所有参与诉讼的司法机关，侦查机关和起诉机关必须承担收集对被告有罪或者无罪的义务，被告人对自己是否有犯罪事实并不需要承担证明责任，但是被告人在诉讼中还是可以提出自己的诉讼主张，被告人可以反驳控方的诉讼主张，被告人提出诉讼主张是其行使辩护权的体现，是其法定的权利而不是义务。因为我国的被告人基本上都处于羁押状态，要求其对自己提出的主张需要提出证据进行证明实质上是不符合实际情况的，"肯定被告人负有举证责任，就会强制被告人履行这一当然责任或者当然义务，而犯逼供的错误。"② 这一阶段，我国证据法学主流理论将证明责任理解为收集提供证据的责任，而承担证明责任的主体是司法机关，包括公安机关和检察院，被告人不承担证明责任。

20 世纪 80 年代以来，英美法系证明责任理论开始影响我国证明责任理论，但是不论是大陆法系还是英美法系的证明责任理论都未能在中国取得决定性地位，证据法学理论中关于证明责任的定义比较混乱，其中产生了多种学说与观点，具有一定代表性的观点：一种观点认为，"证明责任是指公、检、法机关和当事人在完成诉讼证明中应当承担的责任，"③ 包括了侦查机关为完成诉讼活动进行的取证责任、检察机关为了实现顺利起诉向法院承担的举证责任、法院为了正确裁判而履行的审证责任。当然，举证责任是指提出证据的责任，这种责任既可以由提起诉讼的检察院承担，也可以由被告人承担，因为被告人可能提出对其有利的诉讼主张，凡是提出有利于自己的诉讼主张均要提出证据予以证明。取证责任是指司法机关承担的一项责任，案件发生后，负责侦查的公安机关应当尽最大能力对证据进行收集固定，避免证据灭失，审查起诉的机关也可以根据侦查情况继续收集证据。而审证责任是指法院对于控诉和辩护双方提出的证据进行审查评定的责任，审证包括对证据的证据能力和证明力进行审查判断，是审判法官必须承担的一项责任。将证明责任理解为举证、取证、审证三

---

① 张子培、陈光中、张玲元、武延平、严端：《刑事证据理论》，群众出版社 1982 年版，第 140 页。

② 第四期全国法律专业《证据学》师资进修班：《证据学讲座》，1984 年，第 163—164 页。

③ 裴苍龄：《证据法学新论》，法律出版社 1989 年版，第 188 页。

位一体，实际上是从诉讼的流程和诉讼参与方的职责角度来观察的，根据这种概念和思路，很难区分不同历史时期不同诉讼模式下的证明责任的区分，也违背了证明责任与诉讼模式相关联的观点。因为只要诉讼历经侦控审三个阶段，就会出现侦查机关的取证责任、控诉机关提出证据责任和法院的审证责任，这种划分实际上是不同阶段司法机关必须履行的职责，而不是现代意义上的证明责任理论之含义。同时将控诉和辩护双方赋予同等的举证责任势必会弱化控诉方的证明责任，也与职权主义诉讼模式下的侦控审辩权力分配不相符合，将影响被告人的正常辩护。

第二种观点将证明责任理解为提供证据责任的行为责任和即使提出了证据以后法官依然不能认定案件事实的结果责任。"两者是行为与结果的关系，不能分割，不能认为证明责任仅仅指前者或者仅指后者，而应作统一理解。"① 这种证明责任理论主张行为责任与结果责任的统一，行为是在结果责任指导下的行为，而结果则是在行为责任推进下的结果。陈一云教授在肯定证明责任概念的同时，认为刑事诉讼中的当事人应该承担提出证据的责任，即举证责任，并将证明责任和举证责任区分开来，认为是两种不同的责任。证明责任既包括了行为责任也包括了结果责任，而举证责任仅仅是指行为责任。

第三种观点是将证明责任理解为举证责任，举证责任的内涵由三部分组成：主张、举证责任与举证责任分配。② 这种观点认为，主张是产生责任的前提，先有主张然后产生举什么证，需要证明什么内容，所以是主张决定了举证的内容。如果是指控被告人犯有抢劫罪那么举示的证据就包括被告人如何通过暴力手段进行抢劫的事实，如果主张是被告人犯有盗窃罪，那么举证的内容就是被告人如何采取秘密窃取的手段非法占有他人财产的证据。举证责任包括的第二个内涵就是责任的内涵，宋世杰教授认为，举证责任包括了行为责任与结果责任，行为责任是提出诉讼主张的一方当事人提出证据证明其诉讼主张的责任，同时也包括了提供的证据不足不能认定其诉讼主张，可能承担败诉的风险。举证责任的第三层含义是指证明责任如何在提出主张人之间进行分配。该种观点提出了举证责任与主张之间的内在联系，认为主张是举证责任产生的前提，注意到了诉讼主张

---

① 陈一云、严端：《证据学》，中国人民大学出版社 1991 年版，第 152 页。

② 宋世杰：《举证责任论》，中南工业大学出版社 1996 年版，第 73—74 页。

与举证之间的必然联系，是当事人主义诉讼理念在举证责任概念中的体现。诉讼主张既有控诉方的主张，也有辩护方主张，既有实体法事实主张，也有程序法事实主张，既有定罪主张也有量刑主张，由主张产生责任，由主张的内容决定举证的内容。当事人具有提出证据的行为责任，当事人并不承担证明责任，但是要承担其举证责任。

第四种观点是将证明责任分为举证责任和证明职责两层含义。证明职责是证明责任的第一层含义，"刑事诉讼中的证明职责或称查明职责是指公安司法机关基于职责，负有收集、审查、判断证据，对刑事案件事实的证明达到法定证明标准的义务。"[1] 证明职责不仅包括法院的审查证据责任，也包括公安机关依法收集证据的责任，还包括人民检察院依法提出证据指控被告人的职责。证明职责不仅发生于审判环节，同时也发生于申请批捕、审查起诉环节等等。第二层含义是证明责任具体指举证责任，是指在审判阶段"如果不能提出证据或提出证据但达不到法律规定的要求，将承担其主张不能成立的危险。"[2] 这种观点将举证责任界定为审判阶段发生的责任，责任包括运用证据推进诉讼的责任，同时也包括没有提出证据或者证据未能达到法定标准时，其主张无法实现的结果责任。举证责任的分担在于诉讼双方，即包括控诉一方和辩护一方，辩护一方承担推进诉讼进程的责任，但是不承担结果责任，同时认为辩护一方提出的证据证明自己的主张之事实是一种权利行为，而不是义务行为。

还有很多关于证明责任的概念无法一一列举，可以说证明责任概念是我国诉讼法学界使用最混乱的一个词。证明责任概念之所以混乱，原因在于对证明责任下定义依赖的理论不一样，诉讼制度背景不一样，司法职权划分不一样，诉讼理念不一样。就我国证明责任理论来说，依赖的理论或者说基于理论背景来说，有苏联证据理论、我国现有诉讼构造和司法职权理论、大陆法系证明责任理论以及英美法系证明责任理论四个方面。根据苏联证明责任理论对证明责任进行阐释的主要在 20 世纪 80 年代之前，而该种证明责任理论在中国的影响越来越小。[3] 第二种是借鉴大陆法系证明责任理论，将证明责任分为行为责任和结果责任并对证明责任进行阐释。

---

[1]　陈光中主编：《证据法学》，法律出版社 2015 年版，第 332 页。

[2]　同上书，第 330 页。

[3]　持有该种观点的学者依然认为证明责任包括侦查机关的取证责任、诉讼双方的举证责任和审判机关的审证责任。裴苍龄：《构建全面的证明责任体系》，《法商研究》2007 年第 5 期。

这种观点认为中国刑事诉讼模式与大陆法系更相近，借鉴大陆法系证明责任理论对于证明责任界定和我国证明责任的设定更合适。我国实行的是职权主义诉讼模式，法官具有较大的证据调查权，检察机关负有客观真实主义义务，与大陆法系特别是德国的诉讼具有天然的相近性，加上清朝末期和民国以来都是借鉴德国和日本的刑事诉讼法，导致我国现行司法理念和诉讼模式更多地与德国相近。上述第二种定义深受德国证明责任理论的影响，龙宗智教授也认为"不宜将二元制度法庭中的相应概念不加限制地使用于我国证明责任法的研究。"① 第三种倾向是根据英美法系的证明责任理论出发对证明责任进行定义，英美法系庭审实行审判中心主义，控诉辩护双方有同等的取证权。这种证明责任理论是基于一种应然主义视角，抛开了中国诉讼传统观点之影响，不限于现行中国的诉讼制度和司法职权的设置。英美法系证明责任理论建立在程序正义价值观上，可以避免僵化的大陆法系结果责任的影响，同时可以将更多的程序事实主张纳入到诉讼证明责任理论中来，体现了更大的包容性。第四种观点根据中国现行的诉讼模式和司法现状进行定义，该观点立足于中国的司法现状，又试图将证明责任细化为举证责任和证明职责，进而解决中国司法实践中法院和被告人是否承担证明责任的问题，具有相对合理性。

二　证明责任概念要素

证明责任是证据法学中的核心概念，而界定证明责任的概念就要合理地界定其内涵要素，笔者认为证明责任主要有诉讼主张、提出证据、不利后果三个核心要素。

诉讼主张是证明责任产生的前提。主张是刑事诉讼主体提出的一种关于程序或者实体的意见，只有刑事诉讼主体才能提出诉讼主张。侦查机关在侦查阶段和审查起诉阶段甚至在审判阶段都有自己的诉讼主张，侦查机关具有天生追诉犯罪嫌疑人的倾向，在侦查阶段，侦查机关可以申请采取逮捕措施，可以对犯罪嫌疑人决定采取拘留、取保候审、监视居住措施，对自己的侦查行为和强制措施有其合法性的主张。在审查起诉阶段，侦查机关也可以提出自己的诉讼主张，例如公安机关对检察院作出不予起诉决定有错误的可以要求复议；在审判阶段，侦查机关可以出庭作证证明自己

---

① 龙宗智：《证据法的理念、制度与方法》，法律出版社 2008 年版，第 242 页。

的侦查行为合法，公诉机关的诉讼主张体现为向法院提起的诉讼请求，即对某一被告人提起的定罪和量刑请求，从而引起法院的审判。审判机关是否有自己的诉讼主张，笔者认为审判机关依然会产生自己的诉讼主张，例如法院认为检察机关起诉的罪名认定错误从而在判决中改变罪名，控辩双方的任何一方认为审判程序违法从而引发争议，法院提出其审判程序合法的诉讼主张。犯罪嫌疑人、被告人可以在侦查、审查起诉和审判任何阶段提出诉讼主张，被告人可以提出不符合拘留、逮捕条件，侦查机关采取强制措施违法，应该适用附条件不起诉，证据不能采用，定罪不准确，量刑不恰当等不同诉讼主张。被害人在诉讼过程中也可以提出诉讼主张，但是其主张更多地包含于控诉机关的诉讼主张之内。

　　诉讼中产生的主张，从其法律性质、内容、作用上进行分类，可以分为实体主张和程序主张、法律主张和事实主张、肯定主张和否定主张、积极主张和消极主张等等。实体主张是直接指向定罪与量刑的主张，在一审程序中，控诉方、辩护方都是围绕着被告人的定罪与量刑展开的，控诉方提出被告构成犯罪和量刑的主张，被告人认为不构成犯罪和量刑从轻、减轻的主张。一审、二审、死刑复核程序以及审判监督程序中提出的关于被告人定罪与量刑的主张都属于实体主张。程序主张是指在审前程序、一审程序、二审程序、审判监督程序、死刑复核程序过程中提出的以程序争议和程序请求为内容的诉讼主张，例如在审前提出的非法证据排除主张、逮捕无必要性的诉讼主张，在庭前会议阶段提出的管辖权异议、法官回避，申请启动审判监督程序等都属于程序主张。实体主张与程序主张都属于诉讼主张，程序主张的实现会直接或间接地影响实体主张的实现，同时程序主张的实现本身就是程序价值的重要体现。实体主张与程序主张的划分对于刑事诉讼证明责任理论的重构具有重要意义，它必将进一步拓展刑事证明理论，促使刑事证明理论的进一步发展。

　　法律主张与事实主张。"事实的主张是指事实存否的主张"[①]，刑事诉讼中的事实主张包括围绕犯罪嫌疑人或者被告人是否具有犯罪的事实、犯罪后是否有悔罪的事实、犯罪后双方是否有和解的事实、犯罪时是否采用特定方法在特定时间和特定地点实施犯罪的事实主张等提出的诉讼主张。

---

　　① 刘丹：《民事诉讼主张的类型化分析——以当事人的诉讼行为为视角》，《河南财经政法大学学报》2016 年第 3 期。

事实主张最后概括为体现某一起诉行为是否构成某一犯罪的，以及构成何种犯罪的诉讼主张。法律主张是指以理解和适用法律为内容的主张，法律主张来源于法律，而不是案件事实，法律主张对于案件最终定罪量刑具有重要意义。例如对于很多案件的事实并无争议，但是对案件的法律适用不服而提起的诉讼，就是基于对法律的理解不同而形成的不同诉讼主张。法律主张的产生既有针对法律的现有条款理解不同而产生的，也有对适用旧法与新法，适用法律、法规还是司法解释有争议而形成的诉讼主张。

积极主张和消极主张。积极主张又可以称为攻击性主张，消极主张可以称为防御性主张。在刑事诉讼中，控方提出的主张主要是积极性主张，积极主张具有发动程序的特点。控方提出被告人构成犯罪、被告人量刑诉讼主张都属于积极性主张。消极性主张也可以称为防御性主张，消极主张大部分时候体现为一种抗辩主张，也是一种否定性主张。例如针对公诉机关提出的被告构成犯罪的诉讼主张，被告认为其不构成犯罪的诉讼主张。积极主张与消极主张主要是针对由谁最先提出诉讼主张而言的，如果是最先由控方提出，那么针对控方就是积极性主张，由控方提出证据进行证明，被告方否认某种事实不存在，则其主张为消极性主张。消极主张并不产生提出证据的责任，但是消极性主张能够削弱积极性主张的效力，在一定意义上可以起到瓦解积极主张的功能。在实体性事实辩护中，大部分诉讼主张都是由控诉方提出的积极主张，但是也有一些诉讼主张是由被告人提出的积极主张。从我国现行法律看，被告人主张犯罪时不在犯罪现场、犯罪时候不满十八周岁、犯罪的时候有精神病障碍都属于积极性的主张，但是由于我国法律规定完全由检察机关承担证明被告有罪的责任，结果是检察院要承担证明被告人在犯罪现场、已满十八周岁、没有精神障碍的责任。实际上，对于被告来说，在辩护过程中提出的积极性主张，例如强奸犯罪中被害人的同意行为等等，都属于积极的诉讼主张，必须提出证据予以证明。对于程序法事实而言，大部分都是由于辩护方提出的积极诉讼主张，例如请求司法人员回避的诉讼主张、法院没有管辖权的诉讼主张、延期审理的诉讼主张、中止审理的诉讼主张、撤诉的诉讼主张、停止执行的诉讼主张等等。对于这些程序性诉讼主张需要被告人提出证据支持其诉讼主张，否则其主张将不可能被接受。提出证据是证明责任概念的核心。任何诉讼主张的提出都需要一定的证据予以支持，否则诉讼主张无法得到认可并产生期待结果，没有理由与事实支持的诉讼主张从来都是无法被认可的主张。从大陆法系证据理论来看，提出证据责任与主观证明责任具有一致性，即当事人为了自己的诉讼主张得到认可，主动提出证据予以证明，最终使主张获得承认的一项诉讼活动。另一方面，根据英美法系证明责任理论，提出证据也是推进诉讼进行的体现，也是一种通过的义务。不论从诉讼进程还是案件事实推理逻辑看，提出证据之所以作为证明责任的核心要素，因为它是推动诉讼进程不可缺少的核心环节。提出证据是一种行为体现，但提出证据要达到什么程度，即提供证据要提出多少证据，提供到什么程度的证据，不仅仅与证明责任分配原则机制相关联，也与法官的职权、审理模式、诉讼价值等相关联。诉讼主张的提出要求具有相应证据，并且随着诉讼主张的不断提出会产生证明责任在当事人之间转移的结果。例如控方提出被告人构成抢劫罪的诉讼主张，被告人否认其构成抢劫罪，而是构成抢夺罪，被告人提出构成抢夺罪诉讼主张的同时，一定会提出一些证据予以支持，否则其诉讼主张难以得到认可。这时被告人所承担的提出证据的责任也是推进诉讼的责任，最终可能瓦解控方的诉讼主张，导致法院支持辩方的诉讼主张。大陆法系从客观证明责任理论角度出发，解释当事人提出证据的动力问题，而英美法系从诉讼进程推进角度出发解释提出证据的责任问题。实际上，从诉讼过程的主张出发，提出证据是支持其诉讼主张最基本的理由，也是作为任何参与诉讼一方必须履行的义务，但是对于提供证据到什么程度，法官才能产生确信的心证，则是由于需要从证明责任分配和证明标准设定的两个方面来完成的。

　　法律后果是证明责任的又一要素。法律后果是指由于提出诉讼主张一方未能顺利履行提出证据的责任最终导致其诉讼主张未能实现的后果，或者由于顺利提出证据导致其提出的诉讼主张被认可的后果。法律后果既体现为实体意义上的后果，也可以体现程序意义上的后果。既有某一诉讼主张认可的阶段性后果，也有整个案件败诉的整体性后果。法律后果中的实体后果是实体性诉讼主张没有被认可的结果，例如控诉机关指控被告人甲犯有盗窃罪，最终被告人被宣告无罪的诉讼后果。除了实体后果以外，还有程序性后果。例如被告人提出审判程序违法要求重新启动审判监督程序的诉讼请求被驳回的诉讼后果。在诉讼过程中，不利后果的产生是随着诉讼阶段的不同产生了不同的诉讼后果，一个案件在结果上有一个判决，但是却可能有不同的法律后果，例如在案件审理中，被告人提出的回避请求被允许就是这一法律后果，在审理过程中被告人提出不是共同犯罪的主犯而是从犯，最终被法院予以认定的诉讼主张也是法律后果。

诉讼证明责任应该是由诉讼主张、提出证据、法律后果三个部分组成，如果要将这三个因素认为是责任的话，则可以认定为提出诉讼主张的责任、提出证据责任、不利法律后果承担的责任。提出诉讼主张是产生证明责任的首要前提要素，没有诉讼主张就不会产生证明责任。而提出证据则是证明责任实现的核心要素，没有证据支持的诉讼主张是一种不可能被认可的诉讼主张，不论被告是在无罪推定保护下实体诉讼主张的证明，还是在遵循对等原则下程序性诉讼主张证明，都要履行提出证据责任。而法律后果反过来又指引着提出证据责任的履行，法律后果是一种结果责任，与行为责任之间形成为紧密的逻辑关系。笔者认为说服不应该作为证明责任的一种核心要素，因为说服责任实际上是一种证明标准，任何主张都应有一定的证明标准，但是由于诉讼主张不同，提出诉讼主张的主体不同，证明标准往往也不相同。控方在承担定罪事实的证明时应当承担最高的证明标准，尤其是死刑案件应当排除一切怀疑。说服在我国刑事审判中实际上是一种法官的心证，法官不仅仅可以根据控辩双方提供的证据进行评价，同时也可以进行调查取证，不仅仅可以通过庭审听取控辩双方的意见，同时也可以通过阅读卷宗来形成心证。即使是同一诉讼主张，例如对被告人是否构成犯罪的诉讼主张中，被告人提出的诉讼主张和控方提出的诉讼主张，其要履行提出证据的程度则不相同。说服责任是针对非法律职业的陪审团进行的，我国是由职业法官主导的裁判，其心证的形成不仅仅依赖于控辩双方提供证据，也依赖于庭后阅卷和庭审观察。大陆法系的客观证明责任理论也不适用于我国刑事证明责任，因为"客观证明责任对法官自身来说之所以必要，在于他负有裁判义务，它确保法官在真伪不明时能够作出判决"[①]，客观证明责任是根据实体法进行规定来予以实现的，客观证明责任更适宜于民事诉讼法中，通过客观证明责任的分配最终确定风险的分配。但是由于被告受无罪推定的保护，公诉案件中刑事证明责任是由检察官来完成的，自诉案件是由自诉人来承担证明责任的。

三　刑事程序法事实证明责任概念

刑事诉讼过程中的主张包括程序主张和实体主张，实体主张是被告人

---

① ［德］普维庭：《现代证明责任问题》，吴越译，法律出版社 2006 年版，第 60—61 页。

是否构成犯罪、如何量刑的诉讼主张，而程序性主张是根据刑事诉讼法形成的诉讼主张。程序主张根据诉讼主张主体划分，主要有侦查机关的程序性主张、控诉机关的程序性主张、审判机关的程序性诉讼主张、犯罪嫌疑人的程序性诉讼主张、被告人的程序性诉讼主张、被害人的程序性诉讼主张等等。根据诉讼阶段不同，可以将诉讼主张划分为侦查阶段的程序性诉讼主张、审查起诉阶段的程序性诉讼主张、审判阶段的程序性诉讼主张。根据程序性主张的性质，可以将程序性诉讼主张划分为职权请求型程序性主张、诉讼行为无效型程序性主张、排除非法证据型程序性主张。根据各国刑事诉讼法的规定，侦查阶段的程序性主张包括：侦查机关申请采取逮捕、搜查、扣押、监听等强制措施的程序性请求，被害人申请侦查人员回避和重新鉴定、勘验的程序性请求，犯罪嫌疑人申请保释、回避、管辖权异议、变更强制措施、精神病鉴定等程序性主张。审查起诉阶段的程序性主张有：关于变更强制措施的请求；关于可以适用不起诉或者适用附条件不起诉而形成的程序性主张；关于控辩双方之间证据开示争议形成的诉讼主张；审查起诉阶段剥夺被告人辩护权形成的程序性主张。审判阶段的程序性诉讼主张主要有：基于程序选择动议权形成的程序性主张，"程序选择是指就案件审理所适用的程序向法庭提出动议的权利，在我国的刑事诉讼中主要是指第一审普通程序、简易程序以及简化的普通程序之间提出选择动议的权利"[①]；对审判人员、书记员提出回避形成的程序性请求；是否选择陪审团审判而形成的程序性请求；提出中止审理、延期审理、终止审理的程序性请求；剥夺被告人辩护权的程序性争议产生的诉讼主张；申请重新鉴定的诉讼主张；提出管辖权异议的诉讼主张；公诉机关可否撤回公诉程序争议形成的诉讼主张。程序性诉讼主张不仅仅产生于一审诉讼程序中，同时也会产生于因程序性上诉导致二审审判之中，因初审法院违反了公开审判原则[②]形成的程序性诉讼主张；一审法院提出排除非法证据没有得到支持而提出的程序性上诉主张；一审法院在一方缺席的情况下举行审判程序生成的诉讼主张；判决书中没有说明裁判理由的诉讼主张等等。

　　程序证明主体提出的证据事实主要是程序性事实。提出证据是证明责任的第二层含义，如果程序证明主体不提出证据，只是提出诉讼主张，则

①　姚莉、李力：《辩护律师的程序动议权》，《法商研究》2002 年第 2 期。
②　陈瑞华：《程序性制裁理论》，中国法制出版社 2005 年版，第 458 页。

诉讼无法推进，所以证明责任又是一种诉讼推进责任。程序证明过程中诉讼主体提出的是程序性诉讼主张，推进诉讼进程的是程序性诉讼证据，主要是一种程序性事实。程序性事实在前文第一章中进行了详细的讨论，在我国关于程序性事实的定义，主要有法律效果说和法律关系说，法律效果说认为"程序性事实是关于解决案件的诉讼问题具有法律意义的事实"①，法律关系说主张"程序法事实引起诉讼法律关系发生、变更和消灭的事实"，本书主张程序法事实可以从三个方面进行理解，程序法事实是影响诉讼进程的事实；程序法事实是权力或权利属性事实；程序法事实是形成和消灭主张的事实。证明过程中所提出程序性事实是指那些支持或者否定诉讼主张的程序性事实，程序性事实从发生角度看与实体事实最大区别是，程序性证据事实大部分是发生在诉讼程序启动后，没有诉讼就没有程序事实，诉讼法律是程序事实产生的依据，实体事实不论是否启动诉讼程序都一样产生，是在程序启动前就已经生成的事实，只不过诉讼过程有助于实体事实得到发现和证实。实体事实是指涉及定罪与量刑的事实，该类事实的发生是在诉讼启动之前，先有犯罪后有追诉，没有犯罪不能有追诉。但是量刑事实可以发生在诉讼程序启动之前，也可以在诉讼程序启动之后。程序性证明中提出的证据事实，绝大部分都是发生于刑事诉讼程序启动之后，例如被追诉人的权利形成性事实，回避依据的是在侦查阶段、审查起诉阶段、审判阶段发生的程序性事实，被告人辩护权剥夺事实也是在侦查、起诉、审判阶段形成的程序事实，申请重新鉴定或者申请精神病鉴定也是发生在诉讼阶段的事实。但并不是所有程序性诉讼主张提出的事实都是在诉讼进行之后发生的事实，有些事实是在诉讼之前发生的事实，例如申请取保的诉讼主张中就有关于犯罪情节的事实。也就是说，在众多支持程序性诉讼主张的证据中，有些关于犯罪的事实也构成对程序性诉讼主张的证据。但是这类证据主要是关于强制措施采取的诉讼主张，例如关于羁押的事实、关于采取监听等特殊羁押性措施事实、关于搜查的诉讼主张事实、关于扣押的诉讼主张事实，同时也有一些其他诉讼行为采取的事实，例如提出管辖异议的证据事实，管辖提出的时候需要证明其是主要犯罪事实发生地等等。程序性诉讼主体提出的证据有些是在案卷中所载明的，但是大部分不在案卷中所载明，这些事实是在诉讼过程中发生的，由

---

① 徐静村主编：《刑事诉讼法学》，法律出版社 2004 年版，第 192 页。

于绝大部分不会影响案件定罪与量刑，程序事实的形成与消灭具有时效性。

程序证明过程产生的是程序性后果。程序性后果是相对于实体性法律后果而言的，是指诉讼主体依据程序法展开证明活动从而导致的法律后果。程序性后果和程序责任是两个不同的概念，程序责任"主要体现为非法证据排除、程序重作、程序终止"[①]，程序后果的范围更宽，其包括了程序责任。程序性后果包括以下几种情形，第一类是权利程序主张或者职权程序请求是否实现的后果。闵春雷教授认为"程序性请求是指控一方或辩护一方为启动某一程序或者实现某项程序权利向法官或者有权机关提出的请求事项"。[②] 程序性请求贯穿于刑事诉讼过程始终，不论是司法机关还是诉讼当事人都可能提出程序请求。对于控诉方而言，审前提出的采取强制侦查行为的请求都属于程序性请求，主要体现为逮捕、搜查、扣押、监听等程序性请求。例如逮捕是各国普遍的一项程序性请求事项，德国刑事诉讼法规定逮捕的请求必须包含被指控人有重大犯罪嫌疑及依据事实，法官根据侦查机关提出的申请逮捕的依据进行审查批准，搜查也是侦查机关在侦查过程中提出的一项程序性请求，英国《1984 年警察与刑事证据法》第八条规定，治安法官认为犯罪嫌疑人实施了严重犯罪，有相当理由怀疑搜查的场所有证明犯罪情况的重要材料，可以申请逮捕。[③] 在侦查阶段，除了控方的程序性请求以外，辩护方也会提出程序性请求，例如我国《刑事诉讼法》第二十九条规定了申请回避的四项事实理由，根据该条规定，当事人及其辩护人在侦查阶段提出的回避请求就属于程序性请求，而通过程序性证明，提供了满足上述四款中任意事实，其程序性诉讼主张将得到肯定并予以实现。第二类是提出职权违法程序主张而产生的诉讼行为无效程序法律后果。程序性后果的第二类是辩护一方提出司法机关在进行诉讼行为过程违法而产生的程序性后果，这种程序性后果在大陆法系体现为诉讼无效行为。

刑事诉讼法就是规范控制司法机关权力运行的法律规范，法律赋予侦查机关侦查权力，赋予检察机关提起诉讼和监督法律执行的权力，赋予法院审判权力，这些权力在运行中如果不按照法律规定与法律精神来行使，

---

① 刘方权、曹文安：《刑事程序法律责任论》，《厦门大学法律评论》第 6 辑，厦门大学出版社 2004 年版。

② 闵春雷：《刑事诉讼中的程序性证明》，《法学研究》2008 年第 5 期。

③ 孙长永：《侦查程序与人权——比较法考察》，中国方正出版社 2000 年版，第 106 页。

务必侵犯被追诉人或者被害人权利，当被追诉人和被害人提出司法机关的行为违反法律，并提出证据予以证实时，产生的程序法律责任就属于程序性法律后果。这种程序性法律后果在各个国家有不同的体现，根据法律后果的轻重有的追究司法机关人员的行政责任甚至是刑事责任，也有的产生经济责任。刑事责任、行政责任、经济责任不是程序性责任，由于主张控方违法的程序性证明过程中产生的后果是一种程序性责任形式，这种责任形式在大陆法系体现为诉讼行为无效。无效刑事诉讼行为中的无效否定的主要是该诉讼行为在程序法上的效力。"诉讼行为虽存在或成立，但不发生应有之效果者，为诉讼行为无效"，① 诉讼行为无效主要是由于诉讼主张提出，根据法律明确规定或者公正司法、公共利益的考量，从而导致诉讼行为无效。纵观大陆法系国家，诉讼行为无效贯穿于诉讼始终，例如诉讼行为没有以本地区官方语言作出的；搜索律师办公场所是否法官亲自主持的；以扣押方式管制嫌犯与辩护人之间通信的；对于不属于犯罪对象的职业秘密文件扣押的；公诉人在超出法律规定的期限实施的侦查行为；未遵守上诉期限的，这些诉讼主张提出后如果有足够证据支持其结果将导致司法机关进行的诉讼行为无效。在英美法系，被告人提出的一些程序性诉讼主张，由于有了足够的证据支持，也产生类似于诉讼行为无效的程序性后果。例如提出程序滥用主张而导致的撤回或者驳回起诉，"程序滥用是指非正当地并且侵权性地使用正当的争诉程序以达到取得非法的或者诉讼之外结果的目的。"② 在美国，程序滥用主要体现在违反宪法第五修正案规定的禁止双重危险原则，起诉行为违背了宪法第六修正案规定的迅速审判原则，起诉行为违背了宪法第十四条规定的正当程序原则，起诉行为违背了其他法律规定导致诉讼中止。③ 第三类程序性后果是证据是否排除的后果。非法证据是司法机关在行使职权的过程中产生的一项程序性争议，通过辩护一方提出由中立机关裁判的程序性争议。非法证据排除是涉及到案件实体问题处理的程序性争议，所以作为一项单独的程序法律后果予以讨论。我国《刑事诉讼法》第五十八条规定，当事人及其辩护人、诉讼代理人有权申请人民法院对以非法方法收集的证据依法予以排除，申请排除以非法方法收集证据的，应当提供相关线索或者材料。

---

① 夏红：《无效刑事诉讼行为研究》，中国人民公安大学出版社 2009 年版，第 50 页。
② 同上书，第 162 页。
③ 李玉萍：《刑事诉讼行为》，中国人民公安大学出版社 2010 年版，第 177—179 页。

第三节　程序法事实证明责任的分配理念

理念是一种精神性东西，是一种抽象的概念化形式，但是理念又和具体的外化表现规则相融合，只有当精神性的理念与具体的外化规则相一致时，具体的规则才获得了精神性力量，黑格尔认为，"概念和实在是两个方面，是灵魂与肉体的关系，当定在与概念、肉体与灵魂的统一便是理念。"① 证明责任分配理念是具体指导证明责任分配、构筑证明责任分配规则的精神性指引，是证明责任分配规则的抽象性概念。刑事程序证明发生于诉讼进程中，程序证明责任的分配既要遵循证明责任分配的一般规律，又要遵循程序性证明特殊的程序理念要求，程序证明责任分配遵循的理念主要有无罪推定理念、程序正义理念、诉讼效率理念。

一　无罪推定理念

无罪推定是刑事司法经验的总结，反映了司法民主人权保障不断发展的结果，是贯穿于刑事诉讼始终的黄金原则。西方无罪推定原则的出现是对封建刑事司法擅断反思的基础上形成的，"根据德国法学者李斯特对欧洲刑法史阶段的划分，欧洲中世纪属于峻刑时期，司法审判的特点是罪行擅断"。② 严刑峻法从诉讼需要上看，是为了巩固罗马教皇的统治，其是通过刑讯方式来实现的。罗马教皇为了维持对欧洲人民的精神控制，将那些不遵从基督教教义的人视为异端，并通过教会法院的刑事司法进行打击。教会刑事司法的最大特点是有罪推定，对嫌疑人进行刑讯逼供。"当时的法学家们普遍认为刑讯不是一种刑罚，认为人性化的刑事程序会鼓励犯罪。"③ 将刑讯逼供和有罪推定披上一层神学的合法性外衣时，司法的专断与残暴暴露无遗。正是在与封建司法专断的斗争中产生了无罪推定原则，学界较为通常的说法是贝卡利亚第一次正式地提出了无罪推定的基本理念。"在法官判决以前，一个人是不能被称为罪犯的。"④ 但这不是西方

---

① ［德］黑格尔：《法哲学原理》，范扬、张企泰译，商务印书馆 1961 年版，第 1 页。

② 宁汉林：《论无罪推定》，《中国社会科学》1982 年第 4 期。

③ 孙倩：《无罪推定的外国法溯源与演进》，《环球法律评论》2014 年第 4 期。

④ 贝卡利亚：《论犯罪与刑罚》，中国大百科全书出版社 1993 年版，第 31 页。

无罪推定的最早渊源，实际上无罪推定思想可以追溯至古罗马时期，"图拉真皇帝给阿西多赛维鲁斯的批复中说，基于嫌疑也不得判处有罪，因为与其让无辜者被判刑还不如让犯罪的行为不受处罚。"① 真正作为一项法律原则写进立法的是法国《人权宣言》，主要内容是指被告在依法宣判前是无罪的，之后美国联邦法院通过案例予以确定。二战以后，人权司法不断地被称为国际司法的一项重要内容，无罪推定原则先后写入国际性公约。相应地，世界各国在修改宪法和刑事诉讼法时都将无罪推定原则写进法律中予以确定，例如《俄罗斯刑事诉讼法典》、《意大利共和国宪法》、《土耳其共和国宪法》、《加拿大宪法》等等，"无罪推定已经从最早的一般法律意识、法律思想和法律制度，演变为被世界大多数国家宪法和法律所接受"②，逐步成为被告人一项通行的权利。

　　到现在为止，我国法律并没有明确确立无罪推定原则。针对无罪推定的讨论可以说进行了一波又一波。从无罪推定讨论的主题上看，我国从反对无罪推定原则到认可无罪推定原则再到确立什么样的无罪推定原则，这个过程实际上是我国司法不断走向民主、司法不断保护人权的必然结果。中华人民共和国建立后废除了六法全书，之后对无罪推定原则开始逐步正式看待，直到 1958 年法学界主流都是肯定无罪推定的积极价值，但是随着我国反右运动的开始，对于诞生于资产阶级革命时期的东西彻底批判，无人敢再提及无罪推定。直到 1979 年以后，无罪推定原则被重新提出来，认为坚持无罪推定原则是坚持实事求是精神的体现，也是我国法律文件的应有之义。在此背景下，我国 1996 年《刑事诉讼法》第十二条规定：未经人民法院依法判决，对任何人不得确定有罪。同时在审查起诉和审判中确立了疑罪从无的原则，取消了检察机关的免予起诉权力。但是这些依然包含了无罪推定的因子，"我国刑事司法要达到国际社会所公认的无罪推定要求，在立法和司法实践方面仍然有很长的路要走。"③ 学者呼吁立法要将无罪推定明确作为刑事诉讼法的一个条款，"无罪推定原则并不可怕，我国刑事诉讼法应当旗帜鲜明地使无罪推定实至名归"④，2012 年并没有明确将该条款写入《刑事诉讼法》，但是在《刑事诉讼法》的第四十

---

① 孙倩：《无罪推定的外国法溯源与演进》，《环球法律评论》2014 年第 4 期。

② 张小海：《无罪推定权利论》，中国民主法制出版社 2015 年版，第 85 页。

③ 杨宇冠：《重论无罪推定》，《国家检察官学院学报》2005 年第 6 期。

④ 顾永忠：《刑事诉讼法修正案草案中的若干问题研究》，《法学》2011 年第 12 期。

九条规定了有罪的证明责任属于人民检察院。有学者认为，"这是无罪推定原则所包含的三个核心内容之一，相对于以前没有法律上的直接宣示，这是一个非常大的进步。"①

从权利的角度看，无罪推定是被追诉人的一项基本权利，是法治形态下被追诉人享有的基本人权，也是所有人享有的一项人权。虽然无罪推定权利作为一项公民权利在20世纪才写进宪法，但是无罪推定权利却和生命健康权利一样应当成为公民的基本人权。从最根本的意义上说，无罪推定作为一项人权是符合人性解释的，无罪推定首先的意义是任何人没有义务证明自己有罪或者无罪，这是一种从人性意义上进行解释的权利。法律最根本的目的是为了人类的生存，法律并不是为了泯灭人性而是为了保存人性，是为了人类更好、更有意义生存所创设的秩序设计。无罪推定是一项法定权利，是法治理论与法治实践发展的结果，但不应仅仅理解为一项法定权利，实际上它应是一项应有权利。因为将其放置于应有权利上看更符合权利的初始价值。应有权利是一种客观实在，是法定权利的前提与基础，没有应有权利作为前提，法定权利就会成为无源之水和无本之木。无罪推定权利不仅仅是一项被追诉人权利，同时也是针对所有人而言的。如果进行有罪推定，那么是否涉嫌犯罪都有义务证明自己有罪或者无罪，这是一种潜在地对无辜者权利的侵犯。如果是那样，主张有罪推定就可以在毫无任何理由情形下剥夺公民的人身自由、健康权利，司法机关就可以制造更多借口从而侵犯公民权利。我们无法想象，在任何时候都需要证明自己未曾涉及案件的状态，在这种状态下公民能够自由而安定地生活？无罪推定作为一项公民应有的权利，是刑事诉讼中公民主体性地位的体现，也是作为司法民主和权利保障在被追诉人身上进行价值确证的一种方式。这项权利可以检测诉讼中的民主、自由、公平、正义、人权等价值的程度。相反，民主、自由、正义、人权等价值又成了刑事诉讼中无罪推定权利生成的基本依据。虽然我们将无罪推定理解为一种应然权利，但是在法定层面和实际层面，无罪推定权利在不同国家落实情况不一样。法律权利是应有权利的法律化，而实有权利却是应有权利的实际运行情况。我国虽然在法律上并没有直接宣称被追诉人享有无罪推定权利，甚至被追诉人对于侦控机关的指控具有抗拒从严的法律义务。但是在实际运行之中，被追诉人

---

① 姜田龙：《无罪推定论》，中国检察出版社2014年版，第107页。

依然享有不被强迫自证其罪的权利。最高人民法院、最高人民检察院等部门在推进以审判为中心的诉讼制度改革中一再宣称，犯罪嫌疑人和被告人享有不被强迫自证其罪的权利，实际上是对现实中无罪推定权利要求的一种回应。通过对冤假错案的平反，实践中进一步落实无罪推定精神。作为一项被告人重要权利的无罪推定，在刑事诉讼中通过一系列制度予以实现，这些制度体现于侦查、起诉、审判过程中，同时也体现于证据制度理论中。

可以说，无罪推定既然是贯穿于刑事诉讼始终的一项黄金原则，也必然贯穿于刑事诉讼的整个证明过程。无罪推定是一种最高的推定，它和普通的推定不同之处就是普通的推定有预设前提，而无罪推定是一种没有前提的假设，是一种自始至终的假设。普通推定是一种基于事物之间的普遍共生关系，由基础事实推出待证事实的一种证明规则，是一种逻辑推理方法。普通推定并不是当事人的权利，也不是一种权利方式。无罪推定不需要案件事实，在任何情况下被追诉人都享有无罪推定的保护，因为它是被追诉人享有的一项诉讼权利。无罪推定派生出侦查阶段的沉默权和审判阶段的不被强迫自证其罪等证据规则，同时无罪推定本身也可以作为对指控事实的抗辩理由。无罪推定原则的适用没有预设前提，从适用时间和空间上看，具有全程性和全面性特点。实体法事实的证明过程是事实不断明确的过程，而程序法事实证明过程是人权不断得到保障、程序正义不断伸张的过程。无罪推定原则作为一项保障人权的具体原则，在实体事实的证明过程中起到了将证明责任分配于控诉方的作用，而程序事实证明中无罪推定的保护也是在一定意义上将证明责任分配于控诉方，从而实现被追诉方的诉讼请求。无罪推定原则至少在证明责任的分配上包含了三个方面的含义：第一，无罪推定原则进一步明确了控诉方的提出证据责任；第二，无罪推定原则明确了控诉方的说服责任，确立了疑罪从无原则；第三，无罪推定原则意味着有利被告人。① 在程序事实证明过程中，至少体现了以上原则的第一和第三方面，也即在有些程序事实的证明过程中，不论是哪一方提出的诉讼主张都是由控诉方来提出证据，这可以理解为谁主张谁举证的责任倒置原则。这一类程序事实证明特别体现在司法机关职权违法的程序事实证明中，例如被追诉人提出诉讼主张认为司法机关在审理过程中剥

---

① 宁松：《刑事举证责任研究》，中国检察出版社 2013 年版，第 120—121 页。

夺了其正常的辩护权利，根据谁主张谁举证的原理，应该由被追诉人提出证据予以证明，但是根据无罪推定原理，对于被告人提出的争议在无罪推定原则的保护下应该由提出诉讼主张的另一方予以证明，在此种情形下，审理一方或者控诉一方就应当证明没有侵犯其权利的事实。对于侦查讯问过程中供述是否合法自愿的争议，由被追诉一方提出以后，则应该由侦查控诉部门证明其供述应该属于合法自愿。同时，对于一些程序性争议，在控辩双方提出的证据中难以认定事实的时候，根据无罪推定的保护原则，应当根据有利于被告人的事实进行裁定。例如辩护方提出管辖异议、回避申请等诉讼主张，被追诉人提出诉讼主张，同时也提供了一定的证据，但是事实依然处于真伪不明的状态时，应该做出对被追诉人有利的裁定。所以，"无罪推定原则作为对犯罪嫌疑人和被告人的一种程序保障，其原理贯穿于刑事诉讼之始终，一体适用于审判前程序的任何阶段。"[1] 无罪推定原则在程序法事实证明方面体现得不是那么具体，在一定意义上说大部分程序法事实证明责任的分配并不需要直接考虑到无罪推定原则，但是无罪推定是一种刑事司法态度，也是一种刑事司法价值导向，将其丰富的内涵指导刑事程序事实证明过程具有十分重要的意义。

二　程序正义理念

程序正义的起源历史就是人类正义不断促进与发展的历史。"正义是社会制度的首要价值，正像真理是思想体系的首要价值一样。"[2] 正义是人类历史进程中不断探索的问题，人类社会的发展史就是一部社会公正不断实现、社会正义不断提升的历史。正义与社会发展的经济条件、与社会的人权状况观念等紧密联系，正义理论也随着社会发展而不断发展完善。程序正义则是正义理论发展到一定阶段后呈现的一种理论形态，是正义理论不断发展的体现。程序正义的思想一般认为最早来源于罗马法的自然正义原则，但是推动程序正义的发展并产生影响力的应当首先是英国和美国。英国程序正义发展经历了一个比较漫长的过程，英国前普通法时代应该蕴含了程序正义的基因，其基因主要是"王在法下"的法治传统和注重个人权利的法律文化基础。但是英国正当程序思想的直接来源应该是英

---

① 易延友：《论无罪推定的涵义与刑事诉讼法的完善》，《政法论坛》2012 年第 1 期。

② 约翰·罗尔斯：《正义论》，何怀宏、何包钢、廖申白译，中国社会科学出版社 1988 年版，第 3 页。

国《大宪章》运动，大宪章运动主要是英国国王约翰任意践踏贵族封建权利导致，通过反对国王的运动最后使国王和贵族签署了协议，这就是英国的大宪章。英国《大宪章》阐述了程序法定的思想，对于任何人如果没有根据法律规定，对其不得进行逮捕、监禁和没收财产。根据《大宪章》，英国国王又先后颁布了六个不同的法令，不同的法令展示了其结果的一致性，就是继续强化正当程序的价值理念，同时更加明确地强调正当程序。"十四世纪的成文法澄清了这一点：程序、既定程序的遵守是法治确定不疑的要素。"① 之后，英国先后通过了《人身保护法》等法律文件，英国法律确定了程序正义的基本价值导向，这些程序正义的价值理念与法治紧密相连，程序正义体现着法律至上、法律面前人人平等、要求在不对等的诉讼不同主体之间实现平等的基本思想。美国将英国的程序正义理念发扬光大，其发展的方式主要依赖于美国宪法及其修正案，1791 年美国通过第一部宪法，麦迪逊在起草的《权利法案》中就第一次使用了正当程序条款，1868 年美国在内战阴云笼罩下通过了宪法第十四修正案，第十四修正案明确规定了正当程序条款。之后，联邦最高法院开始用正当程序条款制约各州的行为，通过鲍威尔诉阿拉巴马案为被告获得提供律师辩护权，通过布朗诉密西西比案禁止了强制取证行为，1966 年通过米兰达案件确立了犯罪嫌疑人的沉默权利。和美国宪法规定的不受无理搜查和扣押权，第五修正案规定的反对自我归罪特权等规定，形成了完整的正当程序法治理论。程序正义理论在我国的发展是十分晚近的事情，长期以来，我国诉讼理论认为程序的价值在于其实现实体正义的功能，程序本身并没有独立的价值支撑，程序在一定意义上构成了对犯罪进行打击的束缚。直到 20 世纪 90 年代，我国法学界才开始认识程序正义的独立性，认为程序的独立价值主要包括"参与性、中立性、对等性、合理性、及时性、终结性等等。"②

　　程序正义之所以成为证明责任分配的基本理念主要在于程序正义的价值。程序正义的价值是一项多维度价值，既包含程序正义的社会价值，也包括程序正义的工具性价值，同时还包括程序正义的目的性价值。③ 程序正义的社会价值可以体现为秩序、安全、自由，其工具性价值主要体现为

　　① 魏晓娜：《刑事正当程序原理》，中国人民公安大学出版社 2006 年版，第 33 页。

　　② 陈瑞华：《程序正义理论》，中国法制出版社 2010 年版，第 99—109 页。

　　③ 刘晓兵：《刑事程序价值论》，博士学位论文，中国政法大学，2006 年。

实现实体正义的价值，程序正义的目的价值主要体现为程序平等、程序公正、程序尊严的价值。程序正义的社会价值是指程序正义在运行中所赋有的一种对社会的总体性价值判断，秩序和安全的价值实际上所有程序都有，并不一定是具有正义的程序所特有，但是具有正义之程序所实现的安全是一种非压制性安全，是一种规则性安全。安全从字面上看是一个中性词，但是由于安全的实现手段不同，导致安全的性质也不相同。程序正义实现的安全与秩序是一种内涵民主价值内容的安全与秩序，是一种赋予正义内涵的安全与秩序。体现了正义内涵的程序将促进社会纠纷的化解，推动社会矛盾得到有效与合理的控制，最终实现社会秩序的长久稳定，实现社会的安全与秩序功能。程序正义的另一项价值是指实现实体正义的工具性价值，也可以说成是程序正义的功能，通过合乎正义要求的程序以促进实体公正的实现。但是程序正义更为直接甚至是更具有意义的是程序正义的目的性价值，程序正义的目的性价值主要体现为程序平等、程序公正与程序尊严。平等是一个多义词，既包括政治上的平等也包括经济上的平等，同时也是指法律上的平等。程序正义能够促进平等的实现，程序正义的平等价值首先体现在诉讼主体上的平等，根据程序正义的要求，所有参与诉讼的当事人都享有诉讼主体地位上的平等，诉讼主体地位平等是指所有的诉讼主体在诉讼关系上不依附于任何一方。在刑事诉讼中，犯罪嫌疑人和被告人享有与控诉一方同等的诉讼权利，具有诉讼对抗的资格，被害人具有诉讼当事人资格，享有当事人的各项诉讼权利。程序正义所包含的另一项平等含义是诉讼参与的平等，诉讼参与的平等是指诉讼是一项按照程序推动的进程，诉讼各方主体都有同等的机会参与诉讼过程，同等地表达诉讼意愿，"凡为法律视为相同的人，都应该以法律所确定的方式来对待"[①]。程序正义体现的最后一个目的性价值是尊严性价值，尊严性价值是对当事人权利的一种尊重，是一种主观心理上的感受。尊严往往是指人在社会中所体会到的一种被尊重感受，而程序正义是指通过正义的程序设计，通过合理的诉讼进程最终使人感受到的一种被法律尊重的感受。"程序正义作为一种特别关注法规范实施过程的正义，强调程序有其内在价值和正义，充分切合了康德的关于人的思想主张，它深刻体现了每时每刻、

---

① ［美］约翰·罗尔斯：《正义论》，何怀宏等译，中国社会科学出版社1998年版，第85页。

自始至终地对人的存在的生存论意义上的关注。"① 犯罪嫌疑人和被告人由哪种诉讼程序审判其结果是不相同的，即使是得出同样的诉讼结果，由于其过程中所受尊重不同，其主观心理感受也不同。符合正义的诉讼程序由于充分尊重诉讼各方的诉讼利益，充分尊重诉讼参与人的主体地位，即使是犯罪嫌疑人的权利也能得到尊重和保护，由此而促进当事人尊严的实现。

程序正义是法律发展的伦理要求，程序正义的价值理念对于程序事实证明的责任分配具有十分重要的意义。一直以来，我国实体法事实证明责任的分配主要受到无罪推定和谁主张谁举证两个规则的指引，而程序正义的价值理念往往只限于诉讼程序的诉讼行为之中，并没有成为实体法事实的证明责任指导理念。实际上，这种观点与做法并不正确，不论是程序法事实证明还是实体法事实证明，都需要程序正义的价值理念指导。在整个诉讼程序过程中，都需要"运用程序正义观念对证明责任的价值进行重新论证，将程序正义作为审视证明责任制度是否合理的一项指标。"② 程序事实证明中的证明对象都是程序法事实，程序法事实是在诉讼过程中通过诉讼行为形成的事实，而程序法事实的证明责任是关于程序法事实的证明责任，需要对程序事实的形成或者违法进行证明。刑事诉讼中的程序正义作为一种价值理念其重要目的是要防止公权力机关滥用权力，其意义也在于保护刑事诉讼中的弱势一方，而这种意义在刑事程序事实证明机制中继续发挥着作用。所以，程序正义作为程序事实证明责任分配中的首要价值是调整谁主张谁举证的责任分配机制，力图平衡诉讼双方的诉讼力量，促进司法正义的实现。程序事实证明责任裁判机制中，包括了诉讼一方的诉讼请求，诉讼双方形成的诉讼争议。诉讼请求包括公安机关申请检察机关批准逮捕的诉讼请求，也包括犯罪嫌疑人和被告人申请取保候审等程序性请求。程序性争议主要有关于取证合法性的程序性争议、审判程序是否违法的程序性争议等。对于这些程序性争议与请求，实际上其本身就是程序正义的一项重要内容行为，例如公安机关申请检察机关批准逮捕，没有要求检察机关向当事人公开批捕理由，相反要求检察机关向公安机关公开不批捕理由，这就违反了程序正义原则要求。对于这些请求和争议必须由

① 朱丹：《程序正义与人的存在》，经济管理出版社 2014 年版，第 136 页。
② 黄永：《刑事证明责任分配研究》，中国人民公安大学出版社 2006 年版，第 14 页。

申请一方提供证据，但是对于申请取保候审一方却并不要求犯罪嫌疑人和被告人提供证据予以证明则是程序正义在刑事程序事实证明责任分配中的体现。其次，程序正义作为程序事实证明责任分配机制中的价值理念，是评价所有程序事实证明责任分配的标准。"程序正义虽然在刑事诉讼中通过具体规则体现出来，但是更为重要的是其所蕴含的价值理念。所以说，程序正义不仅仅影响着诉讼行为的实施过程，更为重要的是，"结果的形成过程或者结果据以形成的程序本身是否符合一些客观的正当性、合理性标准。"① 如前所述，程序正义包含了平等、尊严、公正等价值理念，这些价值理念将用来作为评价程序事实证明责任分配是否合理的标准，程序事实证明责任的分配是否能体现当事人平等的理念，还是剥夺诉讼一方合法有效权利从而实现有效打击，这些程序法事实证明责任的分配最终都由程序正义来对其作出评判，最终也根据程序正义的原则对其进行调整与规制。所以说，程序正义是程序事实证明责任分配的制度伦理，其本质为"程序之中的伦理、非人格化的伦理、相对形式化的伦理、程序化的制度伦理。"②

三　诉讼效率理念

刑事程序事实证明责任分配的另一指导理念为司法效率，司法效率既是诉讼过程中成本与收益之间的对比关系，也是一种司法正义。"程序正义的第二种涵义——也许是最普遍的涵义——是诉讼效率。"③ 任何行为均有效率意义，任何司法行为都必须体现出效率要求。效率是一种经济学上的概念，在一定意义上是一种投入和产出之间的关系。它体现了一定的期待后果与投入之间的比值关系，"表示一定的现实后果、后果及状态与人们期望达到的目标、标准及状态之间的对比关系"④。司法效率是指在司法过程中，国家机关和诉讼参与人参与司法活动支出的司法成本与产生的收益上的比例关系。诉讼是一种高成本的工作，从投入的主体上看，司法成本有国家成本、诉讼当事人成本和社会成本。⑤ 国家成本包括了国家

---

① 孙洪坤：《程序正义论——一种法社会学的反思》，《现代法学》2003 年第 1 期。
② 宋显忠：《程序正义及其局限性》，《法制与社会发展》2004 年第 3 期。
③ 波斯纳：《法律的经济分析》，蒋兆康译，中国大百科全书出版社 1997 年版，第 31 页。
④ 胡卫星：《论法律效率》，《中国法学》1992 年第 3 期。
⑤ 李家军：《司法的效率之维》，《法律适用》2009 年第 6 期。

的物质成本和精神成本，国家的物质成本是指实施司法行为必须进行的物质投入，主要有侦查机关处理刑事案件投入的费用，包括监察委、检察机关、公安机关、国家安全机关、监狱机关和军队保卫部门等实施侦查行为所支出的费用，这些费用主要有侦查所需要的办案场所所需费用，办公经费、人员津贴、被羁押者的食宿费用，包括审查起诉阶段出庭支持公诉费用、阅卷条件提供所需费用、国家提供律师帮助费用、羁押人员出庭受审所需警察和车辆所支出费用等等。在审判阶段需要的法院建设经费，司法人员工资津贴，执行机关的场所建设与被执行人改造所需费用等。精神性成本是一种与人力、物力和财力相对称的成本，这种成本既包括国家进行诉讼行为所产生的一种精神上的耗费，也包括产生错误性判决带来的道德成本。精神性成本是一种更具隐秘性并更难以计算的成本，但是这种成本的确存在，而且这种成本最终将对司法的合法性基础甚至政权的稳定产生深远的影响。其实，任何刑事诉讼都体现着国家在精神层面上成本的付出，因为每一次刑事审判都意味着至少是一位公民的人身权利或者财产权利的剥夺。道德成本更多的是由于国家错误行为而产生的，道德成本发生在刑事诉讼过程中，由于侵犯被告人、证人、被害人的正当诉讼权利，甚至产生了冤错案件，最终导致人们对司法行为合法性的怀疑，并可能激发公民对司法行为的负面评价甚至是一种反抗。

证据制度的设计也需要效率理念来指导，发现事实真相需要证据，但是证据的发现也不是永无止境的，受限于技术条件、发案时间等不同因素，有些案件的证据搜集并不如人所想象的那样能达到如此完整，在这种情形下证据的证明责任分配和证明标准的设置对效率的实现至关重要。可以说"司法效率表现为司法成本与收益的比例关系。对于证据制度与实践而言，利用证据发现真实是司法的收益，而在取证、审查证据及利用证据认定事实过程中付出的代价即为证据运行的成本，具体表现为人力、物力的付出及诉讼参与人受到的伤害。"[1] 证据制度的效益一直都是人们关注的对象，在古代证据制度中，我国司法工作者发明了实现诉讼效率的两种方式，"一是减低证据活动过程中的成本，二是降低案件的结案标准。"[2] 通过这两种方式最终确保证明成本的降低。降低证据活动中的成

---

[1] 蒋铁初：《中国传统证据制度的价值基础研究》，法律出版社 2014 年版，第 236 页。

[2] 同上书，第 236—237 页。

本主要有降低间接证据的采用，提高口供在证明过程中的法律地位与证明力。间接证据主要体现为物证，例如痕迹证据，现场勘察、司法鉴定等等证据的获得，这些证据在搜集中将产生大量的费用，而口供却是一种简单而直接的证明方式，所以将口供看成是证据之王，口供的大量使用最终有可能降低证明成本。但是，由于口供的大量使用，特别是在一些案件中可能产生冤错可能，最终增加其道德成本，如何把握好口供的使用是证据制度中的一项重要技术。降低案件的结案标准实际上就是降低司法人员的心证，心证的高低决定着刑事诉讼中的证明成本。从理论上说，刑事案件是一种能够完全确证的诉讼活动，但是由于证据获取是一个十分复杂和艰难的过程，同时人类对案件事实的理性认识也是不断发展的过程。如何获得确证实际上是一种相对的价值事实，而不是一种绝对的价值事实。即使是同一事实，由于法官的素质、认识水平与经验的不同，相同的法官面对相同证据也可能达到不同的心证程度。降低心证实际上是降低案件事实认定的门槛，是对证据采证和认证要求降低的体现。这种结案要求的降低直接引起取证成本的降低，但是这种降低可能导致错误案件发生的可能，从而导致错案引起的道德成本升高。

实体法事实证明考虑的是取证成本的降低，防止错案产生的道德成本升高。虽然比起实体法事实证明而言，程序事实证明考量的因素不同。但是程序法事实证明机制中依然有程序成本和程序收益，而且程序事实中证明效率的考量为需要重点考量的因素，因为程序错误产生的道德成本毕竟不如案件产生实体冤错的成本高。简要地说，程序事实证明也有程序成本，也有程序收益。程序事实中的财力、物力、人力投入既包括国家投入的，也包括社会和个人层面投入的。从物质投入的角度来考虑，程序法事实证明需要考虑取证成本的降低和证明标准的降低，前者降低的是取证成本，后者降低的是整体证明成本。取证成本上的降低需要考虑程序事实证明主体的证明能力和证明便利，如果由具有提供证明能力的人进行举证，很显然的意义是其举证成本将会降低。取证能力是一种通过调动一定资源进行证据获取的能力，在刑事诉讼中，司法机关无疑更有获取证据的能力，而犯罪嫌疑人或者被告人、被害人获得证据的能力更弱。但是从证明便利的角度上看，有时候犯罪嫌疑人、被告人具有更好的证明案件事实的能力。

和民事诉讼证明不同，刑事诉讼的证明责任分配需要考虑双方不同的收集证据和提出证据的能力。民事诉讼双方在法律地位上是对等的，而且如果一方提出一定的诉讼主张肯定具有一定的事实依据，另一方当事人没有要求对方配合的权利，所以民事诉讼只能通过事实真伪不明的败诉责任承担来解决提出证据之心理动机问题。但是在刑事诉讼中，国家拥有强大的收集证据的能力，而且可以采取一系列措施防止被诉人毁灭证据，也可以强迫知情证人作证。相反，被追诉人基本上处于被羁押状态，人身自由受到限制，加上很多被告没有聘请律师的经济能力，即使聘请律师，由于律师的调查取证权受到限制，被追诉人的证明能力很弱，在证明能力上处于一种不平衡状态。同时被告人对于程序法事实和实体法事实两者不同的对象，其证明能力也不相同。实体法事实是一种被告在案发前就已经发生的事实，而且是自己亲身经历的事实，被告对此了如指掌，不需要借助于其他证据手段，即可以提出各种细节情况进行证明。而对于程序法事实的证明，是在程序推进过程中发生，往往还涉及司法机关人员是否发生侵权的事实以及产生的程序争议事实。很多被告不懂法律，加上被告又处在羁押状态下，其任务主要是配合国家司法机关的司法活动，很难提出涉及程序法事实的证据。就刑讯逼供为例，被告基本上是在限制自由的情况下进行讯问，难以保留物证，同室监友为其出庭作证十分困难，所以由被告人承担客观证明责任对其十分不利。相反，司法机关的证明能力较强，控方可以根据看守所的医疗记录、讯问时的录音录像以及要求讯问人员出庭作证，来证明其没有实施刑讯逼供，对证据合法性争议过程中，由控方负客观证明责任，体现了诉讼效率原则。如果此时根据诉讼的谁主张谁举证之原则，要求提出排除非法证据请求的犯罪嫌疑人或者被告人来证明，实际上已经违背了证明效率原则。因为由控诉机关证明取证的非法性，更加符合诉讼效率原理。这样，通过贯彻诉讼效率理念，在刑事诉讼中被追诉人提出的诉讼请求情况下，证明责任由控诉一方承担。

除了证明主体的取证能力和节约取证资源考虑外，证据与争议双方的距离远近也是诉讼效率的一项要求，这就是证明便利原则。"证明便利原则的基本要求是在刑事诉讼中，哪方承担证明责任花费的成本较少，或者更便于查明案件的事实真相，则应由该方承担证明责任；在事实不清的情况下，哪方承担不利的后果对社会损害更小，则由哪方承担证明责任；在任何一方承担证明责任均无助于诉讼目标的实现时，如何能够实现利益的最大化，则按照利益最大化的原则分配证明责任。"① 证明便利也是基于证明难易的考虑，"举证责任分配的根本概念，就是平衡，根据举证的难易，决定举证责任的所在。"② 证明便利原则在司法实践中运用起来比较难以把握，但是应当将证明便利的考虑划定在一定的范围内。即不能违背法定证明分配原则和规则，不能违背证明的公正和诉讼的正义性，证明便利应根据证明对象所涉利益不同而有所不同，在刑事实体法事实证明中，只有属于控方无法举证而被告独知的一些事实，如果不举证将导致重大的诉讼利益和社会利益的缺失，而被告即使举证也不会违背刑事诉讼的一些基本原则，同时也在检控方履行一定的证明责任之后才能实施。对于程序法事实的证明而言，可以适度地考虑到证明便利在证明责任分配规则构建中的作用，例如对于控方违法侵权的一些程序法事实，原则上控方应该履行证明行为合法性的证明责任，但是由于很多违法诉讼行为被侵害人能准确叙述其侵犯之情形，在此情形之下，基于证明便利的考虑，司法机关可以将程序事实的初步证明责任分配给被追诉一方。除了通过证明便利和取证能力体现的证明责任分配之外，证明标准的设定也贯穿着诉讼效率原则。"证明标准是承担证明责任的主体对证明对象进行证明所需达到的程度或尺度"③，程序事实证明是一项针对管辖权争议、逮捕必要性争议、司法机关侵权事实等的证明过程，对这些程序事实证明到何种程度的设定决定着刑事诉讼的效率。例如对于逮捕社会风险的判断标准越高，羁押的可能性就越低，同时逮捕的效率就越低。对于司法机关侵权的事实要求证明程度越高，主张事实的主体权利就越不可能得到实现，从而导致诉讼主张证明效率的降低。

第四节　刑事程序法事实证明责任的分配

一　刑事程序法事实证明责任承担的主体

程序法事实证明责任承担主体是提出证据进行证明、在事实真伪不明

---

① 黄永：《刑事证明责任分配研究》，中国人民公安大学出版社 2006 年版，第 224 页。

② 王锡三译：《民事举证责任著作选译》，西南政法学院法律系诉讼法教研室编，第 243 页。

③ 李玉华等：《诉讼证明标准研究》，中国政法大学出版社 2010 年版，第 17 页。

时应承担不利后果的主体。证明责任主体与诉讼主张直接相关联，一般认为，不提出诉讼主张、没有直接的诉讼利益，不应该成为证明责任承担的主体。对于刑事实体法事实的证明而言，证明责任承担主体存在一定的争议。主要有被告是否是承担证明责任的主体，侦查机关和审判机关是否为承担证明责任的主体。对于被告是否是证明责任的主体，有三种观点。第一种观点认为被告不应该成为刑事实体法事实的证明责任主体，因为实体法事实的证明主要涉及的是被告是否构成犯罪、应否受某种刑事处罚。被告不应该成为证明自己有罪和无罪的主体，被告进行举证是为了自己的利益而不是义务，无引起不利后果承担之责任。"当事人为获得胜诉之判决，故得对证据之证明力，为有利于己之陈述，但此乃基于其利益性而为，系其权利而非义务，从其不为陈述，亦非必受不利之裁判，故当事人并无说服责任。"① 第二种观点认为被告负刑事证明责任，因为我国《刑事诉讼法》规定了被告应当如实回答的义务，法律也没有明确赋予被告无罪推定的保护。第三种观点认为被告一般不承担证明责任，但是在一些具体情形下需要承担证明责任。王雄飞博士总结了被告承担证明责任有几个特点："一、在承担证明责任的内容上是特殊罪名的部分要件事实；二、在承担证明责任的形态上是初步的提供证据责任；三、在承担证明责任的程序上是在检察官先行履行和终局履行证明责任之间的中间履行。"② 另外一个争议就是法官是否是证明责任之承担主体，有些学者主张法官是证明责任承担之主体，因为根据大陆法系国家的职权探知主义，法院不是消极裁判，而是主动积极地调查取证，负有对案件的真相探知作用，法官应该对案件的真相负责。但也有一些学者认为法院不应该成为证明责任之主体，龙宗智教授认为理由在于："一是法院无诉讼主张。二是法院无诉讼利益。"③ 之所以产生如此大的争议，主要在于刑事实体法事实的证明过程中被告受到无罪推定的保护以及遵循法院中立审判的理念。但是对于程序法事实的证明而言，法学界尚无关于此方面之具体论述，本书认为所有参与刑事诉讼、产生争议、提出程序主张或请求的都应该是程序法事实证明的主体，主要有犯罪嫌疑人、被告人、被害人、证人、鉴定人、侦查

---

① 林万生：《刑事诉讼举证责任之研究》，"台湾'司法'研究年报"第十七辑第十五篇，第37页。

② 王雄飞：《检察官的证明责任研究》，博士学位论文，西南政法大学，2008年。

③ 龙宗智：《证据法的理念、制度与方法》，法律出版社2008年版，第278页。

机关、控诉机关、法院等。

（一）犯罪嫌疑人和被告人就其提出的大部分程序法事实承担证明责任

犯罪嫌疑人和被告人提出的程序主张主要包括以下几类：一是犯罪嫌疑人、被告人认为侦查机关、控诉机关、审判机关在侦查起诉和审判阶段侵犯了其诉讼权利的行为，要求宣布某一诉讼行为无效，或者要求终止某一诉讼行为的程序请求，对于这类刑事程序法事实，犯罪嫌疑人和被告人承担提出初步证据的责任，在犯罪嫌疑人和被告人提出初步证据之后，要求侦查机关、控诉机关和审判机关提出优势证据以证明行为的合法性；第二类是指权利主张型程序事实的证明，例如犯罪嫌疑人和被告人就申请侦查人员、检察人员和法官回避，需要提出回避理由，英美国家被追诉人享有保释权，但是针对法律规定的禁止保释情形的，被告人申请保释必须提供优势证据予以证明，该类程序事实只有被告人提出证据，且达到法定的证明标准方可实现其程序请求；第三类是证据合法性争议的程序事实，被告人就控方提出并使用的证据，认为在取证的方式方法手段上有不符合法律规定的情形时，可以提出证据合法性的争议，该类证据被告也负有提出初步证据、形成合理疑问的证明责任。

（二）侦查机关和公诉机关是主要的程序法事实证明责任承担者

侦查机关和控诉机关是主要程序法事实证明责任的承担者。证明责任主要是因为程序请求和程序争议而发生的，证明责任主要体现在三类程序事实证明中：一是侦查机关和控诉机关在侦查和控诉阶段根据刑事诉讼的需要，为采取强制侦查行为或强制性措施而产生的职权请求行为，这类程序法事实主要有申请进行搜查和扣押令状、请求对被追诉人实施逮捕和羁押等，侦查机关需要就该类程序事实提供法律所要求的证据和理由，并且必须证明到法定程度；二是就是犯罪嫌疑人和被告人指控侦查和控诉机关违反法律侵犯犯罪嫌疑人和被告人诉讼权利的，在犯罪嫌疑人和被告人承担了提出证据责任之后，侦查和控诉机关需要就其行为合法性进行证明；三是关于证据合法性的争议，被告人提出证据的合法性存在疑问的，控方需要履行证明证据系合法取得的责任。对于证据合法性既包括口供合法性、书证合法性，也包括被告人提出控方证人的适格性，控方均需履行证明责任，成为承担证明责任的主体。

（三）被害人也是程序法事实的证明责任主体

被害人在刑事诉讼中不仅仅有实体利益，很多国家也规定了被害人参与诉讼程序的权利，其权利受到侵害时也可以向法院提出一定的诉讼主张。例如我国刑事诉讼中规定的被害人有申请回避的权利、被害人申请补充鉴定或重新鉴定的权利、对不起诉决定的异议权、审查起诉被害意见听取权、被害人对不立案的异议权、申请通知新的证人权、重新调取证据权、重新鉴定或勘验的权利等。被害人基于这些法律规定提出自己的程序主张，请求司法机关人员进行回避、主张不起诉决定不合理也应该提出一定证据，履行法律所规定的证明责任。

（四）法院在一定条件下也是程序法事实证明责任承担主体

法院作为中立的审判机关，一般情况下不应该成为程序法事实证明责任承担主体。但是程序法事实的争议也可能发生在法院与当事人之间，例如应该回避的人员没有回避、没有按照法律规定的要求举证质证的、未在法定的期间内结案的、不应该公开审理的案件而公开审判的，这些违反法律规定的诉讼行为侵犯了被告人的诉讼权利，被告可以就这些侵权行为提出诉讼主张，主张法院侵犯其公正审判的权利，并就原审法院违反法律情形提起上诉。如果这些争议产生，仍然需要被告人负证明责任，则有违公平的原则，因为基于证明便利的原则，法院如果在案卷中不能提供其是依照法律审判案件，那么就应该承担不利后果，所以就该类程序法事实的证明而言，需要法院承担证明责任。

二　刑事程序法事实证明责任的分配模式

证明责任分配模式是指对于诉讼双方所发生的争议和请求，由谁进行责任分配，即分配权力归属于何主体。诉讼争议或者诉讼主张提出后，需要明确由何种诉讼主体提出证据进行证明，在真伪不明时不利后果由谁承担的问题，同时也规定由何主体对证明责任进行分配。从世界各国的民事和刑事证明责任分配来看，证明责任的分配模式有法官分配、法规分配、混合分配三种模式。

首先是法官分配模式。法官分配模式是指对于事实之证明，法律不进行抽象的概括归纳，不上升到法律原则和法律规则的高度，没有规定由谁提出证据的责任以及由谁承担真伪不明的不利后果。因为证明责任实际上不是一开始就已经确定，必须随着具体案件的推进、证据的不断展现、原被告不断交替地举证反驳，最后由法官根据一定的诉讼价值观念，例如诉讼的合理性、社会的公平性、证据的可能性以及诉讼习惯等进行裁决。例如瑞士学者高其就持这种观点，他认为"证明责任与证明评价不能分开，并认为法律不可能完备规定证明责任的分配，而且现有的证明责任也不适合解决这个问题，因此必须由法官按照自由裁量进行证明责任的分配，并且证明法应当以实质性依据和规范的目的性为辅助手段"。[①]

第二种分配模式是法规分配模式。该观点认为证明责任的分配应该根据具体法律规范进行，因为客观证明责任如果委由法官进行自由裁量，那么将使法律主体的权利处于一种极不稳定的状态，违背了法律本身的明确性和可预见性，将使许多法律主体藐视法律权利导致正义得不到伸张。罗森贝克认为证明责任的分配不应该由法官自由裁量，而应该根据法律的具体规则进行分配，即承认立法分配模式，他反对客观证明责任能由法官进行自由裁量的说法，他批评了法官自由分配证明责任的做法，认为"也许这些观点是在主观的证明责任的土壤中成长起来的；如果仅涉及法官应当期待或者要求哪一方当事人为证明行为，那么在一定程度上倒是可以接受的。但是，哪一方当事人应当承担重要的和有争议的事实主张的不可证明性的不利后果的问题，必须根据固定的、抽象的法律规则来加以回答。"[②]

第三种分配模式是混合分配模式，既有法规分配模式，也有法官根据自由裁量权进行的法官分配模式。该种分配模式既在成文法上体现了一定的证明分配的固定性规范，导致诉讼主张的可预见性，形成一种稳定的、一致性的法律预期。同时法官分配模式可以克服法律僵化的毛病，能够就新出现的情况根据社会共识进行自由裁量。该种观点试图调和法官分配模式和法规分配模式的不同缺点，但是该理论主张的真正缺陷在于，如何合理界定哪些证明责任事项应该由法官进行分配，哪些证明责任分配事项应该上升到制定法的高度，由成文法进行具体规定。

分配模式的选择需要根据一个国家的思维习惯、法律传统、成文法的发达程度、法官的素质、人们对法官的信任程度来进行考量，同时诉讼的法律领域也应该有所区别，是民事诉讼还是刑事诉讼，证明对象也有区别，是实体法事实的证明还是程序法事实的证明。在刑事诉讼领域，对于实体法事实的证明，"原则上检察官负有客观的举证责任，但这种客观的

①　［德］普维庭：《现代证明责任问题》，吴越译，法律出版社2006年版，第250页。

②　［德］莱奥·罗森贝克：《证明责任论》，庄敬华译，中国法制出版社2002年版，第103—104页。

举证责任不能转嫁给被告人"①。所以对于客观证明责任，即控方指控被告犯罪事实，在穷尽了所有证明之方法，争议依旧处于真伪不明状态时，由指控方承担证明责任。这既是国际刑事审判中的一个通例，也是无罪推定的本质涵义。所以对于刑事实体法事实的客观证明责任的分配，各个国家从法律上明确地对此作了规定。从客观证明责任的角度上来看，凡是成文法国家都将证明责任赋予检控方，而从法律上规定了一些法定的例外。即使是判例法国家也认为立法规定证明规则十分重要。"一项合理的法律制度不能没有分配和界定说服责任的规则。""事实审理者自己分配说服责任，他们用自己的政策观念取代案件应适用于案件的法律，来确定他们所认为的说服责任的负担。但是，这样的结果是最不适宜的。"② 而对于程序法事实证明责任的分配而言，与刑事实体法事实存在很大的不同，一是程序法事实比较繁杂，伴随着刑事诉讼的全过程，程序法事实的主张有控方提出的诉讼主张，有犯罪嫌疑人和被告人基于诉讼权利提出的诉讼主张，还有被害人基于法律保护的权利提出的诉讼主张，所以证明责任的分配相应比较复杂。另外是因为程序法事实的诉讼主张与被告人利益和被害人利益相关，很多诉讼主张涉及的都是纯粹的诉讼利益，与实体法事实关切的身体和生命利益不一样，所以将一部分证明责任分配赋予法官进行自由裁量并不会影响整个诉讼的公正和利益的保护。针对程序法事实的证明，笔者以为应该建构一种立法分配模式为主、法官分配为补充的证明责任分配模式，理由如下：

（一）立法分配模式体现了刑事诉讼证明的基本规律

刑事诉讼是一个国家以剥夺公民权利甚至是生命为手段的诉讼形式，其证明责任分配体现了一个国家在证明规则上的诉讼价值取向，轻者影响一个人的基本权利，重者影响一个国家的政权稳定，所以对于刑事实体事实之证明必须由法律进行严格的规定。特别是成文法国家，对刑事实体事实之证明由立法进行规定，限制法官的自由裁量权，是基本的规律。作为程序事实之证明责任的分配，由立法进行严格规定，在一定程度上可以保护弱势一方的利益。因为作为法官一方，特别是在刑事诉讼中，与代表国

---

① ［日］田口守一：《刑事诉讼法》，刘迪、张凌、穆津译，法律出版社 2000 年版，第227 页。

② ［美］约翰·W. 斯特龙主编：《麦考米克论证据》，汤维建等译，中国政法大学出版社2004 年版，第 649 页。

家利益的检察官甚至侦查机关，在维护国家利益上是一致的，如果将所有的程序法事实的证明责任分配赋予法官进行裁量，必定导致证明责任由弱势一方承担，也将导致在实践中程序事实证明制度设置的虚化，无法保护被追诉人的诉讼权利。所以立法者根据公平合理、保护弱势、控制检控权力、保护权利之理念，从法律上设置程序法事实证明责任的分配规则体现了刑事诉讼证明的规律，符合程序证明保护诉讼权利的初衷。

（二）自由裁量的分配符合程序法事实证明的特殊性

立法分配证明责任模式的优点就是能够使权利行使者有明确的预期，而最大的缺陷就是无法对具体情形进行衡平，分配规则比较僵化。程序法事实证明范围广、内容庞杂，规定一套比较完整细致的证明责任规则，十分不容易。如果承认人类法律设置预见方面的局限性，承认法律存在着漏洞，那么就应该承认法官的自由衡平之权力，因为立法者的经验来自于司法，立法预见作用实际上是有限的，任何立法的分配规则实际上是一种司法经验的总结。但是法官的自由裁量一定是在一些例外的情况下，不应该违反法律精神或者突破现有证明基本规律。"法官只有在例外情况下才能按照法定的方法论对法律漏洞进行填补或者跨越法律漏洞从而改变某个规则。"① 针对程序法事实证明的特点，笔者以为立法制定一些程序证明责任分配规则应该是妥当的，但是依然应该承认法官在刑事程序证明中自由裁量权的合理性，承认法官的自由裁量模式作为立法分配模式的补充。

三　刑事程序法事实证明责任的分配原则

只要存在着纠纷，就有证明责任分配。从古代奴隶制诉讼开始，人们就从立法上规定了证明责任的分配原则。不论是一般的财产纠纷还是涉及刑事的案件，基本上都遵守一个原则，即由原告提出证据的原则。例如《摩奴法典》规定"一个人否认债务时，由债权人提具证明，国王可以使债务人清偿欠款，并科以适应其财力的小额罚款。""在法庭要求债务人还债，债务人否认时，原告可以召请借款时在场的人出庭作证，或提供债券等其他证明。② 在罗马法，规定解决举证责任的分配原则有两个，一个是"原告应该举证"；另一个是"肯定的人，应该举证；否定的人，不举

---

① ［德］普维庭：《现代证明责任问题》，吴越译，法律出版社2006年版，第256页。
② 江平主编：《摩奴法典》，法律出版社2000年版，第243页。

证"。① 现代民事诉讼的证明责任分配学说有"待证事实说，其中待证事实说又可以分为消极事实说和外界事实说"。"消极事实说就是指主张积极事实的人，应该举证，主张否定事实的人，即为消极的事实上陈述的人，不负举证责任。"② 第二种学说为法律要件分类说，即主张法律要件上效果存在的当事人，对其效果发生的法律要件的各元素，负举证责任。我国古代对证明责任的分配也坚持原告举证原则，但是在没有证据或者证据不足支持其主张时或者证据不符合情理，其主张并不一定能得到法院的支持，所以主要是采取一种情理推断的方式审理案件。"所谓情理，是指常情常理，即指具有或然性或规律性的常见的人情事理或自然事理。"③蒋铁初博士考察了民清时期我国民事案件审理后，认为我国民事审判采用情理推断的方式，原告在承担了提出证据责任后，也不一定能获得一个有利的判决，同时被告如不进行反驳，不提出证据，也不一定被判败诉，双方都没有证据，被告也不一定败诉。④

相对于民事诉讼而言，刑事诉讼的证明责任制度要更为明细。一是因为刑事诉讼制度普遍承认了无罪推定原则，被告受无罪推定原则之保护。而证明被告有罪之事实的责任由控方承担，这也符合罗马法主张积极事实的负举证责任的原理。同时被告在刑事诉讼中进行简单的否定，即主张消极事实人不负证明责任。但是被告在刑事诉讼的过程中提出明确的诉讼主张，且这种诉讼主张为积极事实，应该承担证明责任。例如英国法中被告承担说服责任的辩护事由有"（1）精神失常；（2）减轻责任；（3）自杀契约；（4）《1956 年性犯罪法》规定的例外；（4）成文法规定的'推定

① 王锡三译：《民事举证责任著述选译》，西南政法学院法律系诉讼法教研室编，第 14 页。

② 同上书，第 17—18 页。

③ 周洪波：《比较法视野中的证明方法与程序》，《法学家》2010 年第 5 期。

④ 蒋博士归纳了我国民国民事审判具有的基本特点："1. 当事人的主张如有证据支持，且主张无不合情理之处，则应当依证据来认定事实；2. 当事人的主张有证据支持，但主张的事实不合情理，官府不会轻易支持其主张，而会对当事人主张的事实重新调查；3. 当事人的主张虽无证据，甚至只有相反的证据，但情理可信，普通官员也会驳回当事人的主张，但尽职官员会去查明事实；4. 当事人双方的主张都没有证据支持，依据情理认定事实；5. 无证据亦不合情理的主张不予支持；当事人双方在证据上没有一方占优势，在情理上也难分伯仲，则对案情予以认定。蒋铁初：《民清民事证据制度研究》，中国人民公安大学出版社 2008 年版，第 14—17 页。

为非法'的相反事实"等等①。对于刑事程序法事实而言,与刑事实体法事实的证明有很大的不同,因为基于实体法事实的主张比较单一,控方主张为原则,被告主张为例外,而被告对消极性的主张并不负证明责任。而对于程序法事实而言,有控方的程序请求权事实主张和违法争议型程序事实主张,事实比较复杂,证明责任分配也比较复杂。针对程序法事实的具体情况,本书以为主要根据以下原则进行证明责任的分配:

(一)权利主张型程序事实由提出主张人承担证明责任

权利主张型程序事实是诉讼参与人基于法律规定的权利提出的诉讼主张。权利主张首先在于宪法、诉讼法基于一定诉讼需要授予犯罪嫌疑人、被告人和其他诉讼参与人之权利,该项权利的实现首先是因为法律有明确的规定,但是权利的实现需要犯罪嫌疑人、被告人和其他诉讼参与人的积极行使才能实现。在刑事诉讼中,犯罪嫌疑人和被告人的权利主张型程序法事实主要有:关于申请回避的程序事实;关于耽误诉讼期间具有法定的不可抗拒的程序事实;影响执行程序事实;申请再审程序事实;申请转移管辖的程序事实。该类事实是犯罪嫌疑人和被告人等主动提出的程序主张,从而影响诉讼程序的进程,对该类程序主张的证明,笔者以为应以提出程序主张的一方提出证据为原则,以证明便利为例外。以申请回避事由为例,大多数国家都规定了法官回避制度,例如我国《刑事诉讼法》第二十九条、第三十条、第三十一条规定了回避理由存在时,犯罪嫌疑人和被告人可以提出诉讼请求,申请相关的司法工作人员进行回避。但是对于上述诉讼请求,犯罪嫌疑人和被告人是否需要提出一定证据,履行证明的责任,我国法律并没有具体规定。相应的《德国刑事诉讼法典》规定当事人申请法官回避,申请人应该承担证明责任。法典第二十六条规定,"对于提出拒绝法官的前提条件,适当使之具有可信性。宣誓不能作为使之可信的证明。为了使之可信,可以引用被申请回避法官的证言。"② 即对于法官提出的回避申请,被告人必须提出符合法律规定的条件事实,而该事实必须要有确定的肯定的事实,不能只凭着口头宣誓就认为承认了该事实。对于证据的来源,没有像实体法事实证明限制那么严格,可以适用

---

① 孙长永、黄维智、赖早兴:《刑事证明责任制度研究》,中国法制出版社 2009 年版,第 31—32 页。

② [德]克劳斯·罗科信:《刑事诉讼法》,吴丽琪译,法律出版社 2003 年版,第 55 页。

被申请回避法官的证言，同时规定法官有对被申请回避发表自身看法和意见的义务，以利于作出是否准予回避之决定。对于证明责任而言，即没有提出证据或者提出的证据没有达到相应的证明标准，无法形成心证时即承担不利诉讼后果之责任。《德国刑事诉讼法典》第二十六条 a 款规定："未说明拒绝理由，佐以使之可信的证明"时，被告的诉讼主张不予支持。"台湾刑事诉讼法"也规定被告提出回避之诉讼请求，需要提出事实理由并承担证明之责任。"台湾刑事诉讼法"第二十条规定："I 声请推事回避，应以书状举其原因向推事所属法院为之。但于审判期日或受讯问时，得以言词为之。II 声请回避之原因及前条第二项但书之事项，应释明之。"《意大利刑事诉讼法》第三十八条第三款规定："回避要求应当说明理由和证据，以书面形式向负责作出决定的法官的文书室提出，并附有关文件。"第四十一条第一款规定："如果回避的要求是由无权提出此要求的人提出的或者未遵守第三十八条规定的期限或程序，或者援引的理由显然没有根据，法院立即以裁定的形式宣布该要求是不可接受的。"① 所以提出权利形成型程序事实之主张，由提出主张人承担证明责任。

（二）违法争议型程序事实由受侵害人提出初步证据、涉嫌违法机关承担证明责任

"刑事诉讼法是以在刑事案件上，于维护公共福利与保障基本人权的同时，发现案件的事实真相，准确而迅速地适用刑罚法令为目的。"② 所以司法人员推进诉讼进程时应以遵守正当程序为己任，但是刑事司法又是一项权力行为，有权力的人都容易滥用权力，加之司法人员有各种不同的考核机制，往往致使其越过程序法律的规定，导致侵犯犯罪嫌疑人和被告人的权利行为发生。犯罪嫌疑人和被告人基于程序法和宪法等法律的保护，往往提出程序主张，诉称司法机关违法侵权。对于违法争议型程序事实，往往由提出违法主张的当事人提出一定事实理由，但是由于刑事诉讼过程中犯罪嫌疑人和被告人往往处于一种被羁押的状态，举证能力受到一定的限制，如果由被告负证明责任，则有违程序法的基本公平精神，国家司法机关应该就其司法行为的合法性承担证明责任，但是如果申请主张人不承担一定的证明责任，那么所有的诉讼当事人都会提出其受到权利侵

---

① 黄风译：《意大利刑事诉讼法典》，中国政法大学出版社 1994 年版，第 18 页。
② ［日］土本武司：《日本刑事诉讼法要义》，董璠舆、宋英辉译，五南图书出版公司 1997 年版，第 14 页。

犯，均要求司法机关提供证明责任，在实践中也无法可行。所以，主张违法行为的当事人一方应该提出初步的证据责任，或者称为疑点形成责任，而由涉嫌违法机关承担证明其未违法的证明责任。犯罪嫌疑人和被告人主张在陈述时被司法人员强迫，该主张是一种侵权型程序争议主张。首先被告应当就其强迫供述提供一定的具体事实情况，否则仅有一种抽象的主张难以形成诉讼争议。土本武司认为"在被告方面只提出抽象的主张而争议任意性时，检察官就无法进行证明，所以通常的情况是，检察官首先透过质问被告及要求辩护人进行解释，在明确争辩任意性的程度、争辩理由、对象及要点等基础上，研讨是否有必要立证其任意性；当判断有必要时，才开始进行证明。"① 我国台湾学者认为"当检察官在法庭上听闻被告脱口而出自白非出于任意之单纯抗辩时，如果被告未进一步释明其系在何种情况下作出此非任意性之自白，可以想像，检察官是不知从何处指出证明之方法来证明该份自白出于任意性。"② 所以"并不能单就法条文字作机械性之解释，认为被告只要说'我的自白出于非任意性'即可，必需被告就该自白有所争执或有客观情形显示自白可能出于非任意性时，检察官始有举证责任。"③ 从大陆法系关于证明责任之概念而言，被告并不承担证明责任。因为如果将证明责任解释为客观责任而言，即事实真伪不明时承担不利后果之责任，从这一层意义上讲，被告不承担客观证明责任，因为排除证据导致的不利将由控方承担。从主观责任而言，即被告是否承担提出证据之责任，在大多数法治国家之做法，被告均不承担该项责任。有学者主张为一种"主张责任"④，也有的认为是一种说明责任⑤，实际上是被告提出证据可以认定为一种举证必要，被告为了避免诉讼主张抽象而被法官轻易地驳回，则必须陈述一定的证据事实支持其诉讼主张，从而使法官形成合理疑点，使法官对其没有侵权产生怀疑，但是具体提出证据没有构成侵权的责任依然由司法机关承担。即如果检察机关没有证明

---

① ［日］土本武司：《日本刑事诉讼法要义》，董璠舆、宋英辉译，五南图书出版公司1997年版，第14页。

② 叶建廷：《自白任意性法则》，载《刑事证据法则之新发展——黄东熊教授七秩祝寿论文集》，（台北）学林文化有限公司2003年版，第248页。

③ 同上。

④ 李建明：《刑事审前程序合法性的证明》，《政法论坛》2009年第5期。

⑤ 许学峰：《析刑事诉讼中被告人的说明责任》，《人民检察》2002年第3期。

其证据系合法取得，不存在侵犯被告人人权的情形，法官将不采纳被告的自白陈述。侵权型程序事实由于侵犯的权利性质和程度不同，可以作不同的分类。就证据合法性而言，既有侵犯生命健康权利获得的口供，也有侵犯财产所有权、隐私权、住宅权所获得的物证。对于侵犯基本权利而产生争议之程序事实，由被告提出初步之证据，形成合理疑点，由司法机关证明其行为之合法性，经证明后依然不能排除事实疑问时，应该由司法机关承担其不利后果的证明责任。

（三）职权请求型程序法事实由提出请求一方承担证明责任

职权请求型程序法事实是指侦查机关或检察机关为推进刑事诉讼程序，行使诉讼职权向中立的机关提出的一定诉讼请求之事实，程序性请求行为典型地体现为强制性处分行为。对于强制性处分行为之司法限制，已成为法治国家的基本做法，因为"惟强制处分，足以侵害个人之身体自由及其他利益。为防止强制处分之滥用，或逾越必要之程度，仍应加以限制，藉以保障人权。"① 所以法治国家都要求实行强制处分必须经过司法机关的批准，法律设定了一定之条件，并且必须满足法定条件才能实施，需要履行司法审查程序才能实施。例如关于扣押，《德国刑事诉讼法典》第九十八条规定："只允许由法官，在延误就有危险时也可以由检察院和它的辅助官员作出决定。对于第九十七条第五款第二句的在编辑部、出版社、印刷厂或者广播电视台房间里的扣押，只允许由法官来决定。"② 关于实施侦查行为的程序请求、关于批准对被告人实施羁押的程序请求、关于实施延长诉讼羁押期限的程序请求、关于补充侦查之程序请求等等，都应该由提出请求的一方向中立的司法机关提出证据，中立机关通过书面材料的审查，形成一定之心证，作出支持一方程序主张之裁定。如果侦控方提交的证据材料不符合法律规定的搜查、逮捕、扣押、诱惑侦查、监听等程序法律规定的法律要件，将驳回侦控机关的申请，对其程序法事实的请求不予支持，所以其证明责任应该由提出请求一方承担。

---

① 陈朴生：《刑事诉讼法实务》，海天印刷厂有限公司1987年版，第161页。
② 李昌珂：《德国刑事诉讼法》，中国政法大学出版社1995年版，第28页。

第五章

刑事程序法事实的证明标准

证明标准是指证明过程中需要达到的心证程度，程序法事实证明标准的界定要着眼于刑事诉讼的整个流程，要和证明责任概念紧密联系起来，并将证明标准作为判断法律效果考量的重要因素。程序法事实种类多样，但是影响程序法事实证明标准判断的因素主要有诉讼目的、诉讼认识和诉讼模式。本章根据程序法的不同类型，考察了两大法系程序法事实的证明标准。程序违法争议型程序事实主要采取非法证据排除的证明标准，职权请求型程序事实主要采取盖然性占优势的证明标准，权利主张型程序事实主要采取大致可信的证明标准。本章从我国司法实践出发，选取了逮捕和取证合法性两类典型程序事实进行了讨论，认为逮捕应该坚持双层次证明标准，即逮捕的必要性条件应该采取优势证据标准；申请逮捕的事实条件应该达到确实充分的证明标准；对于取证合法性证明应该"采取事实清楚、证据确实充分"的证明标准。

第一节　刑事程序法事实证明标准的概念与类型

一　证明标准的概念

证明标准是证明理论中的核心概念，但是由于定义的角度不同，对证明标准将得出不同的定义。一种观点认为，证明标准"是指诉讼中对案件事实的证明所要达到的程度或标准。"[①] 该定义中并没有明确是侦查、起诉、审判哪个阶段的证明标准，也没有明确是定罪事实、量刑事实还是

---

① 陈一云主编：《证据学》，中国人民大学出版社 1991 年版，第 114 页。

程序事实的证明标准，可以说这个概念的涵盖范围甚广。另一种观点认为证明标准是指"法律规定的公安司法机关作出有罪认定所要达到的证明程度。"① 该定义将证明标准限定在审判阶段对被告人的有罪认定需要达到的程度。也有学者将证明标准和证明责任紧密联系起来，认为证明标准"昭示着当事人的证明责任能否解除。"② 有学者对我国证明标准进行总结，证明标准定义的分歧可以分为两类，"证明标准是事实判定者认定事实还是举证责任者举证证明所应达到的证据标准"。③ 虽然我国法学界对证明标准有不同的定义，但是如果将定义的范围进行限定，则更能达到共识。对证明标准的定义首先应该着眼于刑事诉讼的整个流程，不单纯存在于审判阶段，在侦查阶段和检察机关审查起诉阶段，都有诉讼的争议发生，都需要有证明标准来指导诉讼争议的化解。其次，证明标准是和证明责任紧密联系的概念，证明责任是法律对诉讼当事人在证据上落实的质的要求，证明标准是证明过程中的量的判断。证明责任和证明标准往往在主体上是一致的，证明责任的承担主体就是证明标准的承担主体。④ 再次，证明标准是判断法律效果的一个重要的量的临界点。诉讼当事人利用证据进行举证达到证明标准，则其证明责任就予以卸除，诉讼主张就得以实现。反之，证明没有达到法定的标准性要求，则认为未尽证明责任的履行义务，其提出的主张难以得到满足。所以说，证明标准是诉讼证明过程和结果上需要达到的某种证明程度，是对诉讼过程中举证责任者进行举证的要求。证明标准的确立不是一种主观性产物，同时证明标准的运用也不是纯客观性理想化的事物。证明标准的确定和运用与诉讼结构、诉讼证明目的，诉讼过程中法律价值的选择，诉讼主体取证能力，裁判主体的素质以及秉持的诉讼认识论相互关联。

（一）诉讼认识论是确定证明标准的基础

"证明标准的确立总是以那个时代的主流认识论哲学思想为基础。英美法系和大陆法系的证明标准正是西方近代真理观在法律中的反映。"⑤

---

① 陈光中、陈海光、魏晓娜：《刑事证据制度与认识论》，《中国法学》2001 年第 1 期。

② 江伟主编：《证据法学》，法律出版社 1999 年版，第 108 页。

③ 刘金友主编：《证明标准研究》，中国政法大学出版社 2009 年版，第 6 页。

④ 樊崇义、兰跃军、潘少华：《刑事证据制度发展与适用》，人民法院出版社 2012 年版，第 97—98 页。

⑤ 刘晓丹：《刑事证明标准的维度分析》，《中国刑事法杂志》2016 年第 3 期。

神示证据是建立在世界不可知论基础上的，是在经院哲学思想的基础上发展起来的，在芸芸众生之上存在着一个不可认知不可怀疑的上帝，人们通过相信上帝就能获得真理。在这个点上，真理不是被发现的，真理是上帝赋予的启示，裁判的方法是一种极为极端的火审、水审等，通过这种裁判方式获得神的谕示，最终获得裁判的合法性。神示证据时代，诉讼证明标准理论就是一种独断论，是一种不可怀疑的神明独断。法定主义证据制度是基于欧洲笛卡尔维理哲学的兴起，一切知识都是建立在实验基础上的机械主义，基于该种理论的指导，人们不再相信法官的个人经验和良心判断，而是直接规定各种不同类型证据的证明力和证据规则，法官只能机械适用而不能自由裁判，证明的标准有严格的法律规定。

现阶段，我国法治理论是以马克思主义辩证唯物主义和历史唯物主义为基础的，证明标准的确定和运用离不开马克思主义的指导，虽然马克思主义随着时代发展处于不断发展中。马克思辩证唯物主义首先体现为可知论，这是回答世界是否可知的角度，也是指导诉讼过程中证明标准最为核心的认识论。马克思主义认为，世界是可以认知的，从人类发展的总体规律上看，人是在不断地认识世界和改造世界。世界上的万事万物都可以成为人类认识的客体，世界之所以还有很多事物未被认识，主要是因为人类本身的认识能力还未能足够强大，并不是世界不可以被认知。世界能否认知的是唯物主义和唯心主义的主要区别，也是诉讼认识可能性和证明标准确定的基本前提。马克思辩证唯物主义的认识论认为存在是独立的，不依赖于思维的存在而存在。例如在哥白尼发现好望角之前，非洲好望角不会因为没有被发现而不存在。欧洲人曾经一度认为地球是平的，并认为耶路撒冷是地球的中心。但是地球之外的世界并不因为人类思维中不存在而不存在，它实际上是存在的。人类活动是一种实践性活动，人类实践性活动的实质就是发现和认识世界的现象和本质，认识世界的发展规律。就人类认识发展的趋势来看，人类最终能够认识世界，能够把握世界发展的趋势，但是就某一阶段，某一认识主体而言，由于受到主客观因素制约，其认识能力是十分有限的。从马克思辩证唯物主义出发，司法过程是诉讼认识的过程，从规律上看是应该能够认识案件的发展过程，并最终揭示出案件真相，诉讼是一种追寻客观真相的过程。刑事诉讼是司法人员通过侦查、起诉、审判最终揭示案件真相的过程。根据马克思辩证唯物主义认识论，只要犯罪发生就应该留下痕迹，侦查人员利用各种可行的侦查手段，对犯罪证据提取、固定，通过对犯罪嫌疑人接触、讯问进一步确定犯罪嫌疑人是否犯罪。被害人是犯罪的直接深度感知者，被害人通过对犯罪过程中的感受进行判断，对犯罪现象的描述和对犯罪嫌疑人关系的感知都可以作为证明犯罪的证据。审查起诉阶段检察人员对被告人的讯问和对案卷的阅读，通过自己的经验判断和法律评价被告人是否构成犯罪。审判人员在法庭上对控辩双方的举证质证行为进行观察，通过控辩双方的证人出庭作证，并通过庭后阅卷最终形成心证。

辩证唯物主义认为真理具有绝对性，这种绝对性是指不论真理是否被人类认识，其存在是绝对的，不以人类认识为转移的。但同时也认为真理是相对的，相对真理是指人类对客观世界的认识只是宇宙的一部分，人类达到的认识是有限的、不完全的，任何真理都只是对事物一部分认识的结果，认识的只是事物的某一方面、某种程度。根据马克思辩证唯物主义的真理观指导，诉讼过程中的认识具有相对性，是一种相对真理，诉讼过程中受到诉讼认识规律的限制。首先，诉讼认识不是一种预测性证明，而是一种回溯性证明。[①] 回溯性证明是一种历史性证明，是通过案发后产生的不同痕迹，遗留的不同证据对之前可能发生的事项进行证明，这种证明需要受到经验方法和伦理规则的制约。其次，诉讼认识活动是一项利益指导性活动。诉讼认识的目的是最终能够解决纠纷实现正义，但是诉讼过程不是不计代价的永久性探索，纠纷的解决并不是要在事实真相查清的情况下才能实现，有些案件和争议在具备一定证据的时候也可以解决，这就进一步制约了相关人员追寻事实真相的动力。再次，诉讼是一项严格的法律性活动。真理的追求需要讲究追求真理的方法，刑事诉讼活动是一项国家机关启动的调查活动。诉讼过程中的很多活动都要受到严格的规制，例如被告口供的获取需要受到取证规则的限制，搜查扣押可能侵犯公民的住宅权利，也可能导致物品长期扣押减损和灭失。在被法律严格限制的诉讼过程中很可能导致证据的灭失，最终无法实现对案件真相的证实。最后，诉讼认识活动受到诉讼主体的经验和素质的限制。辩证唯物主义认识论的绝对真理是从整个人类发展趋势来说的，但是就个案来说，由于不同的诉讼人员素质差异，在相同的环境下最终对案件的认识达到的往往是不同的结果。由于侦查人员水平和技术不同，其侦查取证能力不同导致取证的质量

---

① 卞建林：《刑事证明理论》，中国人民公安大学出版社 2004 年版，第 42 页。

和效果不同，审判人员的素质不同导致对相同证据最终认定是否有罪不同。由于法官的伦理价值观不同，秉持的司法理念不同，对相同的案件形成的心证可能不同。证明标准从裁判者的角度来看是一种心证程度，是裁判者在综合各方证据的基础上形成心证的程度。从证明责任履行的角度上看，是承担证明责任的诉讼一方履行证明责任需要达到的程度。不论何种角度，证明标准都是诉讼各方形成的一个可以被接受的诉讼结果的认知过程。在这个过程中，诉讼各方所秉持的诉讼认识观将直接决定了在何种程度上形成心证，也就是说将直接决定诉讼中证明标准的形成。机械唯物主义产生的是法定证据制度，经院哲学诞生的是神示证据制度，而辩证唯物主义承认了诉讼认识绝对性趋势和诉讼认识过程中的相对性，在此基础上，根据诉讼发展过程和不同案件形成了实事求是的诉讼证明标准。

（二）诉讼目的是构成诉讼证明标准的深层根据

"证明目的主导着证明标准的构建，证明标准体现着诉讼目的的要求。"[1] 研究诉讼证明标准就必须研究诉讼目的，因为诉讼目的是诉讼制度存在的基础，也是诉讼标准制定的本源性依据。刑事诉讼的目的应当说从有刑事诉讼开始就有了，但在我国，作为一种诉讼基础理论来研究起源于20世纪80年代。"可以说，生长在改革开放大背景下的中国学者肯定从美、日等国刑事诉讼理论中受到触动，从而产生了研究刑事诉讼的动机。"[2] 美国的刑事诉讼目的理论主要是帕克的犯罪控制模式和正当程序模式理论，他认为两种不同的模式理论是基于两种不同的价值取向。犯罪控制模式是一种将犯罪控制作为刑事诉讼程序的最主要目标，其运行理念主要有：刑事诉讼以效率为目标与评价标准；有罪推定贯穿于整个刑事诉讼程序；信任国家官员的权力运作。[3] 正义与效率都是刑事诉讼中需要追求的目的，但正义和效率往往会有冲突，两者总是不同时到来。犯罪控制模式将诉讼效率作为自己的目标，为了达到诉讼的高效率必然在诉讼程序上进行减损，甚至会牺牲诉讼正义。对于以程序正义为核心的程序争议的裁决，总是在效率上难以满足人们的要求。有罪推定是犯罪控制模式的另一特征，有罪推定更加注重侦查起诉程序的合法性，对于侦查机关提供的证据推定为合法有效。犯罪控制模式往往信任国家官员权力的运作，扩大

---

① 李玉华等：《诉讼证明标准研究》，中国政法大学出版社2010年版，第101页。

② 陈瑞华：《刑事诉讼的前沿问题》，中国人民大学出版社2001年版，第135页。

③ 李心鉴：《刑事诉讼构造论》，中国政法大学出版社1992年版，第114—116页。

侦查机关和起诉机关的权限，赋予侦查控诉机关强大权力对犯罪的打击，审判机关对诉前行为的控制较弱甚至形成了侦查中心主义，审判仅仅是诉讼流程的一个阶段，甚至是被告人有罪的最后确认而已。与此相反，正当程序模式也主要是以个人主义为基础，是以无罪推定和权力制约为依据。强调发现事实程序发生错误的可能性，其结果是强调双方进行举证论辩的方式来发现真相，强调双方诉讼权利的平等性，赋予被告方更多的权利来制约侦查控诉方，主张辩护方和侦查控诉方产生的程序争议通过程序性裁判来解决，无罪推定在证据法上的意义就是控方需要证明证据的合法性，被告人可以提出证据合法性疑问但不需要提出证据进行证明。美国的刑事诉讼目的主要是以正当程序为导向的，要求刑事诉讼必须遵循正当的诉讼程序，对侦查控诉机关的权力控制较严，对被告人赋予平等的诉讼权利。这样，在诉讼过程中将产生大量的程序争议和程序请求，需要根据程序正义的要求对证明标准予以设定。日本刑事诉讼目的理论受到德国和美国的影响，日本刑事诉讼法第 1 条规定了刑事诉讼的目的，主要表现为保障人权、维护公共福利、迅速适用刑罚令。对于刑事诉讼目的，在日本刑事诉讼学术界有几种不同观点。第一种观点就是以团藤重光博士为代表的"刑法实现说"，认为刑事诉讼法的目的是为了实现刑法的价值，刑事诉讼法是实现刑罚权为目的的程序法。这种观点要求实现案件的实体真实从而实现国家刑罚权。第二种观点就是实质利益调整说，也就是刑事诉讼法的目的不是唯一地实现刑法的价值。实质利益的调整可能是因诉讼效率要求而予以调整，因为程序正义的要求而予以调整，最终实现的不是一种实体真实，可能是一种形式真实。例如一些案件的终结不是采取有罪和无罪的形式，而是采取撤回公诉或者免诉的方式，可能通过双方当事人和解的方式最终使案件得到处理。这些案件的处理方式导致的不是实体真实，而是一种形式正义。但是在实体真实和程序正义两者相冲突的情况下，刑事诉讼目的如何选择，日本存在着多种学说，一种是实体真实主义优先的观点，团藤重光博士就是坚持这种观点。第二种观点是正当程序优先的观点，平野龙一博士持这种观点，对于发现真实的结果和该结果认定过程，正当程序更加注重后者。① 但是现在更多的学者赞成"符合程序正义与实

---

① 田口守一：《刑事诉讼的目的》，张凌、于秀峰译，中国政法大学出版社 2011 年版，第 46 页。

现真实的要求，是刑事诉讼的目的"。① 对于实体真实，学者们越来越觉得需要进行一定的限制，不是需要绝对的实体真实，也不需要积极的实体真实，在追寻实体真实的时候需要明确实体真实的概念。首先，实体真实是与形式真实相对而言的，一般认为形式真实存在于民事诉讼中，实体真实存在于刑事诉讼中。但是，刑事诉讼中也存在着控辩双方的辩诉交易，存在着刑事和解制度，既有追求实体真实的精神，也有与当事人主义诉讼模式的调和性。实体真实是以程序正义为前提的，实体真实的追求不是绝对的，不是不顾一切的。实体真实的追求需要采取正确的手段，实体真实主义需要接受正当程序的保障。德国法律规定刑事诉讼目的有实体真实正确、诉讼程序合法、维护法的和平等三项。在诉讼理论界，针对刑事诉讼目的也有三种不同观点，第一种认为刑事诉讼程序是实施刑法的工具，即实现刑罚权的工具。第二种认为刑事诉讼目的是发现事实真相；第三种观点认为刑事诉讼目的是冲突的解决或者法律秩序的确立。② 可以说，德国刑事诉讼的最终目的是为正当刑罚服务，次级目的是查明真相和诉讼经济，对人的尊重或者说最低限度的程序正义是限制，目的和限制的共同作用赋予刑事诉讼正当性。德国是强调实体真相和发现真实的国家，刑事诉讼目的的设计更多强调真相发现功能，对于被告人、被害人、辩护人权利的保护和实现也更多基于刑事诉讼真实发现的功能实现。德国刑事诉讼真实的发现经历了绝对真实到最大化真实的发展过程，最开始德国刑事诉讼追求的是一种绝对真实，随着启蒙以来绝对真实逐步发展为对最大化真实的追求，即使是最大化真实中需要当事人的参与，法律也更多地将被告人、被害人看成诉讼真实发现的一种协作者。刑事诉讼目的更多的是强调刑事诉讼的真相发现功能，将真相发现作为刑事诉讼目的意味着在程序性证明中更多地重视案件真相发现，由此导致对一些程序争议和程序权利的处理更加强调案件真相，同时就势必影响到刑事诉讼的证明标准。例如：在主张非法证据排除的程序性证明中，如果强调刑事诉讼目的是真相发现，就有可能降低对非法证据的证明标准，更可能重视的是真实性而不是取证的非法性。对于管辖与回避等程序权利主张，可能因为追求刑事诉讼

---

① 土本武司：《日本刑事诉讼法要义》，董璠舆、宋英辉译，五南图书出版公司1997年版，第23页。

② ［德］托马斯·魏根特：《德国刑事诉讼程序》，岳礼玲、温小洁，中国政法大学出版社2004年版，第13—14页。

真实性的需要而降低刑事诉讼证明标准。

　　刑事诉讼目的理论曾经引起我国学者的广泛讨论，其讨论对我国刑事诉讼立法和刑事司法产生了重大影响。有学者认为我国刑事诉讼目的论经历过一元论到二元论阶段，一元论认为刑事诉讼目的就是惩罚犯罪，二元论认为刑事诉讼目的是惩罚犯罪和保障人权。[①] 刑事诉讼法是公法，其主要的功能和目的离不开阶级利益，这种认识长期被认为是马克思主义法学思想的主要观点。从刑事诉讼的本质来看，刑事诉讼法一直通过惩罚犯罪最终维护统治阶级所需要的统治秩序，认为犯罪行为的处理都无法离开刑事诉讼法。我国刑事诉讼法在打击犯罪方面一直被认为是比较有效的，立法对于国家权力机关的权力监控相对较弱，特别是在侦查阶段侦查机关采取的刑事强制措施，绝大部分来源于自己的决定而不是由其他机关的批准，被追诉人权利限制较多，即使是立法赋予的被追诉人的权利也难以在实践中得到保障，这也是将惩罚犯罪作为我国刑事诉讼目的在司法实践中产生的效果。但是随着我国刑事诉讼法学的发展，刑事诉讼法越来越面向国际并吸收两大法系的法学理念与诉讼制度。其中最为重要的人权保障理念就逐步为我国刑事诉讼法学所接受，"人权保障是刑事诉讼的核心目的，刑事诉讼法即为人权保障法。"[②] 人权保障已经走进了我国宪法也已经作为我国刑事诉讼法的重要理念，一般来说，人权保障的主体是广泛的，既包括违法犯罪人员，包括被犯罪所侵害的所有人员，也包括与诉讼无任何涉及的无辜人员的权利保障。将惩罚犯罪作为刑事诉讼法的唯一目的，转化到将保障人权作为诉讼目的的重要组成部分，是目的理论的重大调整与进步。但是也有一些学者认为刑事诉讼不能将惩罚犯罪作为刑事诉讼目的，因为惩罚犯罪的诉讼目的与无罪推定的诉讼理念相冲突，抹杀了刑事司法分权的原则，直接抑制了刑事诉讼辩护的刑事诉讼重要主题等等。[③] 从趋势上看，法律越益强调人权保障功能，刑事诉讼越来越回归到法治的轨道。但是从刑事诉讼的国家本质来看，惩罚犯罪也是其最为基本的功能，通过惩罚犯罪维护好社会秩序是法治的基本要求。随着社会快速发展和人们对诉讼效益的追求，追求一种理论上能够实现的绝对真实越来越难以满足实践发展的需要，一种新的诉讼方式即通过与诉讼当事人的合

---

　　① 陈瑞华：《刑事诉讼的前沿问题》，中国人民大学出版社 2000 年版，第 100 页。

　　② 郝银钟：《刑事诉讼双重目的论之批判与重构》，《法商研究》2005 年第 5 期。

　　③ 李长城：《刑事诉讼目的新论》，《中国刑事法杂志》2006 年第 1 期。

作进而实现对刑事诉讼纠纷的处理孕育而生，进而有学者将纠纷解决归结为一种新的目的。① 重视刑事诉讼的纠纷解决功能，一直是我国刑事司法的追求，我国司法实践中既强调案件解决的合法性，也强调案件裁判的社会民意接纳性，强调刑事司法与社会的沟通功能，要求对案件的处理做到案结事了。即使如此，"刑事诉讼目的重视国家利益忽视被害人利益的诉讼活动，越来越受到挑战。"② 所以，将纠纷解决作为刑事诉讼目的应该是刑事诉讼发展的一个新方向。

　　遵循的诉讼目的不同，刑事诉讼证明标准也不同。如果强调惩罚犯罪的功能，将惩罚犯罪作为刑事诉讼的核心目的，那么对于职权请求行为中的证明标准就会降低，而对诉讼当事人主张的程序性请求中的证明标准就会提高。逮捕是司法机关采取的最严厉的强制措施，如果将惩罚犯罪作为刑事诉讼的目的，那么逮捕这种职权请求行为的证明标准就会降低，如果坚持在保障人权基础上惩罚犯罪，那么逮捕这种职权请求行为的证明标准就会提高。违法争议型程序事实证明中，如果将保障人权作为优先的诉讼目的，那么就会提升司法机关对违法争议的证明标准，而如果是以惩罚犯罪作为目的的刑事诉讼，最终则会降低司法机关对违法争议的证明标准。证明标准是人为设置解决纠纷的一种心证程度，证明标准的高低体现着立法者和司法者对纠纷解决时的价值倾向，证明标准也是诉讼目的在证明制度上的反映。

　　（三）诉讼模式也是影响刑事证明标准的又一重要因素

　　"诉讼模式必须与一定的诉讼价值和诉讼目的的实现产生巨大作用。诉讼模式反作用于抑或是否有利于诉讼价值、诉讼目的的实现，与诉讼证明标准息息相关。"③ 诉讼模式是人类诉讼制度演进中形成的类型化模式，是诉讼发展过程中人类历史经验的总结，也是对诉讼规律的提炼与把握，人类历史发展上主要有纠问式和弹劾式两种。弹劾式诉讼模式是一种不告不理的诉讼模式，这种诉讼模式要求原被告举证质证，国家机关不积极调查证据，其作出判决的证明标准看起来似乎很低，但是却又带有某种高度的神秘性。职权主义诉讼模式是一种依赖于国家职权调

---

　　① 肖仕卫：《纠纷解决：一种新的刑事诉讼目的观》，《中国刑事法杂志》2010 年第 9 期。

　　② 王满生：《刑事和解法律化正当性分析》，《社科纵横》2011 年第 11 期。

　　③ 王圣扬：《诉讼证明责任与证明标准》，中国人民公安大学出版社 2012 年版，第176 页。

查进行证明的模式，被告人在诉讼过程中具有协助国家机关进行证明的义务，证明标准体现为法官的内心确信，是一种通过客观的调查达到的主观证明标准。不论是弹劾式还是纠问式诉讼模式，都是对案件实体事实形成的心证。从弹劾式和纠问式的历史中吸收养分，当今世界的两种诉讼模式依然带有历史诉讼模式的某些特征。大陆法系的职权诉讼模式和英美法系的当事人主义诉讼模式依然无法摆脱历史的影响，具有曾经存在过的两种诉讼模式的某些特征。大陆法系在侦查阶段赋予侦查机关更多的权力，对于被追诉人的权利进行了更多的限制，对于职权请求行为的审查更倾向于行政化特征，对于一些职权请求型证明的证明标准更低。在审查起诉阶段和审判阶段，对于程序违法的争议裁决也更倾向于维护司法机关的权益，更着重于实体真实主义的实现，最终的结果必然降低程序事实的证明标准。

　　我国诉讼模式是一种具有自身特色和发展规律的诉讼模式。要准确归纳中国现有诉讼模式的特征，必须从建国后我国刑事诉讼模式的发展历程中寻找答案。中国刑事诉讼模式的发展经历了几个阶段，第一个较为典型的阶段是 1949 年到 1976 年。在这个阶段，废除了国民党时期的《六法全书》，并且通过对司法队伍进行教育等方式清理大部分旧时期的司法理念，诉讼模式向苏联学习。随着新中国一系列法律颁布，确立了侦查、起诉、审判平等制约型诉讼构造。但是随着党的整风运动的开展，三机关的平等制约型诉讼构造逐渐被"一员顶三员、一长代三长"的法律虚无主义替代，诉讼模式已经虚化，诉讼活动完全违背了刑事诉讼发展过程中形成的基本规律。法律虚无主义的岁月是短暂的，刑事诉讼来到了 1976 年之后的建设阶段。1979 年立法再一次重申了"分工负责、互相配合、互相制约"原则，强调了诉讼目的上的实体真实主义，认为"追求客观真实才是刑事诉讼的最高境界"①。1979 年《刑事诉讼法》是过渡的，随着国家的改革开放步伐加快，1996 年我国颁布了新的《刑事诉讼法》。这部法律充分吸收了英美当事人主义一些合理因素，对刑事诉讼法律制度进行了适度调整。但是我国人权发展脚步加快，加上国家越来越走向世界舞台中心，制度自信和文化自信逐步成为改革的主色调。2012 年刑事诉讼法强调了走中国特色社会主义道路，建设中国特色的司法制度，对证据制

---

① 梁欣：《当代中国刑事诉讼模式的变迁》，《政法论坛》2012 年第 4 期。

度、侦查制度、审判制度都进行了大胆的改革和制度创新。有学者认为，我国现在的刑事诉讼模式既不是当事人主义，也不是职权主义，不是所谓的混合制，更不是纠问式，而是一种国家本位主义的诉讼模式。① 也有学者将我国现在的刑事诉讼模式归结为一种"权力集中型刑事诉讼模式"②。不论将我国现行诉讼模式归结为国家本位主义，还是权力集中型刑事诉讼模式，首先需要确定的是我国刑事诉讼模式是整个国家法治发展的一个环节，需要服从于整个国家法治的价值理念和目的。共产党人在探索国家治理方式时，将法治理解为领导人民进行国家治理的一种方式。法治目的更多的是一种全能政府需要下的社会福利和大众安宁，是建立维护社会秩序稳定和大众幸福前提下保障人权的诉讼制度。虽然，由于我国当前社会发展速度很快，社会正处于一个大转型期。我国刑事诉讼法的诉讼模式也具有一种过渡式和转型特点，但是可以肯定的是我国未来刑事诉讼模式具有一些规律性特征。首先，我国刑事诉讼模式带有典型国家权力本位性特点，刑事诉讼在分配国家权力和保护公民个人利益的诉讼结构中，会突出国家权力在诉讼结构中的功能与作用。被追诉人、被害人利益的保护不应危及整体社会福利和国家权力的至上性。其次，我国诉讼模式吸收了两大法系诉讼模式的特点，主要是吸收英美法系保障当事人诉讼权利的合理制度，吸收大陆法系追求实质真实的制度。再次，我国刑事诉讼模式继续坚持社会主义特征和中国文化中的固有优点。坚持党对司法工作的领导，坚持审委会检委会等具有社会主义特征的制度，重视诉讼制度的矫正功能、社会恢复功能和大众教育功能的统一，这些制度都将逐步成为中国诉讼模式的特色性因素。"刑事诉讼模式，是指为实现刑事诉讼过程中的特定诉讼目的而在控诉方、辩护方和裁判者之间形成的法律地位和相互关系的权力配置方式。"③ 控诉、辩护、审判在侦查阶段、审查起诉阶段和审判阶段之间的权力配置，决定着程序事实证明范围的大小，证明责任的分配和证明标准的确定。审判中心主义允许审判机关对侦查阶段的强制行为进行司法授权，允许对于审查起诉阶段的控辩争议进行裁决，这一切都决定着程序事实证明主体对程序事实证明的责任，以及裁判主体形成心证的程度。对于证据可采性的争议，在采取职权主义的国家由于被告人难以实质

---

① 左卫民：《中国刑事诉讼模式的本土构建》，《法学研究》2009 年第 2 期。

② 梁欣：《权力集中型刑事诉讼模式评析》，《中国刑事法杂志》2012 年第 7 期。

③ 谭世贵：《论刑事诉讼模式及其中国转型》，《法制与社会发展》2016 年第 3 期。

享有诉讼中的调查取证权，应该要求控方对证据的可采性证明到最高的证明标准。在职权主义国家，对于诉讼当事人的权利主张型事实要求应该高于当事人主义诉讼国家。诉讼模式是诉讼价值的体现，诉讼模式决定着诉讼当事人参与诉讼过程中的权利配置，诉讼模式也直接影响程序事实证明中的证明标准确定。

二　刑事程序法事实证明标准的类型

程序事实纷繁复杂，从前文的归纳看，可以分为权利主张型程序事实、职权请求型程序事实、违法争议型程序事实等类型。由于程序事实的类型不同，程序事实的作用和价值不同，程序证明的要求程度也不同。现有的证明标准是围绕案件实体事实来展开的，但是在一些程序事实例如非法证据排除、逮捕批准等也正在形成一些共识性证明标准。根据程序事实证明的需要，依赖于不同类型程序事实的特点，需要建立排除合理怀疑、证据优势和表面成立的三类型梯度性程序事实证明标准。

（一）排除合理怀疑是程序违法争议型程序事实的证明标准

排除合理怀疑是英美法系陪审团在认定犯罪时的证明标准，将其作为程序法事实证明中的一类证明标准，赋予刑事程序法事实证明与刑事实体法事实证明同样的要求，是对司法机关职权行使的严格要求，也是对刑事诉讼当事人权利救济的需要。刑事违法争议事实是指诉讼当事人认为司法机关在刑事诉讼过程中违反法律规定，甚至滥用国家司法机关权力，构成程序违法，最终导致司法机关行使职权无效。这些程序违法争议事实主要有侦查机关严重违法取证行为事实，检察机关滥用起诉权行为事实，审判机关剥夺当事人诉讼权利构成严重违法的行为事实等等。之所以对这些程序事实采取了排除合理怀疑的证明标准，主要是因为这些程序事实所涉及争议对当事人的影响一点都不亚于实体事实，同时证明责任的履行又属于司法机关，如果证明标准过低，很容易降低司法机关对程序争议事实的证明责任，最终降低法律对诉讼当事人权利的保护。

排除合理怀疑的产生虽然是基于实体事实证明的需要，同时也是程序争议型程序事实证明过程中能够达到的证明标准。有学者认为排除合理怀疑最早来源于1770年波士顿大屠杀的审判，在该案中第一次使用了排除合理怀疑一词。① 之后美国的很多州逐步将排除合理怀疑应用于刑事案件的审判，1839 年纽约最高司法法院确定了这一规则，要求审判团在审理时要适用排除合理怀疑原则，1828 年北卡罗来纳州最高法院在可克伦案件中认为不论是轻罪案件或者是死刑案件都应该适用合理怀疑的证明标准。也有的学者认为"排除合理怀疑作为证明标准产生于英国"②。陪审员起源于英国，在英国刑事审判中对被告人的定罪量刑必须有明白的根据，1752 年公诉方已经开始使用排除合理怀疑的证明标准，明确要求适用排除合理怀疑标准的为英国 1783 年的 John Largent 案③，之后英国在刑事案件的审理中普遍地适用排除合理怀疑的证明标准。虽然对排除合理怀疑的起源依然没有取得一致意见，但是排除合理怀疑至今为止成为了英美法系定罪量刑的主要标准，甚至已经走进了中国刑事诉讼法条之中，作为我国刑事诉讼中的辅助性判断标准。从排除合理怀疑作为一项证明标准来看，其起源受到了理性主义思潮的影响。理性主义是在反对西方神学世界观的基础上产生的，认为人基于自身的能力能够认识社会事务。排除合理怀疑是基于自由心证制度为基础的，这种合理的怀疑是一种能够经得住逻辑推理，符合经验法则的怀疑，也是一种经得住理性判断的怀疑。而不是在神示证据时代将所有的怀疑交由万能的神来判断，也不是在法定证据制度时代将所有的疑点交给机械化的证据制度来判断。排除合理怀疑是一种主观上的判断，是主观内心形成的判断，是当前人类具有一定阶段性、共识性、符合理性和科学的判断标准。

如何排除合理怀疑不仅仅是个人信念，也是一项国家价值判断。排除合理怀疑是一项主观性推理活动，虽然其推理过程中依据客观证据。实际上，对于同一案件有的法官认为已经排除了合理怀疑，但是有的法官却认为依然存在着合理的怀疑。这不仅仅与案件的证据相关，同时也与国家法律价值理念与个人信念相关。排除合理怀疑的判断首先离不开国家的法律价值，国家法律价值是在一个时期内国家主流意识形态主张的法律价值倾向。英美法系国家一直奉行无罪推定原则，在刑事诉讼的价值取向上是宁愿放走罪犯也不错杀无辜。在这种诉讼价值观指导下，要求陪审团追寻权

---

① 杨宇冠：《排除合理怀疑与我国刑事诉讼证明标准的完善》，《证据科学》2011 年第 6 期。

② 龙宗智：《中国法语境中的排除合理怀疑》，《中外法学》2012 年第 6 期。

③ 肖沛权：《排除合理怀疑及其中国适用》，《政法论坛》2015 年第 6 期。

利价值，在打击犯罪和保障人权上选择后者。如果本着保障人权的价值观，排除合理怀疑的形成就会更为谨慎，如果本着打击犯罪的诉讼价值观的指引，排除合理怀疑的形成就更为容易。一直以来我国更多地倾向于打击犯罪，政治话语中一直强调稳定压倒一切，强调法律的秩序价值，在这种环境中形成的合理怀疑就会更偏窄，虽然我们一直宣称刑事案件的证明标准是"事实清楚、证据确实充分"，但实际上我们在实践中遵循更低的证明标准。随着我国经济发展和政治民主化进程加快，立法上无罪推定逐步走向司法实践，这些年来对一些疑案宣布被告人无罪就体现了这一点。还是这些证据，还是同一个被告人，之前认定的有罪现在又宣告其无罪，而立法上的证明标准也没有变化，这实际上就是在不同的诉讼价值观念下执行同一证明标准的结果。即使是在相同的主流意识形态价值观指导下，不同的人对于同一个案件也会得出不同的结论，这就是个人信念的不同。合理怀疑是一种抽象化了的怀疑，也最集中地体现了法官面对案件的主观心理态度。从英美法系应用排除合理怀疑的理论来看，排除合理怀疑体现了法官的内心确信，是一种道德上的确信。这种确信能体现法官的个人心理状态，虽然判决要求司法官只是忠诚于人类的理性和法律，忠诚于案件事实，但是任何一个司法官都无法逃避其性格、年龄、情感、经历等影响。裁判者的个人因素不可避免地融入刑事案件的判断之中，这种个人因素将在对案件事实的怀疑形成中起到重要作用，正是因为司法官的能力不同，所以对证明标准的应用也不相同，合理怀疑的疑点形成也不相同。虽然合理怀疑的形成具有一定的个别性，合理怀疑也与国家现有的主流意识价值观相关联，但是排除合理怀疑依然具有进一步解释的必要与空间。

是否需要对合理怀疑进一步阐释，有两种不同的观点。一种观点认为合理怀疑是无法进行阐释的，从合理怀疑形成的历史来看，合理怀疑是一种公众的普遍理解汇聚形成的词汇，是对案件的一种常理性怀疑，如果对合理怀疑进行界定，则有可能人为地提高对合理的理解标准，这样将从实践中降低法律所规定的排除合理怀疑标准。第二种观点认为，对合理怀疑需要进行界定，排除合理怀疑并非是我们日常生活中的"合理怀疑"，排除合理怀疑是一项法律概念，对该概念进行界定便于人们更进一步把握合理怀疑的实质，对于更准确判断合理怀疑具有重要意义。在英国和美国，对于排除合理怀疑的理解都存在着争议，并认为"对排除合理怀疑进行定义通常会给陪审团的理解造成困难，使其更加迷惑，而不是有助于陪审

团的理解。"① 英国高等法院对于实践中各级法院对排除合理怀疑的解释
行为进行了批评，但是解释行为在实践中得到支持，并经过长期实践以后
英国枢密院对解释行为进行了肯定。不论理论上如何争议是否必要对合理
怀疑进行解释，但是实践中对合理怀疑的解释对促进主观心证的形成具有
意义。首先，合理怀疑是一种基于常情常理的怀疑。常理是在生活中形成
的一种对社会事务判断的普通人的道理，是基于普通人的情感形成的对案
件的一种合理性判断。合理怀疑是一种基于日常生活中出现的基于重大问
题做出的小心谨慎判断，其合理性来源于生活事理，其怀疑来源于作为一
个正常人在判断时展示出来的犹豫与徘徊；其次，合理怀疑是一种具有根
据的怀疑，所谓的根据不是一种主观性的判断，而是一种客观性的证据，
也是一种能够说出理由的怀疑。这种合理怀疑不是一种猜测，也不是一种
推测，而是根据现有证据得出的符合常识性的判断；再次，排除合理怀疑
是一种内心确信，是基于司法良知上的判断。证明标准不仅仅体现了判断
者的客观性能力，也是一种具有伦理性特征的判断。特别是在英美法系崇
尚宗教对社会进行整理性治理的国家，合理怀疑的形成不仅仅在于其伦理
性，也在于其宗教性，陪审员在排除合理怀疑时寻求宗教上的指引不是一
件怪事。

　　英美法系排除合理怀疑和大陆法系的内心确信其实没有实质性差异。
内心确信是大陆法系在批判法定证据制度的同时发展起来的，要求"证
据的取舍和证明力的大小，以及案件事实的认定，均由法官根据自己的良
心、理性自由判断"。② 内心确信证明标准是在大陆法系职业法官审判制
度基础上发展起来的，其核心是对于证据的真伪，证据证明力的大小不再
由立法来予以确定，而是交给法官来完成。从 1791 年杜波尔提出开始，
该制度就已经成为大陆立法中的证据制度，与 1770 年波士顿大屠杀审判
对合理怀疑确定的时间相差无几，大陆法系和英美法系两大法系国家在不
同的审判制度中探讨刑事证明标准制度。内心确信证明标准制度的形成立
足于庭审的职业法官制度，要求法官在审理案件中能够达到确信的程度，
是一种明晰度和客观盖然性的统一。明晰度是指诉讼当事人对于案件的证
据证明到竭尽所能之程度，达到了证据判明而终的结果，是案件能够达到

　　① Adrian Keane, *The modern law of evidence*, Butterworths, 1996. p. 85.

　　② 刘金友主编:《证明标准研究》，中国政法大学出版社 2009 年版，第 89 页。

的最高心证程度。其次，内心确信是一种最高的盖然性，这种盖然性是一种客观的盖然性。之所以说是客观的是指盖然性是一种可以多角度进行分析的盖然性，是一种可以具有一定共识价值的盖然性，不是一种主观性不着边际的盖然性。从哲学的角度进行论证，内心确信是一种依赖事实形成的最高程度的盖然性，是与实在性相对应可以重复论证的盖然性，是出现错误和偏差最小的实在性。从心理学上看，高度盖然性是指职业法官在长期的司法实践中反复实践形成的，对案件具有的一种固定性倾向，具有强烈的主观情感作用于客观案件形成的结果，是主体根据自己的经验判断形成的一种主观欲望与期待。从逻辑上看，内心确信是一种根据逻辑推理法则，经过可靠性命题为中介，体现经过论证与推理被证实的最大可能性。不论是排除合理怀疑还是内心确信，两者都是不同法系在证明标准制度发展过程中的概括。内心确信是站在职业法官角度进行的经验与逻辑判断，排除合理怀疑更多地体现为根据常识常理进行的情理判断。但是两者都是相应法系制度中案件审理中能够达到的最高证明标准，都是主观推理和客观逻辑推演的结果。

　　"事实清楚、证据确实充分"一直是我国立法中的证据标准，2012年修改的《刑事诉讼法》在解释"事实清楚、证据确实充分"时增加了一个条款，即排除合理怀疑。我国采用排除合理怀疑的证明标准，还是通过排除合理怀疑来进一步理解"事实清楚、证据确实充分"。法学界对此的看法不统一，一种观点认为，该提法"并不是修改了我国刑事诉讼证明标准，而是从主观方面的角度进一步明确了证据确实充分的含义"①。立法表达照顾了司法实践中的实际情况，将排除合理怀疑增加进去并不意味着降低了标准，而是在现实中能够达到的最好标准。和我国之前采用的"事实清楚、证据确实充分"一样具有的最高要求性，刑事证明标准增加该排除合理怀疑的规定，"是一个价值日益多元的社会里立法者博采众长的选择"②，并不意味着证明标准有何变化。排除合理怀疑的形成是与英美法系的陪审制度相适应的，其表达是一种基于普通人的常理常情判断，是一种道德上的确信。而我国的"事实清楚、证据确实充分"是以法律专业人士的专业知识判断为前提，是根据案件

---

① 卞建林：《排除合理怀疑之理解与适用》，《国家检察官学院学报》2015 年第 1 期。
② 魏晓娜：《排除合理怀疑是一个更低的标准吗?》，《中国刑事法杂志》2013 年第 9 期。

的客观事实进行印证的结果，是基于辩证唯物主义认识论为基础的乐观论体现，"事实清楚和证据确实充分"虽然在判断上具有主观性，但是更多的是强调依据的客观性，排除合理怀疑需要依据客观事实，但是更加着重于内心的道德确信和对疑问的排除。两者实际上是不同价值观指导下，不同诉讼制度中产生的不同证明标准。从证明度来说，排除合理怀疑是强调人类对判断的尽力性，只要能够排除一种基于合理的怀疑即可，承认人类对客观事物认识的局限性，其理论上的证明度要低于"事实清楚、证据确实充分"。"证据确实充分是排除合理怀疑的充分条件，排除合理怀疑是证据充分的必要条件"①，也就是承认两者在证明标准的度上是有区别的。既然是如此高的证明标准，对控诉方提出了如此高的要求，则应该是设置了更多的定罪障碍，但是为什么在现实中依然会出现如此多的冤假错案，这就进一步证明了该标准在操作中的模糊性。之所以在刑事诉讼法律中通过立法的方式增加了排除合理怀疑的证明标准，主要是想增加一种对证据的判断方式，从积极和消极的两个方面对我国证明标准进行判断。我国证明标准没有变，但是对证明标准的判断方式产生了变化，排除合理怀疑的增加是为了更好地把握现有证明标准，但是不得不承认的是排除合理怀疑从心证上看应该要低于"事实清楚、证据确实充分"的证明标准。

程序违法争议毕竟是诉讼过程中发生的程序事实争议，这些争议可能发生在侦查阶段，例如违法取证导致启动非法证据排除的行为，可能发生在检察机关审查起诉阶段，例如案件管辖异议、起诉裁量异议等，这些争议虽然是程序事实，但是其是否违法的判断依然需要依赖于案件的实体事实，同时这些争议的裁定最终决定案件的走向，与实体事实对诉讼当事人的影响无异。但是即使如此，要达到事实清楚、证据确实充分在司法实践中也很困难。同时也不符合诉讼效率和权利保护的平衡。将违法程序争议证明到排除裁判者心中的怀疑，应该来说对于司法机关的要求也是合理的。因为违法性证明责任应该由司法机关来履行，如果证明要求太低了，则可能降低司法机关违法的成本，将争议证明程序虚化，最终失去对权力滥用的控制从而损害整个诉讼制度，将违法争议的证明标准定位为"排除合理怀疑"是一种较为合理的选择。

---

① 龙宗智:《中国法语境中的排除合理怀疑》,《中外法学》2012 年第 6 期。

（二）　盖然性占优势是职权请求型程序法事实证明标准

盖然性是一种可能性，而不是一种确定性，盖然性"意味着认知未获得确定性知识之前的中间状态。"① 盖然性的一个重要性特点就是可能性，这是承认人类对世界认识的有限性，承认司法认知的有限性。盖然性作为证明标准的运用是在法定证据制度和神示证据之后，神示证据是将案件争议交给人们所信赖的神灵来裁判，而法定证据制度是将案件的裁判完全依赖于法律的现有规定进行。神示证据制度在一定意义上是对案件确定性无奈时，将其希望寄托在人类无法认知并不能怀疑的另一主体上，是人类社会经济文化科学水平落后的体现。法定证据制度已经体现了人类的一定理性，是在总结司法经验的基础上，根据证据情况确定其法定的证明标准，并不容许司法人员根据经验进行判断。而盖然性是一种与内心确信连接在一起的心证概念，是在资产阶级司法制度变革的背景下，将案件证明的心证交给司法人员判断的一种证据制度。盖然性不仅仅在英美国家出现，有学者考察证据历史后认为，"德国在证明标准上最早采用了盖然性证明标准。1885 年帝国最高法院对因果关系的认定以盖然性为基础。"② 德国对于盖然性存在着三种证明程度，即原则性、令人相信、显然的证明尺度。第一种证明尺度是指很有可能的证明尺度，是属于最为普遍性和最为重要性的尺度。第二种证明尺度是指比原则性更低的证明尺度，大致是相当于盖然性占优势的证据尺度。第三种证明尺度是指适用于德国严格证明理论中的证明尺度，是法官判断刑事案件依赖的证明尺度，也是一种高度盖然性的证明尺度。英美法系在实体事实判断中一直遵循着现有人类认知中的最高证明标准，即排除合理怀疑证明标准，这是一种盖然性证明标准，这种证明标准相当于德国严格证明中的证明标准。而第二种证明标准是盖然性占优势的证明标准，也称为证据优势的证明标准。这种证明标准主要体现在民事诉讼案件中，在民事诉讼中，"英美法系国家一般采用盖然性居上或占优势标准"。③ 盖然性占优势也是民事实体法事实证明中的最低证明标准。

盖然性占优势作为职权请求型程序事实证明标准是对职权机关的严格

---

① 张斌：《英美刑事证明标准的理性基础——以盖然性思想解读为中心》，《清华法学》2010 年第 4 期。

② 刘金友主编：《证明标准研究》，中国政法大学出版社 2009 年版，第 91 页。

③ 毕玉谦：《证据制度的核心基础理论》，北京大学出版社 2013 年版，第 238 页。

性要求。职权请求型程序事实是司法机关向另一司法机关申请职权的行为事实，也是职权发生过程中的程序性审查行为。职权请求行为发生主要是为了防止司法机关滥用司法权力，而根据程序运行规律设置的司法机关履行职务行为。职权请求行为在我国现行的诉讼过程中主要体现为逮捕的审查批准行为，在英美法系实行司法令状的国家，基于所有的强制侦查行为均为职权请求行为。这些职权请求行为对于诉讼当事人的权利影响深刻，如果证明标准过低对于职权机关的权力控制不利，最终将严重影响职权请求的批准。如果将职权请求型程序事实定为盖然性占优势，则国家司法机关需要对自己的主张行为证明到更有可能的程度，例如逮捕需要证明其必要性超过其不必要性时，才算达到了法律所要求的证明程度。但这不是典型的三方式证明程序。其证据的优势不是双方提供证据之后的比较优势，更多的是一方提交证据以后，批准机关认为其申请批准的可能性大于不批准的可能性，这种时候就对职权请求予以批准。盖然性占优势证明标准的设置需要考虑职权请求型程序事实发生阶段的特殊性，职权请求型程序事实的发生往往在诉讼过程中，特别是在侦查阶段，所有侦查行为都需要获得司法机关审查，提请机关需要证明的程序事实，这些事实既包括犯罪嫌疑人的犯罪事实，也包括其可能逃跑、妨碍侦查等事实，这些事实的发生是不全面的，也是不完全的。特别是在英美国家侦查机关申请采取搜查、扣押等诉讼请求时，其程序请求的发生只是基于很不完整的事实，如果要求需要达到定罪的证明标准，显然其要求超过脱离了实际，结果很可能因为过于强调程序控制导致弱化对犯罪的打击。

（三）大致可信是权利主张型程序法事实证明标准

大致可信是程序法事实证明中的又一证明标准，也是程序法事实证明中的最低证明标准。大致可信是一种大致的可能性，也是一种不确定的可能性，但依然具有可能性。不论是民事诉讼还是刑事诉讼，在实体法事实中都没有设置如此低的证明标准。大致可信从量上看还没有达到百分之五十的证明度，也就是还没有超过不可能性的证明度，为什么如此低的心证程度则可以作为证明标准，该种证明标准主要用于哪些程序事实的证明。笔者以为，大致可信主要是针对诉讼当事人主张的程序事实而言的，因为在刑事诉讼过程中，大部分权利主张型程序事实都是被追诉人和被害人提出的程序主张，而这些人提出诉讼主张所依据的又没有充足的证据，大部分证据都是自己所知道的事实，根据刑事诉讼中关于证据的规定以及证据运行依据来说，如果采取超越合理怀疑和盖然性占优势的证明标准，权利主张人无法履行其证明责任，在这种情况下为了更好地保障诉讼当事人的权利，只有适度降低诉讼证明标准，从而实质性降低被追诉人的证明责任。权利主张型程序事实主要是一些关于管辖、回避的事实，关于辩护权行使的事实，例如申请重新鉴定的事实，证人申请对其作证豁免的程序事实等等。这些事实都属于权利主张型程序事实，目的是保护权利的正常行使。权利主张型程序事实较之前的违法争议性程序事实和职权请求型程序事实相比较而言，往往需要快速地做出裁定，因为权利主体提出的程序请求是在诉讼过程中发生的，如果不快速进行裁定则影响诉讼效率。所以，权利主张型程序事实证明在一定程度上是程序正义的权衡，是对权利保护的权衡，是追求有限真实的体现。

第二节　典型职权请求型程序法事实证明标准

职权请求型程序事实是司法机关履行职务的过程中形成的程序事实，也是刑事程序事实中的一项重要程序事实。职权请求型程序事实主要发生在侦查阶段和审查起诉阶段，职权请求的发生缘由主要是基于司法机关对侦查行为的控制，越是精细和发达的刑事诉讼法，职权请求越是丰富。从各国刑事诉讼过程来看，支持职权请求的刑事程序事实主要是搜查、扣押、查封、冻结、人身检查、拘留、逮捕、保释等程序事实，其中最为典型的是构成逮捕理由的程序事实。逮捕是一项对人权限制和剥夺最为严重的强制措施，也是最为典型的职权请求行为。不论英美法系还是大陆法系，对侦查机关采取逮捕措施都必须进行事前司法审查，而侦查机关在申请批准逮捕措施时，必须提出证据证明其主张，并需要证明到一定标准的程度。

一　典型职权请求逮捕的证明标准域外考察

日本是实行逮捕司法审查的国家，逮捕必须接受司法机关审查批准后才能实施，即使是现行犯逮捕也必须在逮捕后立即给法官进行确认。警察申请逮捕的理由要充足，主要有帮助犯罪行为、无固定场所、传讯不到案等等事实。日本还有一种未决羁押，是侦查阶段法官对犯罪嫌疑人采取的一种人身拘禁，和之前的逮捕相区别的是，这种羁押的前提是已经逮捕。从法律上看，日本的逮捕证明标准为"充分理由足以怀疑"，羁押的证明标准也是"有相当理由足以怀疑"。虽然"充分理由"和"相当理由"具有一定语词上的差异，但是从法官心证的程度上看，充分理由应该是一种高度盖然性的心证程度。"有相当理由足以怀疑"或者"有充分理由足以怀疑"，其核心是足以，足以是一种确定性，是一种高度的盖然性，而不是一种优势的可能性。羁押是法官对犯罪嫌疑人签发的一种命令票，是侦查机关在逮捕犯罪嫌疑人后向法官申请而发生的，由于有了之前的逮捕证明程序，所以羁押采取的"相当理由足以怀疑"并不会降低羁押的应有证明标准。德国的羁押相当于中国的逮捕，因为羁押可以长期剥夺犯罪嫌疑人权利，批准羁押的权力归属于法官，根据德国刑事诉讼法律规定，羁押令必须写明被指控人的重大犯罪嫌疑的犯罪行为，实施犯罪行为的时间和地点，构成重大犯罪嫌疑和羁押理由的事实。重大的犯罪嫌疑是指被指控人极有可能是正犯或者惯犯，羁押理由主要有被指控人逃亡或者隐匿，被指控人妨碍作证、被指控人毁灭、伪造证据等。德国羁押的证明标准是"极有可能""根据事实确定""具有重大嫌疑"，这一系列语言的表述都是一种高度盖然性，是一种极有可能的情况，嫌疑是一种重大的嫌疑，而不是一种有可能，是一种高度可能的确定。德国的羁押理由中有对客观事实的要求，对于逃亡或隐藏，可能伪造证据或者材料等都需要提出事实证据予以证明。不能仅仅根据涉案轻重程度和刑罚高度来判断，而且要根据犯罪嫌疑人的一贯表现，人品人格等情况进行判断。俄罗斯刑事诉讼法规定了拘捕和羁押两种限制和剥夺人身自由的强制措施，拘捕只是针对犯罪即时被抓或者现场指认犯罪的，相当于中国的拘留，而对于可能判处剥夺2年以上自由刑的犯罪可以适用羁押制度。羁押的理由主要是针对被指控人身份不确定、没有经常住址、有逃避审前调查和审判的情形发生。俄罗斯刑事诉讼法律要求对于羁押除了满足上述几项要求以外，还要求在申请中说明羁押必要性，不能采取其他强制措施的动机和理由。从俄罗斯法律规定来看，羁押的理由是相对于非羁押措施的优越性，其证明标准为优势证据。英美法系以重视程序法为其特征，"美国法原则上以相当理由为搜索、扣押或者逮捕的发动原因。"① 如何理解相当理由？美国最

---

① 王兆鹏：《美国刑事诉讼法》，北京大学出版社2005年版，第68页。

高法院并没有给出一个明确的含义，在司法实践中是一个非固定的概念。"任何试图为合理根据确定一种普遍的、精确到可以量化的确定性标准的努力都可能是徒劳的。显然，只有犯罪活动的可能性，却非确凿的证明，才是合理根据的标准。"① 但是另一种倾向就是将逮捕的标准进行量化，相当理由"不是要求正确的几率比不正确的几率为高，而是比50%的精确率还少一点"②，"一些最高法院的判例可以解读为采用了一种可能性超过不可能性的标准"③，也就是民事诉讼中通常所需达到的优势证据标准。从美国刑事诉讼法关于相当理由的理解来看，相当理由不是一种主观标准，不是一种没有证据支持的空幻想法，而是一种有证据支持确确实实的实际性和技术性的概念，司法实践中要求警察提交具体信息，从而为法官判断构建合理的信息体系。警察提供的合理信息主要有两类，一类是所谓的直接信息，就是执法官员借助自己的亲身观察而获得的信息，另外一类是执法官员通过其他人提供而获得的信息。对于第二类，美国司法实践从信息来源和线人诚信两个方面提出了要求。相当理由只是要求具有相当程度的盖然性，并不要求执法官员对事实判断的必然正确。判断合理根据的标准也是正常理智人认为合理的标准。当然，在对逮捕的判断上，一些训练有素的执法官员对于某种是否需要逮捕的判断比起普通社会民众更有可能形成合理根据，但是不能以此认为执法官员的判断就是错的。因为只要是一种根据其经验判断为合理根据，即可以认定为有足够的理由相信事实存在。英国法律规定，警察有合理理由怀疑犯罪嫌疑人正在实施犯罪或者预谋实施犯罪，可以对该人申请实施逮捕。对于被提起公诉的被告人，如果羁押官有理由相信被告人可能伤害他人，损害他人财产，不会按要求出庭等情况出现时，可以对被追诉人实行羁押。可见，英国的逮捕和羁押的证明标准为"合理理由"，合理理由是一种客观依据，但是合理理由依赖的信息既可以是现有根据，也可能是一些在未来指控时不会提出的证据，例如犯罪被告人之前的表现，警察从线人处得到的一些犯罪嫌疑等等。由此可见，不论是大陆法系还是英美法系，在逮捕的证明标准问题上都是比

---

① 吴宏耀、向燕、刘静、高翡译：《美国联邦宪法第四修正案：搜查与扣押》，中国人民公安大学出版社2010年版，第129页。

② 王兆鹏：《美国刑事诉讼法》，北京大学出版社2005年版，第69页。

③ 伟恩·R.拉费佛、杰罗德·H.伊斯雷尔：《刑事诉讼法》，卞建林、沙金丽等译，中国政法大学出版社2003年版，第166页。

较接近的，虽然其表述的语词不大相同，虽不是一种确定性证据，但也不是没有根据的主观性标准判断，是一种客观性心理判断，同时也是优势性证据判断。

二　我国逮捕证明标准的变化

我国的逮捕即是羁押，也是对在未经依法宣告刑罚的公民采取的长期剥夺人身自由的强制措施，对于这项强制措施我国宪法作了规定，1979年刑事诉讼法从三个方面严格逮捕的批准程序：首先要求已经查清案件中的主要犯罪事实，这是从案件实体事实来看的，是对犯罪事实条件的要求。主要犯罪事实是相对于全部犯罪事实而言的，主要犯罪事实查清应该理解为从现有证据判断构成犯罪。例如犯罪嫌疑人甲涉嫌盗窃某钢材厂钢材一案中，现在已经查明犯罪嫌疑人甲分别三次从该厂盗窃钢材，盗窃钢材以后已经将钢材以低价方式卖给乙，在该案中对犯罪嫌疑人有一次盗取的钢材下落未能查明，这就是主要犯罪事实已经查清，即使是最后一次盗窃钢材的未能认定也不影响该盗窃罪的认定。其次，在共同犯罪案件中，由于部分犯罪嫌疑人归案后供述犯罪的主要事实，同时有其他证据对犯罪嫌疑人的供述进行印证，即使在还有共同犯罪嫌疑人没有归案的情况下，也可以认定主要犯罪事实已经查清，达到了逮捕的事实要件要求。从证据上看，如果有直接的证据，例如犯罪嫌疑人口供，被害人陈述，证人证言等能够独立证明案件主要事实的证据查清，还有一些间接证据没有查清，但是现有证据能够证明案件主要事实的，则认为主要犯罪事实已经查清。这一条是定罪条件，定罪条件是基于案件事实的判断，应该根据定罪的标准来适用。定罪的标准是事实清楚、证据确实充分，当然主要事实已经查清也就是从定罪的角度上看是没有问题的，是一种当然的确信，其定罪是没有问题的，从这一点上看其证明标准的确定性，也就是一种高度盖然性标准。1979年刑事诉讼法规定逮捕要满足的第二条件是刑罚条件，即犯罪必须达到可能判处刑罚的量刑条件，"可能"是一种基于案件情况的判断，是基于现有关于案件的主要犯罪事实作出的量刑判断，"可能判处刑罚"是需要采取逮捕措施才能保证未来的审判顺利进行的前提条件。"可能"应该理解为检察院在基于侦查部门移送的犯罪事实进行审理后得出的一种可能性，"可能性"是一种什么样的心证？可能性是在基于案件事实已经构成犯罪的情况下对量刑的一种推断，"可能性"的判断是一种专业性判断，也就是说"可能性"是审查批准逮捕的检察人员对案件事实作出的判断，其心证的程度应该是基于案件事实的量刑推断。这种心证在一些案件中是当然性判断，例如强奸犯罪、抢劫犯罪这类犯罪的量刑肯定在徒刑以上刑罚，但是对于具有自首、立功等情形的职务犯罪，其判断是否为徒刑以上则需要更为精准的判断，其心证就不可能要求得太高，是一种优势证据标准，这与一些司法工作人员的经验、法律知识，还有社会形势和环境等相互关联。但是从司法人员对法律知识的要求上看，对于量刑的判断达到优势证据是司法实践中的常态。在满足上述两项条件后依然不能对犯罪嫌疑人进行逮捕，还需要满足第三个条件，即采取非羁押性措施无法防止社会危险的发生。对犯罪嫌疑人首先要考虑非羁押性措施，只有在此无法满足防止社会危险性的需要时，才能采取逮捕措施。所以，逮捕是一种严格限制的措施，是在取保候审和监视居住不足以防止社会危险性才采用的，逮捕的审查批准司法人员对案件发生的具体事实、犯罪嫌疑人自身情况事实、犯罪后是否悔罪等所作的综合判断，其判断标准应该是更有可能的心证程度。

1996 年《刑事诉讼法》规定"有证据证明有犯罪事实"作为逮捕的事实方面的要求。对于 1996 年刑事诉讼法对逮捕的规定，实践中产生了多种证明标准学说。第一种理解是有"相当证据"的观点[①]，持"相当证据的观点"认为只要有能认定的相当证据证明发生了犯罪事实，同时能证明犯罪事实为犯罪嫌疑人所为就可以进行逮捕，相当是一个相对的概念，既不是一种主观上的确信也不是一种排除合理怀疑，更不是我国实践中理解的充分程度。相当是一种相对于无罪来判断的，即只要是具有相对于无罪来说更有证据证明其有罪，则应该可以进行逮捕，从这一层含义上说，持该种观点应该说是一种优势证据标准。第二种观点认为有"若干确实的证据"，若干证据从数量上看不是孤证，单个证据不能证明有犯罪事实，也不能基于孤证进行逮捕，这是对逮捕要求证据中数量上的要求。"确实"是对证据质上的要求，也就是要求证据具有真实性，能够证明案件真实，但不要求达到确实充分的程度。第三种理解是三基本条件下的合理相信，三基本是指"基本犯罪事实清楚，基本犯罪证据确实，基本犯

---

① 樊崇义主编：《刑事诉讼法学》，中国政法大学出版社 1996 年版，第 186 页。

罪指向明确。"① 基本犯罪事实清楚和犯罪事实基本清楚是两个不同的概念，基本犯罪事实清楚是指主要的犯罪事实清楚，而不是指全部的犯罪事实清楚。基本犯罪事实清楚应该理解为犯罪构成要件事实清楚，例如在一起涉嫌强奸犯罪中，犯罪主体方面对犯罪嫌疑人是否年满十八周岁，犯罪嫌疑人与被害人关系等已经查清，犯罪客观方面体现的事实主要有犯罪嫌疑人采取何种方法方式强奸被害人，犯罪主观方面应该已经查清犯罪嫌疑人基于何种心理状态对被害人进行了强奸。通常在司法实践中用七何要素来理解基本犯罪事实，对七何要素体现的事实达到清楚状态。"基本犯罪证据确实"是指逮捕对证据的最低要求，是指证明犯罪的基本证据已经明确，根据现有证据能够基本确定犯罪事实。第三个是基本犯罪指向明确，指向是对证明程度的另一要求，指向明确主要是防止逮捕错误，即使事实清楚、证据基本确实，如果在指向上出了问题，往往可能导致冤假错案。例如张高平叔侄案中，基本犯罪事实清楚，被害人被杀害并抛弃尸体，基本犯罪证据确实，张高平叔侄的供述和指认现场，但是由于被害人指甲中含有其他人的 DNA，司法机关并未对其 DNA 进行比对检测，导致其指向不准确，最终导致错误逮捕，错误裁判。同时坚持三基本观点的学者还认为在具备上述三基本的情形下，需要根据事实和证据，内心经过合理推断得出结论，相信犯罪嫌疑人所为的证据占优势②，才能予以逮捕。坚持三基本观点实际上是对基本犯罪事实、基本证据确实的确定，通过内心确信犯罪嫌疑人构成犯罪的可能性更大，以此为根据进行逮捕。第四种观点认为逮捕的标准是初步确定，"初步确定"是部分检察官在司法实践中提炼的证明标准，初步确定是指检察官对犯罪事实进行的初步判断，因为逮捕以后依然可以对案件进行进一步侦查。批准逮捕要对案件事实查证属实，是一种对证据的面上要求，不是一种实质性要求、合法性审查，只要审查证据时发现没有虚假的可能性即可。如何发现没有虚假的可能性？首先要求收集证据的方式方法手段是合法的，例如口供是采取合法手段获得的，物证收集没有违反法定程序。其次，对于支持逮捕的证据在内容上不具有显而易见的可怀疑之处，支持逮捕的证据不是孤证，能够通过其他证据形成印证，能排除相反的证据。"初步确定"是一种心证，是检察官

① 贺恒扬：《审查逮捕的证明标准》，《中国刑事法杂志》2006 年第 2 期。

② 同上。

根据案件现有证据进行初步判断而形成的一种表面确定。"初步确定"的逮捕证明标准没有形成主流观点，只是司法实践中一些检察官对逮捕标准的认识和把握。初步确定类似英美法系表面成立的证明标准，与美国检察官提起公诉的证明标准相近，即表面上成立，即通过法官的证明标准。"初步确定"与主要事实已经查证属实的证明标准相去甚远，根据此理论将会在实践中进一步虚化并降低实践需要把握的逮捕证明标准。第五种观点认为逮捕的证明标准是指"犯罪事实基本清楚，犯罪证据基本确实充分"① 那么如何理解"犯罪事实基本清楚，犯罪证据基本确实充分"？主张该种观点的实务界同志认为犯罪事实不是一种终了事实，而是一种起点性犯罪事实，犯罪事实在刑事诉讼的不同阶段是不一样的，在立案阶段可能只是有嫌疑，在拘留阶段也是一种重大嫌疑，但是在逮捕阶段体现出来的不是侦查结束阶段的"事实清楚、证据确实充分"，而是一种起点犯罪事实。从犯罪的量上来看，逮捕阶段的证据要求既可能是单一证据要求，也可能是多个证据要求，只要单一犯罪事实成立即使其他犯罪事实没有查清也可以进行逮捕。从逮捕证据的质上来看，该类犯罪事实既不是1979年刑事诉讼法要求的主要犯罪事实已经查清，也不是审判阶段要求的"事实清楚、证据确实充分"，只是要求犯罪事实基本查清。主张两个基本主张的观点突出特点，是将犯罪事实理解为一种阶段性犯罪事实，是犯罪事实形成的初始阶段，从这个观点上看，不排除逮捕之后继续侦查以获得更多更充分的证据，从而在实践中可能异化成将逮捕作为获得证据的手段，而不是将逮捕作为预防犯罪和保证被告人出庭受审的方式。

实践中产生的附条件逮捕降低了逮捕的证明标准。2006年《人民检察院审查逮捕质量标准》发布，其中第四条规定对于已经基本构成犯罪证据有所欠缺有逮捕必要的，在满足一定条件下可以对犯罪嫌疑人进行逮捕。其条件主要有三项：向侦查机关发布补充侦查提纲；批准逮捕后要报上一级检察院备案；在法定期限内未能完成侦查取证到定罪要求程度，需要及时撤销批准逮捕。附条件逮捕不是刑事诉讼法规定的逮捕措施，而是最高人民检察院针对实践发展需要推行的逮捕运用措施。对于附条件逮捕，一种观点认为，附条件逮捕没有违反刑事诉讼法规定的逮捕规定，具

---

① 朱孝清：《关于逮捕的几个问题》，《法学研究》1998年第2期。

有合法性和正当性①；另一种观点认为附条件逮捕制度不具有合法性，通过降低逮捕证明标准扩大了逮捕的适用，最终将侵犯被告人权利。② 从实践需要来看，虽然 1979 年刑事诉讼法规定了较高的定罪标准，但在实际操作中没有维持如此高的证明标准。

1996 年刑事诉讼法规定的"有证据证明有犯罪事实"，司法实践中认为不好把握，由于对错捕需要追究责任和进行国家赔偿，导致在实践中对于"有证据证明有犯罪事实"达到了"确实、充分"的程度。为此，实践中出现了附条件逮捕制度，附条件逮捕不是针对所有的刑事案件，而是针对司法实践中出现的重大案件，如果不予以逮捕将有潜在的社会危险。如何理解"重大案件"，这是一个弹性概念，有的检察院将其界定为可能判处十年以上徒刑案件，但是也有的检察院将其界定为 3 年有期徒刑以上案件，还有的检察院认为恐怖犯罪、危害国家安全犯罪、黑恶势力犯罪、毒品犯罪是重大案件。③ 由于不同地方对重大案件的理解不同，导致在司法实践中对附条件逮捕的适用也不相同。从实践过程来看，对属于"重大案件"的这部分案件，其证明标准不再是之前的证据确实充分的程度，而是支持定罪的证据有可能存在，应当说附条件逮捕中的证明标准是一种可能性标准，也有学者称附条件逮捕应该采用较低逮捕证明标准④。从最高人民检察院推动附条件逮捕的原意出发，是对一部分重大案件在有一定证据情况下进行先逮捕，以防止犯罪嫌疑人继续危害社会和毁灭证据。但是在实践中却可能被侦查机关将逮捕作为保证继续侦查的一种手段，特别是在实践中对于重大案件的把握进一步放宽逮捕的证明标准，导致对很多不符合逮捕条件的犯罪嫌疑人采取了羁押措施，对于一些犯罪情节轻微可以做出不起诉处理的犯罪嫌疑人，由于已经逮捕了犯罪嫌疑人，检察机关基于业绩考核的要求最终也只能勉强起诉，从而侵犯被追诉人权利。

三 坚持双层次的逮捕证明标准

提请逮捕和定罪不一样，定罪是一种对犯罪事实的最终性判断。逮捕是一种程序性措施，对其判断主要有三个方面，一是犯罪条件事实，

---

① 朱孝清：《论附条件逮捕》，《中国刑事法杂志》2010 年第 9 期。
② 张兆松：《附条件逮捕制度批判》，《现代法学》2009 年第 5 期。
③ 同上。
④ 冀祥德：《附定罪条件逮捕制度论》，《法学家》2009 年第 4 期。

根据现有证据对其犯罪具有一定的证明力，能够判断其构成犯罪；第二是刑事责任条件，进行逮捕的案件在刑事责任上有一定要求；第三是社会风险性条件，虽然构成了需要判处徒刑以上刑罚的犯罪，但不是所有该类案件都需要逮捕，有一些犯罪嫌疑人可能是轻罪，也可能是因为身体年龄等因素不具有法条所规定的需要逮捕的社会危险性，不需要逮捕。所有研究逮捕的证明标准，应该从两个角度来看，对于犯罪事实应该坚持定罪的标准，而对于社会危害性的判断则应该坚持优势证据的证明标准。

（一）申请逮捕的事实条件应该达到确实充分的证明标准

逮捕的现行标准首先表现为"有证据证明有犯罪事实"，这是对实现逮捕的正确性前提条件。逮捕是一种严重剥夺人身自由的强制措施，如果犯罪嫌疑人在构成犯罪的具体要件上存在问题，则逮捕是一种对犯罪嫌疑人权利的侵犯，将会导致司法机关将逮捕作为获得证据的手段，即以捕代侦，最终导致错案的发生。犯罪构成要件是逮捕审查中对犯罪事实的基础性裁判，例如盗窃罪必须盗得财物，抢劫罪必须实施了强行夺取的行为，抢夺罪必须实行了公然夺取的行为。犯罪主体方面犯罪嫌疑人必须是确定的，对于犯罪嫌疑人在共犯中处于主犯、从犯还是胁从犯也是明确的。有些案件的犯罪嫌疑人可能构成数罪，只需要其构成的一罪证明为排除合理怀疑即可。对于有"证据证明有犯罪事实"也要求构成犯罪的基础事实的疑点已经得到排除。对于申请逮捕的案件某些细节有怀疑是一件正常的事情，也不要求对案件的所有细节都查清楚。但是案件的细节不能影响犯罪构成要件的形成，也就是说不能因为这些细节的原因导致案件可能不构成犯罪。排除合理怀疑是综合全案来看的，是对现有证据综合起来进行考虑，能够将存在的疑点进行排除，排除合理矛盾的方式既要经过逻辑推理，又要经过经验判断，遵循经验法则，重视司法实务经验。排除合理怀疑是一种从否定的角度上看证据，事实清楚、证据确实充分是一种从肯定上的角度看证据。实践中，很多司法人员对逮捕的犯罪事实条件把握没有达到这种要求，即从主观内心上看没有达到确信的程度，而是一种基本上、差不多的程度，通过逮捕获得的证据进一步做实案件，这种做法很也容易导致冤错案件。

坚持逮捕的事实条件高标准是基于司法实践的经验总结。我国的诉讼构造长期以来被认为是侦查中心主义，而侦查中心主义的核心是逮捕中心主义。① 公安机关处于整个诉讼流程的最上游，其侦查案件的质量直接影响后来的起诉和审判，由于公安机关在司法实践中担任着最为重要的源头材料收集功能，有必要对其进行一定的制约和监督，而现在最为有效的方式就是逮捕权力控制在检察机关手中，但是逮捕的控制功能能否很好实现，关键就在于逮捕证明标准的把握，因为逮捕证明的标准取决于公安机关对案件侦查的进展程度。依据刑事诉讼法司法是法治的内在要求，但是司法实践中评价司法机关的不仅仅是司法的法治性，指导司法运行的还有一套评价司法机关的指标体系，司法实践中的立案率、侦破率、逮捕率、起诉率、有罪判决率自然成为衡量司法机关执法效果的重要指标。由于我国社会治理的压力更多地下沉到公安机关，公安机关很多时候是依赖逮捕措施来实现破案的目标，这就进一步形成了"逮捕"在整个诉讼过程中的中心位置。当逮捕在整个诉讼进程中起着中心作用的时候，高证明的逮捕有助于保证诉讼程序的谦抑性。

坚持逮捕事实条件的高标准能保证犯罪嫌疑人的基本人权，避免更多的冤错案件发生。逮捕在我国刑事诉讼中相当于一种定罪功能，维持高标准有利于避免被追诉人受到不当追诉。如前所述，事实条件是基础犯罪构成要件事实条件，当犯罪嫌疑人实施的犯罪事实能够证明为已经构成犯罪，采取逮捕措施既能够更好地防止犯罪嫌疑人危害社会、毁灭伪造证据和妨碍作证。但是如果降低逮捕的证明标准，对于一些未能证明犯罪基础构成要件事实的犯罪嫌疑人申请批准逮捕，其结果就是侦查机关借用逮捕措施实现以捕代侦，从而违背逮捕的实际价值。逮捕是剥夺人身自由的措施，与被判刑后在监狱羁押相比，其对人身自由的侵害是一样的，所以在适用逮捕措施时应该十分慎重。通过降低逮捕标准采取逮捕措施满足侦查的需要，不符合逮捕措施的立法原意，也不符合程序法治的要求。

（二）逮捕的社会危险事实应该采取优势证据标准

社会危险性是逮捕的另一标准考量因素，从无罪推定上理解，所有未被判处刑罚以前的被追诉人都应该被视为无罪，应当享有一般公民所具有的人身自由权利。只有在一些例外情况下才能对犯罪嫌疑人进行逮捕，以防止其继续危害社会和妨碍诉讼活动的顺利进行。社会危险体现出来的是综合性因素，首先可以从涉嫌的犯罪和可能判处的刑罚来判断，对于一般

---

① 王彪：《刑事诉讼中的逮捕中心主义现象评析》，《中国刑事法杂志》2014 年第 2 期。

性犯罪不能进行逮捕，但是对于一些严重犯罪只有在例外的情况下才能保释。例如在涉及死刑犯罪的案件中是不能进行保释的，除非由犯罪嫌疑人提供证据证明其没有社会危险性，不会妨碍诉讼审判的顺利进行，也不会继续危害社会，这是一种例外情况。① 我国刑事诉讼法也采取了列举并进行推定的方式，将可能判处十年以上有期徒刑、曾经故意犯罪、身份不明三种情况认定为具有社会危险性。除了法律明确规定的三种推定其存在社会危险性案件以外，其他刑事案件的犯罪嫌疑人需要批捕的话，则必须证明其社会危险性存在。社会危险性主要体现在继续危害社会的可能、逃避诉讼的可能、积极妨碍诉讼的可能。根据我国刑事诉讼法、人民检察院刑事诉讼规则、高检院和公安部相关规定，可能继续实施新的犯罪主要是通过条款进行判断，主要体现为案发前后是否积极组织预备新的犯罪；是否有实施新的犯罪意图体现；是否有多次作案连续作案的客观体现；是否以某一种犯罪收入为主要收入来源等等情况。对于危害社会安全与秩序的现实危险，其体现主要在于是否积极组织策划实施，是否之前因为危害国家安全、公共安全和社会秩序受到相应处分等等情况。妨碍证人作证、毁灭证据、打击报复证人，主要体现在是否扬言打击、曾经对证人进行过打击、采取其他方式干扰证人等等事实出现的可能。而企图自杀或者逃跑往往是指之前有过逃跑经历或者自杀逃跑的犯罪意图表示，已经着手自杀或者逃跑等情形的。上述所列举的四种情形均是某种可能性，可能是一种在未来出现的可能，对于这种尚未出现的只能是一种趋势性判断，但是这种可能需要达到何种程度，刑事诉讼立法并没有明确的规定，刑事诉讼实践中也没有达成统一的意见。有的学者认为，这种可能性是一种排除合理怀疑的可能，其理由主要有两个，一是社会危险性是一种间接性证明，二是社会危险性对于逮捕审查来说是关键性因素②。间接证明由于包含了推理等因素，其产生错误的概率更高，而社会危险性因素又是审查逮捕的关键性因素，所以需要更加慎重，采取排除合理怀疑的证明标准可以降低错捕风险。对于以排除合理怀疑作为申请逮捕的证明标准，很多学者进行了批判，并提出了以下三点理由：从刑事诉讼法律的解释角度上看，逮捕的证

---

① 王满生：《英美加保释程序的诉讼化构造与启示》，《西南民族大学学报》2010 年第6 期。

② 洪浩、赵洪方：《我国逮捕审查制度中的社会危险性认定之程序要件》，《政法论丛》2016 年第 5 期。

明标准与起诉、定罪的证明标准不同；从证据法理上讲，将定罪证据作为侦查阶段的强制措施证明标准不符合司法实践的发展需要；从比较法的角度看，域外逮捕和未决羁押的证明标准都是合理根据和相当理由，明显比定罪要求的排除合理怀疑的证明标准要低。[①] 一些学者将逮捕的社会危险性证明标准进行降低，认为只要达到轻微盖然性证明标准即可，即要求检察官在批准逮捕的时候只需要掌握某些可靠的、现实的、可理解的证明材料作为决策依据就可以了。[②] "逮捕是刑事诉讼中必要的恶"，[③] 一方面需要保证逮捕能够满足刑事诉讼侦查的需要，能够实现刑事诉讼法打击犯罪的要求，另一方面又需要尽可能减少逮捕的适用，减少侵犯犯罪嫌疑人权利的可能。在设置逮捕的证明标准的时候，需要考虑到社会危险性证明特点、刑事诉讼效果追求等不同因素。[④] 我们认为在考量逮捕证明标准的时候，需要充分考虑到逮捕作为一种强制性措施本身对人权可能造成的侵害性，逮捕是在没有经法院依法裁判被追诉人犯罪的情形下提前羁押，如果证明标准过低，将可能导致够罪即捕，最终出现逮捕社会危险性条件虚置。上述将逮捕的社会危险性标准设置为一种轻微盖然性标准，就很有可能将社会危险性的判断虚置。从笔者给实务界人员上课中交流来看，很多侦查人员和检察机关审查逮捕的人员都认为有可能就是一种可能性，这种可能不需要和不可能进行比较，只要存在着某种可能就可以了。从语意学上来看，实际上任何一种可能都是可能，如果这种可能不是经过检察官心证进行主观判断作出的可能，只是一种模糊的大概的可能，那么所有的案件都有可能实施新的犯罪或者妨碍审判等等情形，最终导致逮捕的滥用。所以，将逮捕中的社会危险事实证明到轻微盖然性是不可取的，这种证明标准如果用来指导司法实践，将产生够罪即捕的后果，我国一直维持着这么高的羁押率与这种证明标准不无关系，实际上在基层司法实践中，依然还有很多人持有该种证明标准。其次，社会风险性事实采用排除合理怀疑

---

① 万毅：《逮捕程序若干证据法难题及其破解——法解释学角度的思考》，《西南民族大学学报》2015 年第 2 期。

② 裴树祥、马跃忠：《审查批捕中社会危险性证明标准研究》，《西部法学评论》2015 年第 6 期。

③ 罗海敏：《刑事诉讼羁押理由之思考——兼论我国新刑事诉讼法相关规定》，载卞建林主编《诉讼法学研究》，中国检察出版社 2013 年版，第 97 页。

④ 孙谦：《司法改革背景下逮捕若干问题研究》，《中国法学》2017 年第 3 期。

的证明标准没有观照到司法实践的需要，虽然在保障人权方面具有理想化的积极意义，但是不具有可操作性。排除合理怀疑首先要求用来证明逮捕的证据是充足的，而社会危险性本身是一种未来性判断，并不是一种现有发生的事实判断，如果要求社会危险性事实证明到排除合理怀疑的程度，在客观上是不现实的。所以，我们认为在社会危险性事实证明上，采取优势证据标准是比较合适的。[①] 即要求侦查机关对犯罪嫌疑人继续危害社会、妨碍证人作证、实施自杀逃跑等逃避诉讼的可能性进行判断，比起上述行为的不可能性来说更加有可能的判断标准。优势证据的判断是一种综合事实判断，其证据信息的来源既有案卷信息，也包括了犯罪嫌疑人的人身危险性和前科性信息等，对于可能实施新的犯罪、妨碍证人作证等信息既要有现有的客观信息，也要根据信息进行推理，还需要运用逻辑推理和经验判断等方式才能最终判断。

逮捕的社会危险性标准应该是一项明确的可操作性标准，但是当前立法并未规定明确的优势证据标准还是排除合理怀疑的证明标准，而是将证明标准交给了司法实践者来判断，检察官通过阅读案卷和讯问犯罪嫌疑人形成心证。逮捕虽然是一项程序性措施，但是在我国整个诉讼程序过程中，逮捕某种意义上承担着定罪功能，逮捕之后判处无罪是相当困难的，所以严格把握逮捕具有重大的人权保障价值。另一方面，逮捕又是一种未定犯罪的判断，对于社会危险性是一种可能性判断，其判断的信息往往不够全面和充足，在这个基础上需要实现排除合理怀疑的标准，很有可能沦为一种不切实际的主观臆断。所以，将逮捕的定罪条件定位为排除合理怀疑的证明标准，将社会危险性的证明标准定位为优势证据，一方面对于严格把握逮捕条件具有可操作性，同时对于避免错误逮捕侵犯人权也具有重要意义。

第三节　典型违法争议型程序法事实的证明标准

争议是指一方当事人与另一方当事人之间就某一事项产生的异议，刑

---

① 王满生：《英美加羁押必要性证明机制对我国逮捕审查程序完善的启示》，《江西师范大学学报》2015 年第 4 期。

事诉讼中的争议发生较为广泛，既可以是司法机关和被追诉人之间的争议，也可以是司法机关与被害人之间的争议，还可以是被告人和被害人之间的争议。从争议的内容上看，既可以是关于刑事实体内容的争议，也可以是关于刑事程序事实的争议。刑事诉讼中的违法争议是指诉讼过程中产生的诉讼当事人、诉讼参与人认为司法机关在诉讼中有违法行为而产生的争议，这些争议既包括侦查机关侵犯犯罪嫌疑人、被害人权利而产生的争议，包括在审查起诉阶段滥用诉权而产生的违法争议，也包括在审判阶段因为剥夺被告人的辩护权等产生的争议。这些争议既有侵犯当事人身体自由权利产生的争议，也有侵犯诉讼当事人辩护权、公开审判权等程序权利产生的争议。但是最严重侵犯当事人诉讼权利，受到刑事诉讼法律最严格规制的是侦查讯问过程中的合法性争议。在刑事诉讼中，侦查阶段是最容易侵犯当事人诉讼权利的阶段，也是违法争议最为典型的阶段。根据各个国家刑事诉讼法的规定，侦查机关除了依据法律采取强制措施需要进行程序证明以外，对于一些典型的违法型争议，也设置了程序性裁判程序，需要进行程序性证明，最为典型的就是体现取证违法争议事实证明。

一　取证合法争议是域外典型程序违法争议

取证合法性争议的解决主要依赖于非法证据排除规则，"非法证据排除规则的问世，是人类社会法治实践的重大创举，是现代司法文明理性的智慧结晶。"[①] 我国非法证据排除规则的出现也是近些年的事情，但作为一项司法智慧文明的成果，非法证据排除出现是长期的司法实践经验的总结，也是应对司法机关违法进行救济的杀手锏，是被追诉人维护自己权利的一项防御性工具，是在反对诉讼野蛮促进诉讼文明基础上发展起来的一项典型性程序争议。非法证据排除的争议产生首先必须有非法证据排除规则，也就是在立法或者在司法判例中必须有启动司法排除的装置，而这个装置就是非法证据排除程序。对非法证据排除争议的裁判，最为典型甚至说最为成熟的国家应属美国。

美国传统上是普通法系国家，证据的合法性争议是一项证据的可采性问题，并没有将证据的可采性看成是一项程序性问题，而是关于定罪问

---

① 沈德咏：《我们应该如何适用非法证据排除规则》，《人民法院报》2017 年 6 月 28 日第 2 版。

题。但是 1886 年美国联邦法院审理了博伊德诉美国案，在该案件中裁定用于定罪的案件违反了美国宪法第四修正案，从此之后将证据的可采性与联邦宪法第四修正案联系起来。但是在 1904 年的亚当斯诉纽约州案件中，联邦最高法院明确要求法院在诉讼中不应当审查证据的取证方式，而应当遵守普通法的判例原则。"直到 1914 年，威克斯合众国案才真正以联邦宪法第四修正案为基础确立了非法证据排除规则。"① 在这个案件中，侦查人员在没有逮捕令的情况下将被告逮捕，在没有搜查证的情况下对被告家进行了搜查，被告对上述两种方式获得的证据提出质疑，认为取证侵犯了自己的基本权利，由此证据不得采用，最终联邦最高法院支持了被告的主张，裁判威克斯胜诉。但是威克斯胜诉并不意味着联邦所有州都认可适用违反搜查扣押规定的证据可以适用非法证据排除。1961 年马普诉俄亥俄州案件，情况发生了根本性改变。之后联邦宪法法院通过判例将非法证据排除适用于宪法第五修正案、第六修正案以及第十四修正案。从美国联邦宪法条款上看，启动产生证据合法性的程序争议主要是对证据的采集不合法，主要是不合理的搜查和扣押方式导致证据的不合法争议。搜查和扣押所针对的对象是人身财产，通过排除非法证据来保护公民宪法性权利，这种免予搜查和扣押的权利在美国被认为是法治国家中的一项基本自由权利。一旦公民认为自己的基本自由权利被侵犯，则可以根据联邦宪法第四修正案启动对自己权利的保护，而这种保护的重要方式就是通过排除非法获取的证据，而解决控辩双方之间的证据排除争议的一项重要办法，就是通过利益衡量是否排除取得的证据。

美国宪法第五修正案规定了正当程序和不得强迫自证其罪原则。被告人能够依据此条款与公诉机关之间产生程序争议，并依据此条款上诉要求最高司法机关保护其合法权利。不自证其罪原则是美国刑事诉讼中的一项原则，也是司法实践中形成的一项保护被告人权利的程序原则。保护被告不自证其罪原则是反对对被告进行刑讯逼供的理论基础，该原则的基本价值在于防止刑讯逼供，甚至为被告人的自白任意性提供理论依据。美国的自白任意性最为突出和典型的案例即是米兰达规则，法院判决米兰达的讯问不能采用，认为米兰达自白违背了其任意性原则，其供述带有强制性和有损人的尊严。在美国，被告人不论是根据美国联邦宪法第四修正案、第

---

① 左宁：《中国刑事非法证据排除规则研究》，中国政法大学出版社 2013 年版，第 9 页。

五修正案、第六修正案还是第十四修正案的规定，认为控诉方使用的证据违反了上述修正案规定，以上诉的方式要求法官对此证据进行审查并要求排除该证据，甚至于最终导致无罪判决。

除了美国较为成熟和典型的非法证据排除以外，英国刑事诉讼中的被告也可以用非法证据排除的动议保护自己的合法权益，甚至用证据合法性争议制度展开无罪辩护。英国传统上是普通法系国家，对于证据的合法性争议并不认为是法定的程序性争议，只是作为证据的可采性来看待。在20世纪80年代以前，不合法的供述是否排除并不是一件必然的事情，即使取证违法也可以由法庭具体裁量是否排除。但是随着《欧洲人权公约》和《警察与刑事证据法》的颁布与实施，英国刑事诉讼中的被告和控诉方就证据合法性争议裁判具有了较为具体的法律依据，《警察与刑事证据法》第七十六条就是其一。法条明确规定依靠压迫等手段导致被告人供述不可靠的语言和行为，这类证据不能使用，除非检察官能够向法庭证明该供述不是采取上述方式取得的。同时对于欺骗获得的供述也被认为是非法证据，被告人可以主张其供述受到了侦查控诉方的诱供，最终裁定其供述无效。除了主张被告人的口供采证不合法最终排除以外，对于实物证据也可以构成非法证据排除的争议。非法实物证据争议的形成主要在于实物取证的合法性，包括是否以合法的搜查和扣押的方式取得用以证明案件事实的证据。

大陆法系关于非法证据的争议也是典型的程序法事实争议。德国是典型的职权主义国家，法官可以主动对证据的合法性进行调查，但是被告人也有申请调查非法证据的权利。"如果检察院或者法院并未如此做，则被告即需提起相关证据调查以刺激之"① 德国刑事诉讼中被告提起非法证据争议的依据是刑事诉讼法第 136a 条第 1 款和第 2 款规定，主要是针对侦查控诉方取证的方法和手段违法，被告人可以在中间程序中提出排除申请。中间程序启动权掌握在法院手中，排除了非职业法官的参与。但是德国对于证据争议的裁判并不是在中间程序中作出，而是在正式审判程序中一并作出。德国被告不仅仅可以在一审中提出非法证据排除争议，对于一审中没有支持被告人的排除证据申请，还可以以此为依据上诉，在上诉中要求法院对该争议进行裁判。德国实行三审终审制度，对于非法证据排除

---

① ［德］克劳斯·罗科信：《刑事诉讼法》，吴丽琪译，法律出版社 2003 年版，第 416 页。

的争议既可以适用第二审上诉，也可以适用第三审上诉，以请求法院纠正误判。① 日本被告人对于证据合法性的争议是庭前典型的程序性争议，也是法官必须在庭前处理的一项重要程序争议。日本被告人关于口供合法性的争议，被告人可以在审前提出，如果被告人没有委托辩护人的可以指定辩护人，日本是混合制诉讼模式国家，如果被告人没有提出排除证据的申请，法院一般不会主动启动证据审查程序，被告人提出排除证据的申请主要基于控方采取强制或者不合法长期羁押获得的证据。俄罗斯刑事诉讼中关于证据排除的申请是被告人的一项重要权利，根据俄罗斯刑事诉讼法的规定，被告人的供述必须是在有辩护人的情况下的供述才是合法的，否则即为非法，被告人可以据此提出非法证据排除动议，争议主要在听证程序中解决，通过法官在封闭审判庭举行闭门会议决定。

二　取证合法争议是我国最重要的程序违法争议

对控方取证提出异议是实践中的一项普遍性问题，长期以来并没有将其作为一项独立的程序性争议对待，而是将其作为一项影响实体裁判的证据争议。随着我国刑事诉讼对人权保护的不断重视，对司法正义和司法权威的重视，非法证据排除作为制度性规则已经在刑事诉讼法律中予以规定下来。20 世纪就有人提出建立非法证据排除规则，"立足于我们的司法实践，借鉴西方证据排除规则合理的内核，建立我国证据排除规则很必要。"② 有学者认为在中国这样一个追求实体真实根深蒂固的国家，从规范司法人员公正司法，保障诉讼当事人利益角度出发应该建立非法证据排除规则。③ 虽然 20 世纪 90 年代并没有规定排除非法证据规则，但是法律还是有关于禁止非法取证的规定。1996 年刑事诉讼法规定了一些取证的禁止性规则，但是对于取证合法性的争议，法律并没有规定独立的排除方式，导致该规定成为宣告某种行为非法的睡眠性条款，而不具有对某种行为处理的实际效力。要求证据需要经过庭审质证才能作为证据使用，实际是从证据的真实性上规定证据使用的规则，并没有形成为被追诉人的一项程序争议启动权。2010 年，国家通过单个法律文件的形式确认了非法证

① 高咏：《非法证据排除程序研究》，中国法制出版社 2014 年版，第 85 页。
② 孙孝福：《从证据运行行为的失范性看非法证据的效力》，《法商研究》1997 年第 5 期。
③ 左卫民、刘涛：《非法证据排除规则的确立与完善》，《法商研究》1999 年第 5 期。

据排除规则，并规定被告人庭前和审中提出排除非法证据的，法官应当休庭进行调查，启动调查要求被告人负有法官心证疑点形成的责任，即被告人提出排除的理由能够引起法官对证据合法性的怀疑。根据《规定》，被告人负有疑点形成责任主要是需要提出涉嫌刑讯逼供的时间、地点、方式、内容的相关线索和证据，可以理解为证明过程中的一种举证必要，也可以理解为被告人需要履行的一种初步证明责任，当然更多地可以理解为被告人在享有提出非法证据排除权利过程中的一项义务。2012年刑事诉讼法赋予当事人及其辩护人有申请证据排除的权利，也就是从法律的角度认可了非法证据排除的程序异议权。不仅如此，最高人民法院在适用刑事诉讼法的解释中还规定了人民法院对当事人履行非法证据排除的权利告知义务，由此可以证明排除非法证据权已经成为被告的一项重要程序权利。取证合法争议也成为一项重要的程序性争议，不仅仅在一审庭审前可以提出，即使是在二审审理期间也可以提出非法证据排除争议，但是对于二审提出的非法证据排除异议有一定的限制，根据《解释》规定，对于一审中提出的非法证据排除，一审法院并没有排除而当事人不服的，可以在二审中提出非法证据排除的申请。如果一审结束后才发现相关线索和材料的，被告人在二审首次提出非法证据排除，法庭应该予以受理。为提高非法证据排除规则实施的效果，2017年6月六部委发布了关于证据排除更为具体细致的规定，对于被告人非法证据排除权利的履行和实现作出了更为具体的规定。从非法证据排除争议权利形成时间上看，提出非法证据排除的时间提前到侦查阶段。《规定》的第十四条规定，犯罪嫌疑人和辩护人在侦查阶段可以向人民检察院申请排除非法证据，此处非法证据争议程序的主体即为侦查机关和犯罪嫌疑人一方，而裁判的主体一方即为检察机关。检察机关对于涉嫌非法取证的行为进行调查核实，对于确实有非法取证行为的要求侦查机关纠正，其获得的证据不得作为审查起诉和批准逮捕的依据。其次，在审查起诉阶段也可以提出非法证据排除申请，检察机关在讯问犯罪嫌疑人的时候也应当告知这项权利，这是提出非法证据争议的第二个时间段。检察机关可以调查核实是否具有非法取证行为，如果有则可以直接排除证据。从近些年司法实践来看，证据排除异议已成为被告人一项重要的诉讼程序权，权利行使时间从开始时期的庭审阶段，扩展至现在包括侦查阶段、起诉阶段，审判阶段。证据申请排除权不再是针对证据对定罪和量刑的影响，证据排除权的行使效果还及于逮捕、起诉等程序性决定，证据排除目的已经不再是为了刑事庭审辩护的需要，而是一项保障人权的重要手段，也已经成为一项日益完善的被告人程序性权利。从非法证据排除争议理由来看，其争议理由是一项不断拓展与完善的过程。1996年刑事诉讼法规定的引起非法证据争议的只能是刑讯逼供等典型性使人痛苦的方法，以及威胁、引诱、欺骗等方法，即使是上述方法，此时的非法证据争议也无法通过程序争议裁决程序解决，只有在上述痛苦方法造成了案件事实真实性存疑的情况下，才能通过庭审程序裁定案件以否定该证据的效力，依然不属于非法证据排除的程序性争议。2012年刑事诉讼法虽然规定了当事人及其辩护人的非法证据排除申请权，争议引起的理由除刑讯逼供外其他理由并不确定，最高人民法院在适用刑事诉讼法解释时将迫使违背被告意愿作为非法取证进行排除。从中可以看出，司法解释对立法中的刑讯逼供条款具体化，将肉体上遭受疼痛或者痛苦的方法作为提出非法证据排除的程序性权利理由。2017年6月六部委规定引起非法证据排除争议的理由，主要有采取殴打违法使用戒具的方法使犯罪嫌疑人作出供述的，采取严重损害本人及其近亲属合法利益相威胁的使犯罪嫌疑人作出违背意愿供述的，采取非法拘禁等非法限制人身自由的方法收集犯罪嫌疑人供述的情况，《规定》通过解释大大拓展了非法证据排除权利提出的理由。

三 取证合法争议的证明标准

取证合法性争议，表面上看是职权行使的结果能否得到司法机关认可使用，而深层次却是职权行使过程中是否依法依规，用以证明证据合法的内容也是司法机关行使职权的合法性内容。对于证据排除的证明标准，我国立法规定其在确认其为非法证据或者不能排除其为非法证据情况下，对非法证据采取排除的态度。那么判断非法证据控方证明时候需要达到的程度是如何呢？从条文上看应该是排除合理怀疑的证明标准，也就是需要排除法官心中的怀疑。我国2017年六部委规定不能排除存在非法取证的情况下，应当排除依此方法获取的证据，采用的标准也是要求控诉方需要对取证合法性证明到排除法官心中疑问的程度。立法对非法证据排除程序争议采取了最高证明标准，是基于非法证据排除的性质、刑事证据制度改革、防止司法机关的职权违法避免冤假错案的考虑。

取证合法性事关司法机关职权行使的合法性、纯洁性，由侦查机关来证明职权合法性本身就是职权行使的要求。"公诉方对被告人有罪的证明要求达到排除合理怀疑的最高程度，决定了对侦查人员取证行为合法性的证明也要达到同样的证明标准。"① 刑事诉讼中取证主要是刑事司法机关的取证，而排除证据的请求提出依据是取证过程中的违法行为，证明证据合法性的责任需要司法机关来履行，从这一点出发，司法机关证明自身证据合法性是本身逻辑要求所致，也是对司法机关履职的一项基本要求。由于被追诉人在提出证据非法的时候需要提供一定的线索，也就是说已经履行了初步证明责任，司法机关在提出证据使用时需要证明证据的合法性也是对其司法行为负责任的体现。由于司法机关本身就是取证机关，可以在实践中通过侦查人员出庭作证，讯问过程全程留痕措施，搜查扣押取证合法性审批等等方式对自身侦查取证的行为进行证明。

取证合法性证明争议实质上是被追诉人权利是否受到非法侵犯的争议，对其有高标准的证明要求，实际上是对被追诉人权利的保障标准。取证合法性裁判既是被告人一项辩护理由，更是被告人与司法机关关于是否侵犯权利争议的裁判。英美国家对证据合法性争议主要体现在证据的取得违反了法定程序，即在没有司法令状的情况下进行搜查扣押等措施，或者言词证据的取得违背了被告自愿原则。但是，在我国现有关于非法证据的争议主要在于言词证据，对于物证排除的情况十分少见，甚至是基本上没有，但不排除随着国家对人权的重视与发展，对于物证的合法性证明要求的提高。现有关于非法证言词证据的争议也主要体现为被告人口供获取的合法性争议，即被告人口供是否通过刑讯逼供等方式获得的。被告人主张口供是采用暴力或者严重损害本人或者近亲属权益进行威胁的方法采取的，或者口供是通过非法限制被告人人身自由方式采取的，以及是通过使被告人遭受痛苦方式来采取的。所以说，刑讯逼供取证是违背国家对人权保障的基本精神，违背宪法和刑事诉讼法的具体规定进行的取证，通过排除证据的方式来保护当事人的权利，本身就体现了对被告人权利的保障。如果在取证合法性证明中维持过低的证明标准，则可能进一步虚化证明程序，最终导致被告人权利受侵犯无法得到保障。

对取证合法性争议证明维持最高的证明标准，有助于在司法实践中减少对口供的依赖，有助于减少刑讯逼供，促进诉讼案件的真实发现。诉讼

---

① 陈瑞华：《非法证据排除程序再讨论》，《法学研究》2014 年第 2 期。

真实是任何一个国家刑事司法的追求，诉讼真实的获得不仅仅与该国刑事司法人员的素质相关，而且与该国刑事诉讼制度和资源配置相关，更为重要的是与该国对于口供的依赖相关。人类诉讼的文明史就是一部不断减少对口供依赖的历史，是司法机关权力行使逐步走向文明的历史。我国司法实践中不断爆出冤假错案，表面上看是刑事司法人员的野蛮和违法执法，但根深蒂固的还是对刑讯逼供的依赖，是基于有罪推定理念产生的司法错误。对违法行为设置与定罪相一致的证明标准，在实践中有助于减少对于言词证据的依赖，特别是对被告人口供的依赖。减少对口供的依赖就会降低司法人员违法司法的比率，最终提高司法行为的合法性、规范性。通过对口供的依赖降低，司法机关必须转而依靠其他方式来证明被告人有罪。但是，实践中发生的情况并不如法律规定所期望，违法争议的证明标准往往达不到排除合理怀疑的程度。首先从证明责任分配情况来看，证据合法性的证明责任分配混乱。从法律规定看，被告人不论在侦查阶段、审查起诉阶段还是审判阶段提出证据违法争议必须提出违法的线索和材料，违法的线索和材料到底是一种什么责任，有学者认为这也是证明责任，还有学者认为这是初步证明责任，也有学者认为这是被追诉人的一项权利。但是，笔者主张这是一项举证必要，而不是证明责任。① 当被追诉人提出司法机关的取证行为违法并提出了相关的线索和材料的时候，司法机关就需要履行证明自身行为的合法性责任。这时候，司法机关可以通过提供讯问录音录像、侦查人员出庭作证、情况说明、询问笔录等等方式来证明司法行为的合法性。从证明效力来看，录音录像是最能证明取证的合法性证据，但是由于庭审效率的要求不可能对录音录像进行全程播放，一些案件的录音录像并没有全程录取，而一些录音录像由于各种不同原因导致难以全面证明案件的取证过程的合法性。情况证明往往是侦查机关出具的对于取证过程中的情况说明，没有哪一个机关会出具证明自己不合法的证明，由自己出具的说明书实质上不能作为证据使用，对于取证的合法性证明也没有多少效力。除此之外，剩下了更有证明效力的就是侦查人员出庭作证，但是我国司法实践中出庭作证的警察少之又少，加之我国庭审的交叉询问制度基本上没有。警察、检察官、法官在司法实践中同是法律职业一

---

① 王满生：《2012 刑事诉讼法中被告人有罪的举证责任分配》，载卞建林、谭世贵主编《新刑事诉讼法的理解和实施》，中国人民公安大学出版社 2013 年版，第 171 页。

体，具有一种天然的为追求被告人有罪的共同性，警察出庭作证往往是证明其取证的合法性，证明其职权行为的合法性，出庭来证明其在职务行为中是违法的警察在已报道的案例中极少，加上缺乏合适的询问制度，导致法官即使在警察出庭的情况下也往往难以排除心中的疑惑，当法官具有疑点难以排除的情况下，要排除证据十分困难。在这种情况下，法官对于疑点的排除往往降低了标准，导致对一些未能排除疑点的证据被采纳。

从现实情况看，控方证明其取证合法性确实存在着一定的难度。我国的侦查程序是封闭性的，大多数案件在侦查阶段并没有辩护律师参与，即使有参与也只是少数几项权利，被告人并不享有律师在场权。从法律规定上看，如果被告人提出控方侦查行为违法，侦查机关就需要提出充足证据证明自己行为合法。但是，反观司法实践，法庭宣布控方侦查行为违法排除证据非法的实在少之又少。一般的做法是只要公诉机关提出一种甚至几种证据以后，就会认定证据有效，宣布侦查取证行为合法。由于司法实践中多数案件并没有录音录像，要求警察出庭作证几乎是痴心妄想，侦查机关往往出具一份证明其取证过程中没有违法的证明来证明其取证的合法性。有些案件中，即使是排除了其中一份被告人供述，但是控诉机关提出了其他有罪供述，法庭一般采用有罪供述并最终予以定罪。

我国在非法证据排除程序中难以宣告侦查取证非法的一个重要因素，是司法机关倾向于将证据排除作为一项对证据合法性的实体性审查，而不是作为对司法机关非法行为的遏制。只要司法实践中产生的证据属于真实性的证据，对案件定罪量刑具有重要证明效力的证据，在实践中是难以排除的，哪怕这项证据可能具有刑讯逼供的成分。在证据取证合法性上，律师更多的是将其作为一项程序性辩护策略，但是法官则更看重其证据真实性。律师将其作为程序性事由来进行辩护，但是由于侦查封闭性的原因导致律师并不能提出多少能够影响案件结果的证据。法官希望侦查机关提出证据证明取证的合法性，并通过证据合法性证明来判断证据的真实性，最终将司法合法性的争议演变为证据的证明力争议。法官对于提出有争议的证据采取降低其证明力的方法，采取降低证明力的方法弥补其证据能力的缺陷，甚至将其非法证据排除演变成为纯粹的一项证据审查问题，而不是侦查机关的违法争议问题。当然，不论司法界还是学术界都不乏降低取证合法性证明标准的主张者，提出的理由主要有：首先是过高的证明标准可能会影响实体公正。一般情况下，侦查机关能够提出证据证明取证行为合法的证据是有限的，如果在庭审过程中要求证明标准过高，将导致一些证据无法使用，将可能导致一些犯罪分子逃脱法网；第二是证据合法性调查是一项正式的调查程序，由于证明标准过高将影响案件的诉讼效率；第三是从实践情况来看，要维持如此高的证明标准实际上很困难；第四是从世界各国家关于取证合法性证明来看，证据合法性的证明大多数还是维持在优势证据标准。"从长远来看，我们认为应采用明显优势证据标准，即控方在某一证据是否合法的问题上，应当向法院证明其合法取证的可能性要明显大于非法取证的可能性。"[①] 但是，取证合法性实际上是一项司法机关违法程序争议，也是一项重要的被告人权利保障措施。如果对此项违法争议事项提出的是优势证据标准，并不能很好地保障被告人的权利。因为具有强势侦查权的机关和处于弱势的被告人相比，只需要提供优势的证据，无论在哪个时候哪个阶段都是能实现的，很可能导致非法程序争议的裁判虚化，并导致非法证据排除制度失去保障被告人权利的效应。其次，如果降低其证明标准就违背了制定非法证据排除的初心。我国制定该制度的目的主要是为了减少冤假错案，使每一个人在刑事案件中感受到司法正义。但是，优势证据的证明标准无法形成对侦查人员的威慑力，无法形成对审查起诉机关的抑制力，并最终无法实现该项制度的应有功能和效力。再者，本本上的法律和实践中的法律毕竟有差别，法律规定的理想与实践存在着距离。不能因为实践中的做法达不到本本上的要求，就迁就实践从而降低司法实践中的证明标准。取证合法性集中地体现了司法机关司法职权行使是否违法，也集中地体现了国家刑事司法对人权保障的态度。对侦查取证行为维持与定罪量刑同样的证明标准，既是立法的要求，也是司法实践必须不断努力达到的目标。

[①]　陈光中主编：《非法证据排除规则实施问题研究》，北京大学出版社 2014 年版，第 28 页。

结　语

研究对象决定着研究内容，证据理论的研究离不开证明对象的界定，证明对象不同，证明的方法与路径也不同。刑事诉讼的推进过程中，需要证明的不仅仅是定罪与量刑事实，对于逮捕条件、取保候审、证据合法性、诉讼终止、管辖等一系列程序法争议事实，司法机关不能视而不见。程序争议越来越受到诉讼各方的重视，既是诉讼法治发展的结果，也是人权保障的需要。如何解决程序争议，是基于司法机关内部的控制，还是通过一种证明性程序将争议和请求交给他方来决定。论文采取了一种既照顾中国实际又符合法治发展方向的模式，对于侦查阶段发生的程序争议和职权请求，建立以检察官为顶点的程序事实证明程序，对于审查起诉阶段发生的程序争议和请求，建立以"庭前法官"为顶点的庭前程序事实证明程序，对于不服检察官和庭前法官裁量的程序决定，建立了以"上诉独任庭"为中心的上诉程序事实证明程序。

证明责任理论是证明理论研究的核心，本书从程序法事实的分类出发，认为程序法事实分配采取法规分配与法官分配相结合的分配模式较为合适。在证明责任的分配规则上，应该遵循无罪推定、诉讼效率和程序正义的理念，对于职权请求型程序法事实而言，由提出请求的侦查机关和检察机关进行证明，对于权利形成型程序法事实，由提出主张的被追诉人或者被害人负举证责任，对于违法争议型程序事实由受侵害人提出初步证据、涉嫌违法机关承担证明责任。

关于证明标准的讨论，也是一个十分复杂的问题。因为程序法事实证明的标准意味着程序正义与诉讼效率的考量，是打击犯罪与保障人权的衡平。不仅仅要考虑到刑事诉讼对证明要求的严格性，也要照顾到程序法事实的特殊性。多层次的程序法事实证明标准是一个总体性要求，对于违法争议型程序事实采取排除合理怀疑的证明标准，对于职权请求型程序事实采取盖然性占优势的证明标准，对权利主张型程序事实采取大致可信的证明标准。

程序法事实的证明看似一个很细微的问题，但却是内容丰富。正如在前文所言，程序法事实的证明问题与程序裁判、程序制裁、程序上诉、司法审查、司法授权、诉讼构造等一系列问题相关甚切。不仅仅是一个证据学的问题，其设置将影响整个程序制度的建构，其理念将进一步塑造程序法治、推进程序正义。随着我国依法治国进程的加快，诉讼法的健全和精细化、人权保障的重视，程序事实证明的空间将越来越广阔。

参考文献

一 中文类参考文献

(一) 著作类

[德] 考夫曼:《法律哲学》,刘幸义等译,法律出版社 2004 年版。

[德] 克劳斯·罗科信:《刑事诉讼法》,吴丽琪译,法律出版社 2003 年版。

[德] 霍菲尔德:《基本法律概念》,张书友译,中国法制出版社 2009 年版。

[德] 普维庭:《现代证明责任问题》,吴越译,法律出版社 2006 年版。

[德] 莱奥·罗森贝克:《证明责任论》,庄敬华译,中国法制出版社 2002 年版。

[德] 托马斯·魏根特:《德国刑事诉讼程序》,邱礼玲、温小洁译,中国政法大学出版社 2004 年版

[美] E. 博登海默:《法理学法律哲学与法律方法》,邓正来译,中国政法大学出版社 1999 年版。

[美] 哈罗德·J. 伯尔曼:《法律与革命——西方法律传统的形成》,中国大百科全书出版社 1993 年版。

[美] 米尔伊安·R. 达玛什卡:《司法与国家权力的多种面孔——比较视野中的法律程序》,郑戈译,中国政法大学出版社 2004 年版。

[美] 约书亚·德雷斯勒、艾伦·C. 迈克尔斯:《美国刑事诉讼法精解》,吴宏耀译,北京大学出版社 2009 年版。

[美] 米尔吉安·R. 达马斯卡:《比较法视野中的证据制度》,吴宏耀、魏晓娜译,中国人民公安大学出版社 2006 年版。

[美] 恩·R. 拉费佛、杰罗德·H. 伊斯雷尔、南西·J. 金:《刑事

诉讼法》，卞建林、沙金丽等译，中国政法大学出版社 2003 年版。

[美] 詹姆士·Q. 惠特曼：《合理怀疑的起源——刑事审判的神学根基》，侣化强、李伟译，中国政法大学出版社 2012 年版。

[美] 约翰·罗尔斯：《正义论》，何怀宏、何包钢、廖申白译，中国社会科学出版社 1988 年版。

[美] 约翰·W. 斯特龙主编：《麦考米克论证据》，汤维建等译，中国政法大学出版社 2004 年版。

[美] 德雷斯勒：《美国刑法精解》，王秀梅等译，北京大学出版社 2009 年版。

[法] 孟德斯鸠：《论法的精神》，张雁深译，商务印书馆 1985 年版。

[法] 卡斯东·斯特瓦尼、乔治·勒瓦索、贝尔纳·布洛克：《法国刑事诉讼法精义》，罗结珍译，中国政法大学出版社 1999 年版。

[法] 贝尔纳·布洛克：《法国刑事诉讼法》，罗结珍译，中国政法大学出版社 2009 年版。

[苏联] 安·扬·维辛斯基：《苏维埃法律上的诉讼证据理论》，王之相译，法律出版社 1957 年版。

[苏联] M. A. 切里佐夫：《苏维埃刑事诉讼》，中国人民大学刑法教研室译，西南政法学院 1954 年翻印。

[意] 贝卡利亚：《论犯罪与刑罚》，中国大百科全书出版社 1993 年版。

[日] 土本武司：《日本刑事诉讼法要义》，宋英辉译，五南图书出版社 1997 年版。

[日] 田口守一：《刑事诉讼法》，刘迪、张凌、穆津译，法律出版社 2000 年版。

[日] 田口守一：《刑事诉讼的目的》，张凌、于秀峰译，中国政法大学出版社 2011 年版。

[日] 松尾浩也：《日本刑事诉讼法》，丁相顺译，中国人民大学出版社 2005 年版。

[英] 麦高伟、杰弗里·威尔逊主编：《英国刑事司法程序》，姚永吉等译，法律出版社 2003 年版。

[英] 彼得·斯坦、约翰·香德：《西方社会法律的价值》，王献平译，中国法制出版社 2004 年版。

[英] 约翰·斯普莱克：《英国刑事诉讼程序》，徐美君、杨立涛译，中国人民大学出版社 2006 年版。

姜世明：《举证责任与真实义务》，（台北）新学林出版股份有限公司 2006 年版。

李学灯：《证据法比较研究》，五南图书出版社 1992 年版。

卞建林：《刑事证明理论》，中国人民公安大学出版社 2004 年版。

卞建林主编：《证据法学》，中国政法大学出版社 2005 年版。

毕玉谦：《民事证明责任研究》，法律出版社 2007 年版。

毕玉谦：《证据制度的核心基础理论》，北京大学出版社 2013 年版。

陈浩然：《证据学原理》，华东理工大学出版社 2002 年版。

陈光中：《刑事诉讼法》，北京大学出版社、高等教育出版社 2012 年版。

陈光中主编：《非法证据排除规则实施问题研究》，北京大学出版社 2014 年版。

陈光中主编：《证据法学》，法律出版社 2015 年版。

陈建军、李立宏：《刑事诉讼价值论》，中南大学出版社 2006 年版。

陈金钊：《法理学》，北京大学出版社 2002 年版。

程龙：《法哲学视野中的程序正义》，社会科学文献出版社 2011 年版。

陈瑞华：《刑事诉讼的前沿问题》，中国人民大学出版社 2000 年版。

陈瑞华：《问题与主义之间——刑事诉讼基本问题研究》，中国人民大学出版社 2003 年版。

陈瑞华：《程序性制裁理论》，中国法制出版社 2005 年版。

陈瑞华：《比较刑事诉讼法》，中国人民大学出版社 2010 年版。

陈瑞华：《程序正义理论》，中国法制出版社 2010 年版。

程荣斌主编：《外国刑事诉讼法教程》，中国人民大学出版社 2001 年版。

陈朴生：《刑事证据法》，（台北）三民书局 1979 年版。

陈卫东：《刑事诉讼程序论》，中国法制出版社 2011 年版。

陈卫东：《反思与建构：刑事证据的中国问题研究》，中国人民大学出版社 2014 年版。

陈永生：《刑事诉讼的宪政基础》，北京大学出版社 2010 年版。

戴长林、罗国良、刘静坤：《中国非法证据排除制度：原理·案例·适用》，法律出版社 2016 年版。

邓继好：《程序正义理论在西方的历史演进》，法律出版社 2012 年版。

邓思清：《检察权研究》，北京大学出版社 2007 年版。

邓思清：《刑事被追诉人的地位、权力与保障》，中国人民公安大学出版社 2011 年版。

樊崇义：《域外检察制度研究》，中国人民公安大学出版社 2008 年版。

樊崇义主编：《诉讼原理》，法律出版社 2009 年版。

樊崇义：《走向正义——刑事司法改革与刑事诉讼法的修改》，中国政法大学出版社 2011 年版。

樊崇义：《刑事证据规则研究》，中国人民公安大学出版社 2014 年版。

樊崇义、兰跃军、潘少华：《刑事证据制度发展与适用》，人民法院出版社 2012 年版。

傅宽芝：《刑事诉讼主体公权与私权》，社会科学文献出版社 2010 年版。

巩富文：《中国侦查监督制度研究》，法律出版社 2015 年版。

郭冰：《羁押必要性审查制度研究》，中国检察出版社 2016 年版。

郭云忠：《刑事诉讼谦抑论》，北京大学出版社 2008 年版。

韩阳：《被追诉人的宪法权利》，中国人民公安大学出版社 2007 年版。

韩阳：《刑事诉讼的哲学反思：从典型制度到基本范畴》，中国人民公安大学出版社 2012 年版。

胡学军：《具体举证责任》，法律出版社 2014 年版。

黄豹：《刑事诉讼研究》，北京大学出版社 2013 年版。

黄道秀译：《俄罗斯刑事诉讼法典》，中国政法大学出版社 2003 年版。

黄风译：《意大利刑事诉讼法典》，中国政法大学出版社 1994 年版。

黄茂荣：《法学方法与现代民法》，中国政法大学出版社 2001 年版。

黄维智：《刑事证明责任研究——穿梭于实体与程序之间》，北京大学出版社 2007 年版。

黄永：《刑事证明责任分配研究》，中国人民公安大学出版社 2006 年版。

姜田龙：《无罪推定论》，中国检察出版社 2014 年版。

蒋铁初：《中国传统证据制度的价值基础研究》，法律出版社 2014 年版。

蒋铁初：《民清民事证据制度研究》，中国人民公安大学出版社 2008 年版。

江平主编：《摩奴法典》，法律出版社 2000 年版。

江伟主编：《证据法学》，法律出版社 1999 年版。

江显和：《刑事认证制度研究》，法律出版社 2009 年版。

李浩：《民事举证责任研究》，中国政法大学出版社 1993 年版。

李静：《证据裁判原则初论：以刑事诉讼为视角》，中国人民公安大学出版社 2008 年版。

李玉华等：《诉讼证明标准研究》，中国政法大学出版社 2010 年版。

李玉萍：《刑事诉讼行为无效制度论》，中国人民公安大学出版社 2010 年版。

李龙主编：《良法论》，武汉大学出版社 2001 年版。

李心鉴：《刑事诉讼构造论》，中国政法大学出版社 1992 年版。

李培峰、潘驰：《英国证据法史》，法律出版社 2014 年版。

李峰：《论心证公开：以民事诉讼为中心》，法律出版社 2014 年版。

李明：《证据证明力研究》，中国人民公安大学出版社 2013 年版。

梁玉霞：《刑事诉讼主张及其证明理论》，法律出版社 2007 年版。

廖耘平：《对质权制度研究》，中国人民公安大学出版社 2009 年版。

林钊编：《治国理政方略》，国家行政学院出版社 2014 年版。

林钰雄：《检察官论》，法律出版社 2008 年版。

林钰雄：《刑事法理论与实践》，中国人民大学出版社 2008 年版。

林钰雄：《刑事诉讼法》，中国人民大学出版社 2005 年版。

刘涛：《刑事诉讼主体论》，中国人民公安大学出版社 2005 年版。

刘林呐：《法国检察制度研究》，中国检察出版社 2015 年版。

刘金友主编：《证据法学》，中国政法大学出版社 2001 年版。

刘金友主编：《证明标准研究》，中国政法大学出版社 2009 年版。

刘晓兵：《刑事程序价值论》，中国检察出版社 2009 年版。

刘英俊：《自白任意性规则研究》，四川大学出版社 2012 年版。

刘春梅：《自由心证制度研究：以民事诉讼为中心》，厦门大学出版社 2005 年版。

龙宗智：《刑事庭审制度研究》，中国政法大学出版社 2001 年版。

龙宗智主编：《徘徊于传统与现代之间——中国刑事诉讼法再修改研究》，法律出版社 2005 年版。

龙宗智：《证据法的理念、制度与方法》，法律出版社 2008 年版。

龙宗智：《刑事庭审制度研究》，中国政法大学出版社 2001 年版。

龙宗智：《检察官客观义务论》，法律出版社 2014 年版。

龙宗智：《司法改革与中国刑事证据制度的完善》，中国民主法制出版社 2016 年版。

龙宗智、杨建广主编：《刑事诉讼法》，高等教育出版社 2007 年版。

陆而启：《意见裁判主义导论》，法律出版社 2016 年版。

罗海敏：《刑事诉讼严格证明探究》，北京大学出版社 2010 年版。

马可：《刑事诉讼法律关系客体研究》，方志出版社 2014 年版。

孟军：《犯罪嫌疑人权利救济研究——以刑事侦查为中心》，中国人民公安大学出版社 2008 年版。

闵春雷等：《刑事诉讼证明基本范畴研究》，法律出版社 2011 年版。

牟军：《自白制度研究：以西方学说为线索的理论展开》，中国人民公安大学出版社 2006 年版。

聂洪勇、王琼：《法官自由裁量权之法理分析：以刑事司法为视角》，法律出版社 2011 年版。

宁松：《刑事举证责任研究》，中国检察出版社 2013 年版。

裴苍龄：《证据法学新论》，法律出版社 1989 年版。

裴显鼎：《非法证据排除程序适用指南》，法律出版社 2016 年版。

彭勃：《日本刑事诉讼法通论》，中国政法大学出版社 2002 年版。

祁亚平：《刑事庭审之事实认定的本质、局限以及罪案评价研究》，法律出版社 2016 年版。

邱飞：《权力制衡与权利保障：侦查程序中的司法审查机制研究》，光明日报出版社 2013 年版。

邱福军：《刑事证明标准研究》，中国人民公安大学出版社 2012

年版。

邵建东：《德国司法制度》，厦门大学出版社 2010 年版。

沈德咏：《中国特色社会主义司法制度论纲》，人民法院出版社 2009 年版。

沈德咏：《刑事证据制度与理论》，法律出版社 2002 年版。

石浩旭：《刑事程序性证明理论系统研究》，知识产权出版社 2013 年版。

宋世杰：《举证责任论》，中南工业大学出版社 1996 年版。

宋英辉译：《日本刑事诉讼法》，中国政法大学出版社 2000 年版。

宋英辉、汤维建：《证据法学研究述评》，中国人民公安大学出版社 2006 年版。

宋玉琨：《德国刑事诉讼法典》，知识产权出版社 2013 年版。

宋志军：《刑事证据契约论》，法律出版社 2010 年版。

孙长永：《探索正当程序——比较刑事诉讼法专论》，中国法制出版社 2005 年版。

孙长永：《侦查程序与人权——比较法考察》，中国方正出版社 2000 年版。

孙长永：《日本刑事诉讼法导论》，重庆大学出版社 1993 年版。

孙长永等：《犯罪嫌疑人的权利保障研究》，法律出版社 2011 年版。

孙长永等译：《英国 2003 年〈刑事审判法〉及其释义》，法律出版社 2005 年版。

孙长永、黄维智、赖早兴：《刑事证明责任制度研究》，中国法制出版社 2009 年版。

孙孝福：《刑事诉讼人权保障的运行机制研究》，法律出版社 2001 年版。

田力男、郑曦：《非法证据排除规则的理论与实践》，中国政法大学出版社 2015 年版。

王晨等：《现代司法公正评价标准实证研究》，法律出版社 2014 年版。

汪建成、甄贞主编：《外国刑事诉讼第一审程序比较研究》，法律出版社 2007 年版。

王圣扬：《诉讼证明责任与证明标准》，中国人民公安大学出版社

2012 年版。

王天民：《实质真实论》，厦门大学出版社 2013 年版。

魏晓娜：《刑事正当程序原理》，中国人民公安大学出版社 2006 年版。

吴洪淇：《转型的逻辑：证据法的运行环境与内部结构》，中国政法大学出版社 2013 年版。

吴宏耀：《诉讼认识论纲——以司法裁判中的事实认定为中心》，北京大学出版社 2008 年版。

吴宏耀、魏晓娜：《诉讼证明原理》，法律出版社 2002 年版。

夏红：《无效刑事诉讼行为研究》，中国人民公安大学出版社 2009 年版。

夏勇：《人权概念起源——权利的历史哲学》，中国政法大学出版社 2001 年版。

肖晗：《民事诉讼证明权研究》，知识产权出版社 2012 年版。

谢安平：《程序公正与刑罚效果关系》，知识产权出版社 2009 年版。

徐静村主编：《刑事诉讼法学》，法律出版社 2004 年版。

徐美君：《侦查权的运行与控制》，法律出版社 2009 年版。

杨东亮：《刑事诉讼中的司法审查》，法律出版社 2014 年版。

杨宇冠：《非法证据排除规则研究》，中国人民公安大学出版社 2002 年版。

杨宇冠等：《非法证据排除规则在中国的实施问题研究》，中国检察出版社 2015 年版。

杨宇冠、李立译：《检察官人权指南》，中国检察出版社 2006 年版。

张步文：《司法证明原论》，商务印书馆 2014 年版。

张乃根：《西方法哲学史纲》，中国政法大学出版社 1998 年版。

张继成：《证据基础理论的逻辑、哲学分析》，法律出版社 2011 年版。

张军：《新刑事诉讼法法官培训教材》，法律出版社 2012 年版。

张军主编：《刑事证据规则理解与适用》，法律出版社 2010 年版。

张千帆：《西方宪政体系》，中国政法大学出版社 2001 年版。

张文显：《法哲学范畴研究》，中国政法大学出版社 2001 年版。

张文显：《二十世纪西方法哲学思潮研究》，法律出版社 2006 年版。

张文显主编：《法理学》，高等教育出版社、北京大学出版社 2007 年版。

张小海：《无罪推定权利论》，中国民主法制出版社 2015 年版。

张智辉：《附条件不起诉制度研究》，中国检察出版社 2011 年版。

张中：《实践证据法：法官运用证据经验规则实证研究》，中国政法大学出版社 2015 年版。

赵承寿：《司法裁判中的事实问题》，中国政法大学出版社 2015 年版。

甄贞等：《检察制度比较研究》，法律出版社 2010 年版。

周欣：《外国刑事诉讼特色制度与变革》，中国人民公安大学出版社 2014 年版。

朱丹：《程序正义与人的存在》，经济管理出版社 2014 年版。

左宁：《中国刑事非法证据排除规则研究》，中国政法大学出版社 2013 年版。

（二）论文类

卞建林：《刑事证明主体新论——基于证明责任的分析》，《中国刑事法杂志》2003 年第 1 期。

卞建林：《排除合理怀疑之理解与适用》，《国家检察官学院学报》2015 年第 1 期。

陈光中、陈海光、魏晓娜：《刑事证据制度与认识论》，《中国法学》2001 年第 1 期。

陈光中、陈学权：《中国语境下的刑事证明责任理论》，《法制与社会发展》2010 年第 2 期。

陈卯轩：《法治价值的渊源和结构》，《西南民族大学学报》2006 年第 1 期。

陈瑞华：《从认识论走向价值论——证据法理论基础的反思与重构》，《法学》2001 年第 1 期。

陈瑞华：《非法证据排除程序再讨论》，《法学研究》2014 年第 2 期。

陈瑞华：《对违法审判行为的程序性制裁》，《兰州大学学报》2017 年第 1 期。

陈素珍、邹积超：《检察机关司法审查职能的现状探视》，《犯罪研究》2006 年第 5 期。

陈卫东、刘计划:《论犯罪嫌疑人的诉讼主体地位》,《法商研究》2003 年第 2 期。

陈卫东、李奋飞:《论侦查权的司法控制》,《政法论坛》2000 年第 6 期。

陈永生:《排除合理怀疑及其在西方面临的挑战》,《中国法学》2003 年第 2 期。

陈忠林:《常识、常理、常情:一种法治观与法学教育观》,《太平洋学报》2007 年第 6 期。

董邦武、马君子:《公安机关刑事立案问题及对策研究》,《中南民族大学学报》2016 年第 5 期。

董长春:《近代西方权利概念的中国化》,《学习与探索》2008 年第 6 期。

房保国:《刑事诉讼管辖权异议的裁判体系》,《烟台大学学报》2004 年第 1 期。

方新军:《权利概念的历史》,《法学研究》2007 年第 4 期。

樊中华:《刑事诉讼恶意管辖的诉讼规制》,《天津法学》2016 年第 4 期。

樊崇义:《客观真实管见——兼论刑事诉讼证明标准》,《中国法学》2000 年第 1 期。

高一飞:《法律真实说与客观真实说:误解中的对立》,《法学》2001 年第 11 期。

高峰:《刑事侦查中的令状制度研究》,博士学位论文,西南政法大学,2007 年。

顾永忠:《刑事诉讼法修正案草案中的若干问题研究》,《法学》2011 年第 12 期。

郭志远:《我国逮捕证明标准研究》,《中国刑事法杂志》2008 年第 9 期。

郭宗杰:《论法的效益》,《法律科学》1995 年第 3 期。

韩大元、于文豪:《法院、检察院和公安机关的宪法关系》,《法学研究》2011 年第 3 期。

郝银钟:《刑事诉讼双重目的论之批判与重构》,《法商研究》2005 年第 5 期。

贺恒扬：《审查逮捕的证明标准》，《中国刑事法杂志》2006 年第 2 期。

何家弘：《论司法证明的目的和标准——兼论司法证明的基本概念和范畴》，《法学研究》2001 年第 6 期。

侯晓焱、刘秀仿：《关于拘留期限延长的实证分析》，《人民检察》2015 年第 11 期。

胡洪浩、赵洪方：《我国逮捕审查制度中的社会危险性认定之程序要件》，《政法论丛》2016 年第 5 期。

雷建昌、薛培：《立案监督：现实困境与法律完善——成都市检察机关 2004—2008 年立案监督案件调查》，《中国刑事法杂志》2009 年第 7 期。

李长城：《刑事诉讼目的新论》，《中国刑事法杂志》2006 年第 1 期。

李斌：《庭前会议程序的适用现状与发展完善》，《法学杂志》2014 年第 6 期。

李斌：《立案监督困境之破解》，《国家检察官学院学报》2010 年第 4 期。

李家军：《司法的效率之维》，《法律适用》2009 年第 6 期。

李建明：《刑事错案的深层次原因——以检察环节为中心的分析》，《中国法学》2007 年第 3 期。

李建明：《刑事审前程序合法性的证明》，《政法论坛》2009 年第 5 期。

李建明、陈爱蓓：《刑事司法过程的社会效果与社会成本——关于刑事司法效率的思考》，《南京师大学报》2005 年第 1 期。

李美燕：《论证明责任的阶段性》，《北京航空航天大学学报》2013 年第 4 期。

李中原：《Ius 和 right 的词义变迁——谈两大法系权利概念的历史演变》，《中外法学》2008 年第 4 期。

廖申白：《〈正义论〉古典自由主义的修正》，《中国社会科学》2003 年第 5 期。

梁欣：《当代中国刑事诉讼模式的变迁》，《政法论坛》2012 年第 4 期。

梁欣：《权力集中型刑事诉讼模式评析》，《中国刑事法杂志》2012

年第 7 期。

刘丹：《民事诉讼主张的类型化分析——以当事人的诉讼行为为视角》，《河南财经政法大学学报》2016 年第 3 期。

刘晓丹：《刑事证明标准的维度分析》，《中国刑事法杂志》2016 年第 3 期。

刘晓兵：《刑事程序价值论》，博士学位论文，中国政法大学，2006 年。

刘方权、曹文安：《刑事程序法律责任论》，《厦门大学法律评论》第 6 辑，厦门大学出版社 2004 年版。

龙宗智：《强制侦查司法审查制度的完善》，《中国法学》2011 年第 6 期。

龙宗智：《刑事诉讼指定管辖制度之完善》，《法学研究》2012 年第 4 期。

龙宗智：《中国法语境中的排除合理怀疑》，《中外法学》2012 年第 6 期。

吕升远：《刑事庭前会议的程序定位与价值》，《天津法学》2014 年第 3 期。

吕升远：《论我国审前司法审查主体的确定》，《西部法学评论》2014 年第 4 期。

季美君、单民：《论刑事立案监督的困境与出路》，《法学评论》2013 年第 2 期。

马可：《宗教大审查与刑讯的广泛使用》，《山东警察学院学报》2011 年第 2 期。

闵春雷：《刑事诉讼中的程序性证明》，《法学研究》2008 年第 5 期。

闵春雷、贾志强：《刑事庭前会议制度探析》，《中国刑事法杂志》2013 年第 3 期。

莫湘益：《庭前会议：从法理到实证的考察》，《法学研究》2014 年第 3 期。

宁汉林：《论无罪推定》，《中国社会科学》1982 年第 4 期。

潘剑锋：《论举证时效》，《政法论坛》2000 年第 2 期。

裴苍龄：《构建全面的证明责任体系》，《法商研究》2007 年第 5 期。

齐崇文：《法律效果与社会效果统一的法理学分析》，《人民司法》

2011 年第 11 期。

钱宏道：《论司法效率》，《中国法学》2002 年第 4 期。

裴树祥、马跃忠：《审查批捕中社会危险性证明标准研究》，《西部法学评论》2015 年第 6 期。

荣晓红：《论我国刑事诉讼制度的完善——以我国刑事诉讼构造为视角》，《时代法学》2014 年第 5 期。

沈德咏：《我们应该如何适用非法证据排除规则》，《人民法院报》2017 年 6 月 28 日第 2 版。

沈宗灵：《对霍菲尔德法律概念学术的比较研究》，《中国社会科学》1990 年第 1 期。

孙长永：《通过中立的司法权力制约侦查权力——建立侦查行为司法审查制度之管见》，《环球法律评论》2006 年第 5 期。

孙洪坤：《程序正义论——一种法社会学的反思》，《现代法学》2003 年第 1 期。

孙谦：《论逮捕的证明要求》，《人民检察》2000 年第 5 期。

孙谦：《司法改革背景下逮捕若干问题研究》，《中国法学》2017 年第 3 期。

孙倩：《无罪推定的外国法溯源与演进》，《环球法律评论》2014 年第 4 期。

孙全明：《检察机关刑事立案监督的现状及其完善》，《山西省政法管理干部学院学报》2014 年第 4 期。

孙锐：《大陆及英美法系证明责任制度比较》，《山西省政法管理干部学院学报》2006 年第 3 期。

宋伟、郝银钟：《论检察权的滥用及其法治》，《法学》1999 年第 9 期。

宋显忠：《程序正义及其局限性》，《法制与社会发展》2004 年第 3 期。

宋远升：《刑事错案比较研究》，《犯罪研究》2008 年第 1 期。

谭世贵：《论刑事诉讼模式及其中国转型》，《法制与社会发展》2016 年第 3 期。

万毅：《逮捕程序若干证据法难题及其破解——法解释学角度的思考》，《西南民族大学学报》2015 年第 2 期。

王彪：《刑事诉讼中的逮捕中心主义现象评析》，《中国刑事法杂志》2014 年第 2 期。

王超：《刑事二审发回重审制度的功能异化：从救济到惩罚》，《政治与法律》2011 年第 11 期。

王景龙：《公诉权滥用及其控制模式》，《西安财经学院学报》2009 年第 11 期。

王满生：《从成文法典看奴隶制诉讼证据制度》，《兰台世界》2010 年第 5 期。

王满生：《英美加保释程序的诉讼化构造与启示》，《西南民族大学学报》2010 年第 6 期。

王满生：《刑事和解法律化正当性分析》，《社科纵横》2011 年第 11 期。

王满生：《英美加羁押必要性证明机制对我国逮捕审查程序完善的启示》，《江西师范大学学报》2015 年第 4 期。

王雄飞：《检察官的证明责任研究》，博士学位论文，西南政法大学，2008 年。

王学成：《刑事立案监督：现状、致因与出路——从广东省检察机关的实践入手》，《政法学刊》2008 年第 4 期。

卫星：《论法律效率》，《中国法学》1992 年第 3 期。

魏晓娜：《排除合理怀疑是一个更低的标准吗?》，《中国刑事法杂志》2013 年第 9 期。

肖仕卫：《纠纷解决：一种新的刑事诉讼目的观》，《中国刑事法杂志》2010 年第 9 期。

肖沛权：《排除合理怀疑及其中国适用》，《政法论坛》2015 年第 6 期。

谢进杰：《如何对待嫌疑人与被告人——建国以来围绕无罪推定的讨论》，《中山大学学报》2012 年第 4 期。

谢小剑：《公诉权滥用形态的发展》，《中国刑事法杂志》2009 年第 11 期。

谢小剑：《刑事诉讼中的报复性起诉》，《环球法律评论》2008 年第 6 期。

谢佑平、万毅：《"分工负责、互相配合、相互制约"原则另论》，

《法学论坛》2002 年第 4 期。

许身健：《刑事程序现代性研究》，博士学位论文，中国政法大学，2004 年。

许学峰：《析刑事诉讼中被告人的说明责任》，《人民检察》2002 年第 3 期。

薛正俭：《再论刑事立案法律监督之完善》，《政法学刊》2014 年第 1 期。

姚莉、李力：《辩护律师的程序动议权》，《法商研究》2002 年第 2 期。

杨杰辉：《基于程序违法的发回重审研究》，《中国刑事法杂志》2013 年第 7 期。

杨建军：《法律事实的概念》，《法律科学》2004 年第 6 期。

杨宇冠：《重论无罪推定》，《国家检察官学院学报》2005 年第 3 期。

杨宇冠：《排除合理怀疑与我国刑事诉讼证明标准的完善》，《证据科学》2011 年第 6 期。

杨宇冠、刘曹祯：《刑事庭前会议制度研究》，《安徽大学学报》2016 年第 5 期。

叶林华、周建中：《检察机关司法审查职能研究》，《中国刑事法杂志》2009 年第 1 期。

冀祥德：《附定罪条件逮捕制度论》，《法学家》2009 年第 4 期。

易延友：《论无罪推定的涵义与刑事诉讼法的完善》，《政法论坛》2012 年第 1 期。

易延友：《刑事诉讼人权保障的基本立场》，《政法论坛》2015 年第 4 期。

于立强：《论我国侦查裁量权的规制》，《法学论坛》2014 年第 6 期。

余捷：《我国强制措施侦查行为应由检察机关进行司法审查刍议》，《探索》2006 年第 1 期。

袁锦凡：《我国刑事程序违法发回重审制度研究——反思与重建》，《现代法学》2015 年第 3 期。

詹世友：《论权利及其道德基础》，《华中科技大学学报》2013 年第 1 期。

张斌：《英美刑事证明标准的理性基础——以盖然性思想解读为中

心》,《清华法学》2010 年第 4 期。

　　张赫楠:《非法证据排除证明机制研究》,博士学位论文,吉林大学,2016 年。

　　张吉喜:《论英国刑事诉讼中的证明责任分配标准》,《西南民族大学学报》2007 年第 4 期。

　　孙孝福:《从证据运行行为的失范性看非法证据的效力》,《法商研究》1997 年第 5 期。

　　张兆松:《附条件逮捕制度批判》,《现代法学》2009 年第 5 期。

　　赵旭东:《程序正义概念与标准的再认识》,《法律科学》2003 年第 6 期。

　　晁秀棠:《法律效果及其研究和测定方法》,《法律科学》1992 年第 5 期。

　　朱道华:《论刑事举证时效制度》,《四川政法管理干部学院学报》2005 年第 4 期。

　　朱孝清:《关于逮捕的几个问题》,《法学研究》1998 年第 2 期。

　　朱孝清:《论附条件逮捕》,《中国刑事法杂志》2010 年第 9 期。

　　周炳亮、黄楚元:《初步确定:逮捕的证明标准》,《广西政法管理干部学院学报》2004 年第 3 期。

　　周洪波:《比较法视野中的刑事证明方法和程序》,《法学家》2010 年第 5 期。

　　周旺生:《论法律的秩序价值》,《法学家》2003 年第 5 期。

　　左卫民:《中国刑事诉讼模式的本土构建》,《法学研究》2009 年第 2 期。

　　左卫民:《未完成的变革——刑事庭前会议实证研究》,《中外法学》2015 年第 2 期。

　　左卫民、刘涛:《非法证据排除规则的确立与完善》,《法商研究》1999 年第 5 期。

二　外文文献

Peter Murphy, *Muppy on evidence*, 8*th ed*, Oxford University, 2003.

Russell L. Weaver, *Criminal Procedure*, 3*rd ed*, Tomson West, 2007.

Colin Tapper, *Cross on evidence*, 7*th ed*, Butterworths, 1990.

Michael H. Graham, *Evidence: an introductory problem approach* 2*nded*, Thomsom West, 2007.

G. Michael Fenner, *The hearsay rule*, 2*nd ed*, Carolina Academic Press, 2009.

Kenneth S Broun, Robert P. Mosteller, Paul. C. Giannelli, *Evidence Cases and Materials*, 7*th ed*, Thomson West, 2007.

John Huxley Buzzard, Richard May B. A, LL. B. M. N Howard, M. A. B. C. L, *Phipson on Evidence*, 16*th ed*, Thomson Sweet & Marwell, 2005.

Christopher. B. Mueller, Laird C. Kirkpatrick, Evidence: *Under the Rules text, Cases, and Prblems*, 4*th ed*, Aspenlaw & Business, 2000.

Stephen A. Saltzbury, Daniel J. Capra, American Criminal Procedure : *Cases and Commentary*, 8*th ed* , Tomson West, 2007.

Marcl. Miller, RonldF. Wright, *Criminal Procedures Cases Statutes and Executive Materials*, 3*rd ed*, Wolters Kluwer, 2007.

Joshua Dressler George C. ThomasIII, *Crimina Procedure: Principles, Policies, and Perspetives*, 3*rd ed*, Thomson West, 2006.

Christopher B. Mueller and Laird C. Kirkatrick, *Evidence*, Little, Brown & Company, 1995.

P. J. Richardson, Archbold, Criminal pleading, *Evidence and practice*, Steet &Maxwell, 2004.

Yale kamisar, wayneR. Lafave, and Jerold H. Israel, M*odern Criminal Procedure*, west Publishing 8th ed, 1994.

Peter Mirfield, *Silence Confession and improperly Obtained Evidence*, Clarendon Press. Oxford. 1997.

Wayne R. LaFave and Jerold H. Israel, *Criminal Procedure, second edition*, West Publishing Co. 1992.